量子、猫与罗曼史

Erwin Schrödinger

罗曼史

and the Quantum Revolution

薛定谔传

［英］约翰·格里宾

（John Gribbin） 著

匡志强 译

 上海科技教育出版社

对本书的评价

◇

一本科普大师的杰作。

——《星期日泰晤士报》(*Sunday Times*)

◇

在普及量子力学的比赛中,格里宾是公认的大师。

——哈利利(Jim Al-Khalili)

◇

任何想蹚量子力学浑水的人都喜欢科学肥皂剧,但本书奉献给的是那些热切希望了解科学发现是如何真正起作用之过程的读者。

——《新科学家》(*New Scientist*)

内容提要

奥地利物理学家埃尔温·薛定谔是1933年诺贝尔物理学奖得主，以对量子物理学的贡献而闻名于世。他最著名的思想实验是"薛定谔猫"，该思想实验描述了一只盒中的猫，这只猫同时处于生与死的状态。"薛定谔猫"揭示了量子力学看似矛盾的本质。

薛定谔的时代是整个物理学史上最丰富多彩和最具创造性的时期。在他初进大学的1906年，爱因斯坦已经发表了关于相对论的革命性论文。接着，科学进展的指挥棒便传递至新的一代：海森伯、狄拉克、玻尔，当然还有薛定谔本人。

在这本极具吸引力的传记中，约翰·格里宾将我们带入了量子革命的核心地带，以其惯有的通俗文风和深广涉猎，为我们展现了现代科学之基石——量子力学——那引人入胜的炫美世界，以及薛定谔令人惊叹的多彩个人生活。

作者简介

————

约翰·格里宾（John Gribbin），英国著名科学读物专业作家，英国科学作家协会"终身成就奖"得主，毕业于剑桥大学，获天体物理学博士学位，曾先后任职于《自然》（*Nature*）杂志和《新科学家》（*New Scientist*）周刊。他著有百余部科普和科幻作品，内容涉及物理学、宇宙起源、人类起源、气候变化、科学家传记，并获得诸多奖项。《旁观者》（*Spectator*）杂志称他为"最优秀、最多产的科普作家之一"。他的科学三部曲《薛定谔猫探秘——量子物理学与实在》（*In Search of Schrödinger's Cat: Quantum Physics and Reality*）、《双螺旋探秘——量子物理学与生命》（*In Search of the Double Helix: Quantum Physics and Life*）和《大爆炸探秘——量子物理学与宇宙学》（*In Search of the Big Bang: Quantum Physics and Cosmology*）尤为脍炙人口，其余作品如《大众科学指南——宇宙、生命与万物》（*Almost Everyone's Guide to Science: The Universe, Life and Everything*）、《科学简史——从文艺复兴到星际探索》（*Science: A History*）、《创世138亿年——宇宙的年龄与万物之理》（*13.8: The Quest to Find the True Age of the Universe and the Theory of Everything*）、《迷人的科学风采——费曼传》（*Richard Feynman: A Life in Science*）也广受好评。

献给特里·鲁道夫（Terry Rudolph），
尽管他不会读到它了。

我们不应忘记,那些图景和模型的最终目的,只是用来作为所有原则上可行的观测的框架。

——埃尔温·薛定谔,法兰克福,1928 年 12 月

他的私生活对于我们这样的保守中产阶级分子来说,似乎很不可思议,但这一切都无妨。他是位极可爱的人,无拘无束,喜欢逗趣,性情多变,仁慈慷慨,并且拥有极完美而聪明的头脑。

——马克斯·玻恩(Max Born),《我的一生》(*My Life*,1978)

目 录

目 录

CONTENTS

序 言

在我写作《寻找多元宇宙》(*In Search of the Multiverse*)一书时，我偶然发现了量子先驱埃尔温·薛定谔的一些极有先见之明但却鲜为人知的工作。要是当时有人注意到了它，就会发现它直接通向最现代的多重宇宙思想——这些宇宙彼此分离，但这种分离不是在空间上的，而是在另外一种意义上，用科幻小说的话来说就是"平行宇宙"。这个历史上的断点无法以适当的方式放入那本书中，但它提醒了我，薛定谔是一位多才多艺的人，非常值得作为一本通俗传记的主角——这本传记可以让我有机会将这部分被尘封被遗忘的工作公之于世，给它应有的认同，将它纳入薛定谔的生活与工作的内容中。我越是探索他的生活，就越发现它的不同寻常。我希望你认同这一点——薛定谔的故事是非常值得讲述的。

致　谢

尽管她的名字没有出现在本书的封面上，但玛丽·格里宾（Mary Gribbin）作为一位研究者为本书的创作发挥了非常宝贵的作用，她挖掘了薛定谔生活的细节部分并与图书馆和研究机构保持联络。像往常一样，我们都对芒格基金（Alfred C. Munger Foundation）对我们的资助表示感激。我们还对下列朋友和机构表示特别感谢，这些年他们对我们研究薛定谔提供了帮助：比特博尔（Michel Bitbol）、伯恩（Dominic Byrne）、克拉默（John Cramer）、都柏林高等研究院、普林斯顿的爱因斯坦档案馆、约翰斯·霍普金斯大学档案馆、威廉·麦克雷爵士（Sir William McCrea）、牛津大学档案馆、派尔斯（Rudolf Peierls）、特里·鲁道夫（Terry Rudolph）、阿尔卑巴赫的薛定谔档案馆、维也纳的薛定谔档案馆、萨顿（Christine Sutton）、柏林大学档案馆、威斯康星大学档案馆、维也纳大学档案馆。

◆ 前 言

它不是火箭科学

　　火箭科学(rocket science)是对由牛顿(Isaac Newton)在300多年前列举出的物理学定律的最纯粹的表述,常常用来指代"经典"科学。牛顿解释说,任何物体都会保持静止或以恒定速度在一条直线上运动,除非受到外力(如重力)的影响。他教导我们,如果你推了什么东西,它也一定反过来在推你——作用力和反作用力大小相等,方向相反,就像当子弹飞出枪膛的同时,来复枪对你的肩膀有反冲作用。他还给了我们一个关于重力的简单定律,解释了重力是如何依赖于质量和距离的。"作用力和反作用力"位于火箭科学的核心位置。一支火箭在一个方向上抛掉一些东西(通常是炽热的气体,尽管在原则上机关枪子弹也可以起同样的作用),反作用力则让火箭在相反方向上得到加速。当发动机不再转动时,要不是有重力的影响,航天探测器就会沿直线漂移。这些都属于牛顿物理学,事实上并不特别难懂。

　　经典科学描述了一个完全可以预测的世界。比方说,有可能计算出火箭需要在什么方向推进多少距离,以便把一个有一定质量的航天探测器送入轨道,再让它在重力影响下从太空坠落,并在未来几个月后的一个确定的日子与火星相会。假定航天探测器的发动机工作正常,它们只会在某个人出现计算差错——即有人为失误的时候才会错失目标。

在牛顿时代之后的几个世纪里，经典科学给所有相信自由意志的人提出了一个真正的问题。原则上，如果你知道了宇宙中每一个粒子——包括组成我们的原子——在任意给定时刻的位置和速度，就不仅有可能预测出整个宇宙的未来，还能重新构建出它的整个历史的每一个细节。暂且不去管真正这样做有多少实际困难，这似乎意味着世间万物——包括人类行为——都是预先注定的。但就在这个时候，量子物理学出现了。

量子物理学不像经典物理学。它绝对不是火箭科学，它比这个要难以理解得多。许多顶尖科学家在20世纪的头30年里不停地工作，才仅仅发现了量子物理学是什么，而当他们确实找到一些答案的时候，其中有些人——包括本书的主人公——并不喜欢他们所找到的东西。

量子物理学主要描述非常小的世界——粗略地说，就是原子尺度乃至更小。物理学家们辛勤地（而且痛苦地）在20世纪头30年里发现的东西是：粒子可以表现得像波一样，而波也可以像粒子；量子实体（quantum entity）可以同时位于至少两个位置；它们可以从一个位置到另一个位置而无需经过这两个位置之间的空间；量子世界里没有确定性，所有一切都依赖于概率。这就好像你把一个航天探测器送上旅程，知道它有50%的可能性会到达火星，而有50%的可能性会到达金星，但却没有办法预先判断它究竟会到达哪里。这对于重建对自由意志的信心是很好的，但在其他方面就很难让我们安心了。不过，量子世界所有这些让人抓狂的行为都已经在无数次实验中被检验并且证实了。

埃尔温·薛定谔（Erwin Schrödinger）的主要工作——他因此获得了诺贝尔奖——是试图在量子世界里重建经典物理学的常识。我可以告诉你，他失败了，但他的工作成了革命性的新物理学不可或缺的一部分——不过这并不会让我们的故事减色多少。

但对薛定谔来说，有比不情不愿的量子物理学革命还要多得多的东西。薛定谔作为物理学家的最吸引人的一点（这也是他对自己所参与的这场革命抱有反感的最核心的原因）是，尽管他对这门20世纪的新科学有过巨大的贡献，他却是在19世纪的科学传统里长大成人的。1906年，他从高中毕业，进了大学，就在爱因斯坦（Albert Einstein）发表他关于狭义相对论和量子物理学的经典论文一年后。不过，爱因斯坦当然是一个特例，尤其是他在量子物理学方面的思想，至少在10年后还没有被认真对待。真正的量子革命出自一些少壮派之手，比方说海森伯（Werner Heisenberg, 1901—1976）和狄拉克（Paul Dirac, 1902—1984），他们和玻尔（Niels Bohr）、德布罗意（Louis de Broglie）及爱因斯坦一起，都进入到了薛定谔的生活和工作之中。

薛定谔不仅仅是一名物理学家。他是叔本华（Arthur Schopenhauer）的信徒，对哲学和东方宗教有浓厚的兴趣，尤其赞同印度的吠檀多哲学（Hindu Vedanta），支持存在单一宇宙意识（我们都是这个宇宙意识的一部分）的思想。他研究过色觉，并写过一本书《生命是什么?》（*What is Life?*），克里克（Francis Crick）和沃森（James Watson）两人都曾各自谈到这本书对他们发现DNA双螺旋结构工作的重大影响。薛定谔还提出过一些问题，比如"什么是自然律?"以及这个世界在原则上是否是完全决定论的及可以预测的。他写过诗（并不怎么好），还写过一本关于古希腊的科学和哲学的书。

薛定谔的私人生活也同样让人感兴趣。他在奥匈帝国最后岁月的闲适环境中长大，在第一次世界大战时是一名炮兵军官，并熬过了战后对奥地利的封锁（协约国的这一暴行导致了大规模的饥荒，但在很长时间里被人遗忘了）和20世纪20年代失控的通货膨胀。在经历了这些之后，他最关心的事情之一是他自己和妻子的未来经济状况——他一直到死都在担心抚恤金的着落。他打算逃出纳粹控制下的欧洲的第一次尝试失败了，当时他和妻子及情妇一起出现在牛津，却冒犯了那里的学术机构,因为他没有试图掩盖他们的住宿安排,而他的妻子——她有着自己的情人——对此却十分高兴。在普林斯顿找个位置和爱因斯坦做伴的可能性,也因为同样的原因落了空。薛定谔最终在更宽容的都柏林落下了脚,在爱尔兰总理德瓦莱拉(Éamon de Valera)的要求下,都柏林高等研究院建立了,给他提供了一个根据地。

薛定谔在其他方面同样不同流俗。作为普鲁士式礼仪的最后岁月里的一名大学教师,他不记得戴领带,并且穿得非常随意,以至于常常被误认为是一名学生,有时甚至被当成流浪汉。至少有一次,他差点没法参加一次重要的科学会议,因为他没有乘火车去会场,而是自己徒步去。当时,他径直来到会场,穿着徒步用的衣服,还带着一个帆布背包。

1956年退休时,薛定谔回到了维也纳,并且在国际原子能机构(International Atomic Energy Agency)担任奥地利代表直到1961年去世。就像其他年长的物理学家(包括爱因斯坦)一样,他一直不成功地尝试着去找到一个物理学的统一理论。但是一代又一代物理学专业的学生们从那个冠以他名字的方程知道了他,而数不清的非物理学人士则从薛定谔猫(Schrödinger's cat)的比喻里知道了他。这个比喻的意义是为了揭示量子物理学的荒谬,而且它只可能被一位沉浸在经典传统里的物理学家凭空构造出来。因此,我们对薛定谔的探索,就从经典物理学开始吧。

◇ 第一章

19世纪的小男孩

埃尔温·薛定谔是奥匈帝国最后几十年里一个富有的维也纳家庭的独子。这种家庭背景很自然地影响到他长大成人后是个什么样子；它同样影响了他思考科学的方式，以及他最伟大的科学思想的产生——他为此获得了诺贝尔奖。

先　祖

埃尔温是鲁道夫·薛定谔（Rudolf Schrödinger）和乔吉·薛定谔（Georgie Schrödinger）的儿子，他们于1886年成婚。在19世纪，死亡可能以一种近乎随意的方式打击文明世界最富裕的地方，鲁道夫的父母深受此影响。鲁道夫的母亲玛利亚（Maria）在1853年结婚时是一个19岁的孤女。仅仅5年后，她就在生下一个死婴后去世了。她当时已经生下了儿子埃尔温（Erwin，早夭）、女儿玛丽（Marie）和另一个儿子鲁道夫，鲁道夫出生于1857年1月27日。她丈夫约瑟夫（Josef）的家庭来自巴伐利亚，但已经在维也纳生活了几代。约瑟夫独自抚养大了活下来的几个孩子，而没有（像当时更常见的那样）再娶。尽管孩子们也许缺少了一位母亲，但他们的物质需求还是得到了很好的满足。约瑟夫拥有一个规模不大但利润丰厚的产业——一家生产油毡和油布的工厂。

这个产业到时候会传给他仅有的儿子、埃尔温的父亲鲁道夫。

在社会地位上，乔吉的家庭要比薛定谔家高出一筹。事实上，他们有着贵族血统。他们是一位次级贵族维特曼-登格拉斯（Anton Wittmann-Denglass）的后代，此人于1771年生于一个天主教家庭。他女儿约瑟法（Josepha）曾和一个新教徒坠入情网，但当时的宗教限制非常厉害，她被迫放弃爱人而嫁给了一名家庭医生——一位可靠的天主教徒。她生了三个孩子。也许让她稍感欣慰的是，她成了寡妇，可以再嫁了。这一次她选择了（或者被人安排选择了）老亚历山大·鲍尔（Alexander Bauer），她父亲的庄园管理人。第二次婚姻的第一个孩子也叫亚历山大，生于1836年。他后来成了埃尔温·薛定谔的外祖父。小亚历山大·鲍尔是这个家庭显示出对科学有兴趣的第一人，他在维也纳和巴黎攻读数学和化学，并最终成了一名化学家。

埃尔温的外祖母埃米莉（Emily）是英格兰人，同样来自一个与上流社会有关系的家庭。他们声称是诺曼人福雷斯蒂尔（Forestière）家族的后代——尽管这个姓氏很早以前就被英国化成"福斯特"（Forster）了，而且还和英格兰东北部的班堡城堡* 有关联。托马斯·福斯特（Thomas Forster）生于1772年，是朴次茅斯的总督之子，他的长女安（Ann）降生于1816年，是他的五个子女之一，后来成了埃尔温的曾外祖母。埃尔温儿时去英格兰旅行时还见过她。安嫁给了一名律师老威廉·拉塞尔（William Russell），他们有三个孩子——小威廉、埃米莉和小安［一般被叫作范妮（Fanny）］。

小威廉·拉塞尔后来成了一名分析化学家。在1859—1860年他还在巴黎攻读化学时，他遇见了一同来求学的亚历山大·鲍尔。两人成了

---

* 班堡城堡（Bamburgh Castle）是英格兰东北岸临北海边的一座大城堡，建于公元547年，在11世纪原是诺森柏兰伯爵罗伯特所有，后被英国国王威廉二世攻占，产权收归皇家，此后开始扩建，亨利二世时城墙建筑完毕。——译者

朋友,当埃米莉[昵称叫米妮(Minnie)]和母亲探望在法国的威廉时,亚历山大见到了当时只有19岁的米妮,两人坠入情网。一旦亚历山大完成学业,得到了他的第一个(很低级的)学术职位,他们就能成婚了。他们于1862年12月21日在皇家利明顿矿泉市*举行了婚礼,此后住在维也纳。他们的第一个女儿罗达(Rhoda)1864年在那里降生,接着是1867年出生的乔吉。在第三个女儿——也叫埃米莉(米妮)——于1874年出生后不久,老埃米莉死于肺炎。

亚历山大的事业仍旧很兴旺,直到1866年,他在一次实验室的爆炸中失去了一只眼睛。此后他把精力集中在教学、化学史研究,以及他被晋升为维也纳理工学校(后来的维也纳技术大学)的普通化学教授后不可避免的管理职责上。他担任这个职位直到1904年退休。他同时也是艺术和工业博物馆的一名管理者、下奥地利**剧院委员会的一名成员,并且兴致勃勃地在外孙埃尔温很小的时候就把他引入到剧院行业。

亚历山大深爱着他的女儿们,她们所嫁的人都是通过父亲的关系认识的。老大罗达嫁给了维也纳药剂师委员会的主任阿茨伯格(Hans Arzberger),但没有孩子。小女儿米妮嫁给了班贝格尔(Max Bamberger),他后来接替了亚历山大的普通化学教授职位。他们有一个女儿黑尔佳(Helga)。乔吉嫁给了鲁道夫·薛定谔。

鲁道夫是一个不走运的科学家。他曾在维也纳技术大学受过亚历山大的教导,但被迫接管了家族产业而不能继续其化学生涯。他在1886年8月16日娶了乔吉,当时他29岁,她19岁。尽管鲁道夫像大多数奥地利人一样,至少在名义上是天主教徒,婚礼却是在一个路德派的

---

* 英国中部的一个小镇,以风景优美著称。——译者

** 维也纳所在的奥地利东北部地区,自1922年成为一个行政体,现在是奥地利面积最大的州。——译者

教堂里举行的(乔吉和她的姐妹们是在路德派的传统中长大的,在奥地利这是最接近其母亲所信奉的英国国教的东西了),这使得他们的儿子埃尔温在名义上成了一名新教徒,尽管我们会发现这实际上没什么意义。这个家庭事实上是没有宗教信仰的,只是在婚礼和葬礼时才去教堂。确实,当埃尔温·鲁道夫·约瑟夫·亚历山大·薛定谔(Erwin Rudolf Josef Alexander Schrödinger,以其父过世的哥哥的名字命名)在1887年8月12日降生并在5天后受洗时,甚至连取名仪式也在薛定谔的家里举行,而不在教堂。

早年岁月

尽管埃尔温的英国外祖母在他出生前13年就已经去世了,但她对薛定谔一家的影响巨大。埃尔温的姨妈罗达长大的过程中在家里只听到过英语,并且和自己的祖父母一起在皇家利明顿矿泉市住过好几年。他母亲的妹妹米妮的英语同样很流利,只比埃尔温大14岁,儿时还和他一起玩。因此,埃尔温成长过程中在家里同时听到英语和德语。按照某些记录,他在学会说"正规的"德语之前,英语就说得很好了。

埃尔温是个独子,有着两位溺爱他的姨妈、一个表姐妹[多拉(Dora),他姑姑的女儿],还有一串保姆和女仆,她们简直惯着他,任其随心所欲。人们可能会想从这里找出埃尔温成年后与女性交往方式的源头。他长大后,总是希望女性迎合他,而不怎么关注她们的需求。按照精神病学家弗里德曼(Dennis Friedman)的说法,一个在孩提时由其母亲和一位照料他的保姆抚养长大的小男孩,长大后更有可能成为一位爱与女性调情的人:那些经历

在他的心里产生了一条界线,一边是他知道的生身母亲,
一边是他有着亲身接触的女性:那个给他洗澡、带他去公园、

让他感到完全与之融为一体的女性……他长大后就知道，尽管他终有一天会履行婚姻的所有社会及生理形式，他的内心还是会认为，存在另外一位女性，她不仅知道而且会迎合他的所有需求。[1]

尽管这种推断后来受到了挑战［例如，儿童心理学家布莱尔（Linda Blair）就是挑战者之一］，弗里德曼还是可以把薛定谔用来作为一个支持其假设的案例研究。不过，当儿时的埃尔温在维也纳长大时，所有这些都还离得远呢。

埃尔温出生时，他的外祖父亚历山大在维也纳市中心有一座大房子。这座5层建筑被分成了5个独立的单元，在1890年，"我们的"薛定谔和他父母搬到了宽敞的第5层，在那里可以俯瞰圣斯蒂芬教堂。

我们对埃尔温早年生活的了解大多数来自他姨妈米妮的回忆，这些和爱因斯坦的亲戚对爱因斯坦早熟的儿童时代（在很久以后）的类似回忆一样，都值得怀疑。但同样，这些回忆也肯定都有一些真实的成分。从很早开始，埃尔温就对天文学发生了兴趣：他会让米妮站着代表地球，而他则绕着她跑，代表月球，然后再让她围着一个代表太阳的灯在圆周上走。他同样在他甚至还不能写字的时候就开始记日记，把他的见解念给米妮记录。一则从1891年流传下来的记录上写着："晚上艾米姨妈［米妮］煮了一顿很棒的晚饭，然后我们谈了关于世界的一切话题。"在纸上记录他的思想和活动后来成了他一生的习惯。[2]

在10岁之前，埃尔温根本无须离开他舒适的家庭圈子，甚至不用去上学，因为那时他有一位家庭教师每周来教他两个上午。按照米妮的说法，他几乎刚会说话就开始读书，这多亏了一位女佣，她向他解释街道路牌上的名字。除了这些基础之外，他早期学习的目标是让自己准备参加高级中学（类似于英国的文法学校）的入学考试，他将在那里开始接受真正的教育。尽管薛定谔一家很享受维也纳上流社会老一套的生活,他们所处的帝国却正在显露出紧张的迹象,这将很快让所有人的生活变得糟糕起来,而不仅仅是年轻的埃尔温的。

一个帝国的余晖

几个世纪以来,维也纳一直是一个大帝国的首都,这个帝国从1276年开始就被哈布斯堡(Habsburg)家族所统治。帝国的地理疆域随着时间不断变化。在16、17世纪,它的命运起起伏伏。在1683年,不断扩张的奥斯曼帝国曾远征到达过维也纳,最终被击退了。但即使是在拿破仑入侵战争后,皇帝[当时是弗朗茨(Franz)]也不仅统治着大多数德语地区,还统治着匈牙利、波兰及后来的捷克斯洛伐克的大部分、意大利的一部分,以及对欧洲历史具有关键意义的巴尔干半岛达尔马提亚地区的那些斯拉夫语国家。

到18世纪末,法国大革命已经点燃了星星之火,后来慢慢扩散到了整个欧洲,终结了大欧洲帝国的时代。1848年,一连串范围广泛、影响巨大的政治剧变震惊了欧洲大地,因此后来这一年就以"革命之年"而著称于世。在奥地利帝国,发生在意大利、波希米亚、匈牙利和维也纳本地的罢工都被武力镇压了,但是帝国还是不得不做出妥协:皇帝斐迪南(Ferdinand,他在1835年接替了弗朗茨)被迫退位。

新的皇帝是斐迪南的侄子弗朗茨·约瑟夫(Franz Josef),他生于1830年,尽管年轻,一开始显得迟钝而非早熟,但他却梦想着重新创造一个绝对君主制来统治一个强大的、不断扩张的奥地利帝国。军事和政治失败的严酷现实,包括克里米亚战争和伦巴第及威尼斯的丧失,迫使他改弦更张。从19世纪60年代中期开始,弗朗茨·约瑟夫变得不那么专制,并且准予他的臣民有更大的自由度。1867年,在一个被称为奥地利-匈牙利二元帝国(简称奥匈帝国)的框架里,匈牙利获得了(至少在名义上)和奥地利相同的地位。尽管帝国失去了一些领土,但它也在其他地方获得了一些。1878年,它接管了巴尔干国家波斯尼亚和黑塞哥维那,不过这些地方名义上还是土耳其帝国的一部分,直到1908年奥匈帝国吞并了它们。

　　就这样,埃尔温成长于此的维也纳,是一个显而易见正在分崩离析的帝国的首都。这个帝国有着许多不同民族、不同政治立场的人民,他们中有许多人在梦想——或者正在努力寻求——独立。当然,这也是一个巨大社会变革的时代,包括工业化、改善了的通信条件和随之而来的深入各个城市的群众运动。逐渐地,随着弗朗茨·约瑟夫年纪不断增长,他变成了一个代表消逝已久的时代的遗老,丧失了他的权力和对一个主要靠惯性而非其他来运转的官僚体系的影响力。

图1　维也纳街景(1900年)

　　在某种程度上,维也纳与这些现实是相隔绝的,仍旧是一个迷人的、以艺术闻名的城市。维也纳人喜欢歌剧和音乐,在19世纪,海顿(Haydn)、莫扎特(Mozart)和贝多芬(Beethoven)的传统被舒伯特(Schubert)、李斯特(Liszt)、勃拉姆斯(Brahms)和布吕克纳(Bruckner)在这里发扬光大。当然还包括施特劳斯(Strauss)家族。但现在不欣赏这些文化乐趣的人越来越多地是像鲁道夫·薛定谔这样的新资产阶级而非旧的贵族阶层。在这些不断上升的群体当中,最重要的是犹太人。像奥地利所有非天主教徒一样,他们在1848年之前几乎没有什么权利(更不必说特权了),但当威权之手松开之后,犹太人从帝国各处被吸引到了首都。他们取得了超过其人口比例的经济和艺术影响力,尽管社会上反犹行为司空见惯而且"犹太人"常常因任何社会问题而受到指责。但埃尔温长大之后,没有接受这个偏见。

科学萌芽

奥地利,尤其是维也纳,早已凭艺术名扬天下,但在19世纪下半叶,它的科学声誉也同样蒸蒸日上。在1848年革命之后发生的诸多变革中,有一项是维也纳大学建立了一个物理学研究所,其所长多普勒(Johann Christian Doppler)同样成为大学的第一位实验物理学教授。多普勒出生在萨尔茨堡,在维也纳接受教育,在被任命为这个研究所所长之前,他已经在帝国各地担任过多个学术职务。尽管他也在数学和电学研究上取得了重要成就,他在今天被人记住,还是因为他通过研究发现,声音音调的高低或者光的颜色会被源和观察者之间的相对运动所影响。他的计算结果在1845年被荷兰气象学家巴洛特(Christoph Buys Ballot)极好地证实了。后者安排了几个喇叭手站在一节敞篷车厢上,尽其所能地吹着同样一个声调,并用一列火车拖拉着经过一些站在轨道旁边的有着最好音高辨别力的音乐家,让他们聆听在火车和喇叭手们经过时声调的变化。就是这个"多普勒效应"(Doppler effect)解释了紧急车辆急速经过时警报器声调的变化,在光学上它也被用来测量恒星朝向或离开我们的运动速度。

多普勒于1853年去世，年仅49岁，继任的物理学研究所所长是冯·埃廷豪森（Andreas von Ettinghausen）。冯·埃廷豪森是位普通的科学家，当他在1862年患病后，必须安排一位代理所长，其人选是维也纳物理学界的新星——27岁的斯特藩（Josef Stefan），当时他还是大学的一位低级成员（无薪教师，学术阶梯最低的一级）。斯特藩一年后成为正教授，并在1866年被正式任命为研究所所长。斯特藩是热力学（将在第二章里讨论）研究的先驱，他研究了电磁能（热和光）从一个热体中是如何辐射出来的。他的发现被其学生玻尔兹曼（Ludwig Boltzmann，他也是维也纳人）改进后，以斯特藩－玻尔兹曼黑体辐射律（Stefan-Boltzmann Law of black body radiation）而著称于世，这个定律是通往量子物理学第一个版本的一个关键步骤。

斯特藩不仅是一位一流的科学家，也是一名一流的教师。他的学生哈泽内尔（Fritz Hasenöhrl）后来对薛定谔有很大的影响，因此在学术的意义上，斯特藩是薛定谔的"祖师"。薛定谔的另一位学术祖师是斯特藩的同事洛施密特（Josef Loschmidt），后者的突出声誉建立在计算出撞击容器壁的分子能产生多大的压力，从而验证了当时刚刚提出的分子的实在性，不过他在初期的热力学方面还做了很多工作。洛施密特的学生埃克斯纳（Franz Exner）后来接替他担任维也纳大学教授［附带插一句，他也帮助劝说维也纳当局给居里夫妇（Marie and Pierre Curie）提供沥青铀矿，他们从中发现了镭］。埃克斯纳是薛定谔的实验物理学导师，而哈泽内尔是他在理论方面的导师。

到19世纪末，物理学已经在维也纳欣欣向荣。但尽管奥地利物理学家在他们的国家受到尊崇，他们的名声却传播得不太远——尤其是因为斯特藩和洛施密特从来都没有出国宣传过他们的成果。正如玻尔兹曼在1905年所评论的：

据我所知，斯特藩和洛施密特都没有进行过越过［他们的]奥地利祖国国界的旅行。无论如何,他们从来没有参加过一个[科学会议]并且没有和外国科学家们建立起密切的私人关系。我不能赞同这种行为,因为我相信如果他们让自己封闭得少一点的话,他们还会有更大的收获。至少他们会让自己的成就更快地被人所知。[3]

玻尔兹曼本人没有犯这个错误。他带头将奥地利人——至少是他本人——的成就推广到更大的科学圈中。玻尔兹曼认识到,到19世纪末,科学已经成为一项国际性的事业,和不同国家的同行保持接触是至关重要的。在20世纪没有人比薛定谔更能体现出物理学的国际性特征,他在玻尔兹曼做出这些评论仅仅一年后就进入了维也纳大学。

从中学生到大学生

埃尔温本来应该在1905年读大学,不过他的正规教育晚了一年开始,因为他比一般人更晚参加高级中学的入学考试。1898年春天,他在英格兰与乔吉和她妹妹米妮一起过了一个悠长的假期,当时他10岁。正是在这次旅行中,他拜望了他的曾外祖母安,她出生于拿破仑在滑铁卢战役最终失败后的第二年。米妮告诉我们,他还学习骑自行车,在拉姆斯盖特的沙滩上骑驴,并且看望了一位养了6只安哥拉猫的姨婆。

当他们坐汽船从多佛离开英格兰时,假期还没有结束。他们从奥斯坦德逛到布鲁日和科隆,然后乘船沿莱茵河而上,一直来到美因河畔的法兰克福,最后乘火车回家,结束旅程。为了准备考试(他很容易就通过了),埃尔温短暂地进了圣尼可拉斯学校,这是他第一次接受正规教育。他在1898年秋天进入高级中学,就在11岁生日后几个星期。这所学校是维也纳此类学校里最世俗化的一所,玻尔兹曼也曾在此就读。但这两个因素大概在薛定谔的选择中都没起什么作用,更关键的是它离他位于贝多芬广场的家步行只需10分钟。埃尔温将在这里学习8年。

高级中学提供的经典教育中,占主导地位的是学习拉丁文以及希腊的语言和文明。课程每天从上午8点上到下午1点,一周6天,每周还有两个下午用来学习路德新教。薛定谔说:"从这里,我学会了许多东西,但不是宗教。"他最喜欢的问题是:"先生,您真的相信吗?"

在学校的头三年,一周有8小时的拉丁文课程,当学生开始学习希腊文后减为5小时。同时还有德语和德国文学、地理、音乐和历史等课程。这样每周就只给数学和科学留了3小时。不足为奇的是,数学没有教到微积分,却涵盖了所有经典内容:几何学和代数学。物理学的大多数内容都是牛顿时代的,尽管有生物学方面的课程(大多数是植物学),但唯一提到达尔文自然选择进化论的地方是在宗教课上,在那里它是受到谴责的。年轻的薛定谔从父亲那里了解到了自然界的更多知识。他父亲是一位热心的业余植物学家,在学术杂志上发表过好些论文(他总是后悔为了家族生意而放弃了学术生涯),但他对于接受达尔文的全部思想也很谨慎。不过,鲁道夫的一位朋友是自然博物馆的一名动物学家,他对自然选择的热情要高得多了。在他的影响下,埃尔温很快就成了一个热情的达尔文主义者。

正是在他就读高级中学时,埃尔温的智力超群首次在家庭以外得到公认。他是个好学生,喜欢数学和物理学,但也欣赏语法和哲学的逻辑性;他喜欢诗歌,但讨厌对文章作"迂腐的解剖分析"。在每一个科目,他的成绩都是班上最好的,一个同学后来回忆了仅有的一次埃尔温没能回答老师的问题而给同学们留下的深刻印象——这个问题是:"黑山的首都是哪里?"[4]在下午(只要不用上宗教教义课),埃尔温就学习英语和法语。也许是因为他生长在一个双语家庭,他成了一个出色的语言家,可以用德语、法语、英语和西班牙语做演讲,在这些语言中间转换以回答各国听众的问题。长大成人后,他还把荷马史诗翻译成了英文,把古老的普罗旺斯抒情诗译成了现代德语。

那位有着在高级中学的整个8年里都排在埃尔温之后屈居班级第二的沮丧经历的学生是托尼奥·雷拉(Tonio Rella)。尽管如此(也许是正因如此),他与埃尔温成了密友。雷拉家在多山的乡间有一家旅馆,埃尔温常在那里度假,和托尼奥一起培养了对远足和户外活动的爱好。他也有了第一次青春期热恋,对象是托尼奥的妹妹洛特(Lotte),尽管在当时的时代环境下这种热恋最多也就是拉拉手而已。托尼奥后来成了维也纳技术大学的数学教授,和埃尔温一直是朋友,在第二次世界大战末苏联人进军维也纳时死于炮火。

埃尔温在青春期的另一大爱好是戏剧,这是20世纪初维也纳生活的亮点之一。他通常一周至少去看一次,常常去看星期天下午专门给学生和工人举办的日场演出。最主要的剧院是金碧辉煌的霍夫堡剧院,它坐落在环城大道上,是世界上最重要的德语剧院之一。不过即使是小一些的人民剧院也能坐1900名观众,更小的剧院往往会演出小歌剧、滑稽戏甚至匈牙利杂要剧。埃尔温一直是个狂热的记录者,他每次看演出都会做记录,还有些小评论。对于一位名演员,他写道:"比我期望的要好得多,这与其说是他做了什么,还不如说是他没有做什么。"

在世纪之交的维也纳,视觉艺术同样处于高峰,尽管这并没有得到公认。克里木特(Gustav Klimt)正处在巅峰期,他那些性色彩过浓甚至有些色情的画作,给他带来了巨大的争议。在薛定谔和他的朋友雷拉进大学的1906年,席勒(Egon Schiele,他是克里木特的朋友之一)由于画了一幅"淫荡的"画作而入狱24天。但如果说维也纳在1906年位于戏剧和艺术的最前沿,它在物理学方面显然不处于前沿位置。尽管斯特藩和玻尔兹曼在他们自己的研究领域做出了有价值的发现,物理学教育却相当落后。薛定谔作为一名本科生将要在大学里学到的大多数东西,即使在1906年,也是明显过时的。

◇ 第二章

薛定谔之前的物理学

薛定谔作为一名大学生所学到的物理学,就像一只三脚凳一样,建立在三根支柱上:由牛顿所发展的对力学的认识;由麦克斯韦(James Clerk Maxwell)发展起来的对电磁学的认识;还有对热力学的认识——玻尔兹曼是这方面最大的贡献者。薛定谔没有学到一点爱因斯坦的新思想,后者的狭义相对论1905年才刚刚发表。他也只学到一点普朗克(Max Planck)对电磁辐射的研究结果,它发表于1900年,后来被视为量子理论的诞生之作。对我们来说,薛定谔之前的物理学就意味着1900年前的物理学,而它是从牛顿开始的。

牛顿和粒子世界

牛顿(1642—1727)被普遍视为现代科学的奠基人。考虑到以下因素,这是对的:他找出了描述物体运动的数学规律,并意识到控制地球上的物体行为(尤其是重力)的规律也同样控制着宇宙的运行。对物理学规律的普适性的认识要比找出这些规律本身重要得多。这意味着科学家们可以指望,在那些可以在他们自己的实验室里研究的规律的基础上,最终解释宇宙中的一切事物。

但即使是牛顿,也不是什么事都自己做。17世纪伊始,英国内科医生兼科学家[1]吉伯（William Gilbert, 1544—1603）发表了论磁性的专著《磁石论》（*De magnete*），其中他不仅对磁现象进行了后来200年都没有超越的描述，还把他从实验室研究中得出的认识扩展到解释地球的磁场——这是当时走向宇宙的重要一步。吉伯还提出了后来的科学方法的基础：用实验和观测来验证假说，拒绝任何与这些测试不符的想法。尽管在我们看起来也许有些怪诞，但在吉伯的时代，哲学家主要试图靠争论而非实验去解决那些我们视为科学的问题（比方说重的物体是不是比轻的物体坠落得快），仍然是司空见惯的。吉伯对这些人很尖刻：

> 每一天，在我们的实验里，新的、闻所未闻的特性被发现了……

> 但在如此广阔的书海里（好学者的头脑由此被迷惑了），这些书里有着更为愚蠢的内容，由此最普通的、没有一点天才火花的人变得兴奋、疯狂、飘飘然，并且被引导去写数不胜数的书籍以声称自己是哲学家、医生、数学家和占星家，与此同时却忽视和蔑视那些有学问的人——我是说，为什么我还要给这个著述混乱的世界增添一些东西呢？或者说，为什么我要把这个宏伟的、新鲜而且不被承认（由于它构成了许多前所未闻的东西）的哲学体系交给那些发誓要追随其他人的观点的人来评判，接受各种艺术的无意识的破坏，交给识字的小丑、语法学家、诡辩家、喋喋不休者和执迷不悟的乌合之众，被谴责，被撕成碎片并无礼地堆在一边呢？我只把这些磁学的基础知识（一种新的哲学思维）献给你们，真正的哲学家——你们的心灵不仅对书开放，而且也对可以从中获得知识的事物本身敞开着。

他还把"新型哲学思维"总结如下：

在发现隐藏的事物以及研究隐藏的缘由时，更有力的论证来自确凿的实验和明白无误的证据，而非可能的推测和普通的哲学思考者的观点。

"确凿的实验和明白无误的证据"这一概念，是科学的基础。

当然，那位通常被认为发展了科学方法论，尤其是做了落体实验的人是伽利略（Galileo Galilei, 1564—1642）——尽管事实上伽利略本人并没有从比萨斜塔上往下扔东西。他做了球从斜面上滚下的实验，而且也解释了著名的斜塔实验。这个实验事实上是由一个对手做的，他试图推翻伽利略关于一个重物和一个轻物会同时落地的宣称。不过，伽利略是从哪里学到科学方法论的？他当然有可能是自己发现的，但如果他需要什么通往正确道路的激励的话，他也肯定得到了它。从他在一封信里对吉伯的书的赞同意见，我们知道他读过《磁石论》这本书。当然，牛顿也非常熟悉伽利略以及其他人如笛卡儿（René Descartes, 1596—1650）的工作。正如牛顿本人所说："如果说我比别人看得更远些，那是因为我站在巨人的肩膀上。"不过他确实看得更远。

牛顿在剑桥大学读书，并在1667年成为三一学院的一名研究员。仅仅两年后他就被授予第二任的卢卡斯数学教授席位。这给了他生活的保障。那时候没有发表科学发现成果的义务，甚至连这种压力都没有。牛顿通常情愿把这些思想自己保留下来，而不愿被一旦这些成果变得众所周知后带来的关注和费时的通信所打扰。不过，他确实宣布了一个思想，这就是他发明了一种新望远镜。于是，在1672年，他被选为英国皇家学会（成立于1660年，第二年被赐予"皇家"头衔）会员。这使得牛顿向皇家学会披露了他关于光和颜色的思想，进而和胡克（Robert Hooke, 1635—1703）进行了一场充满敌意的论争。胡克当时是学会的实验主管，后来成为秘书长，在让学会取得成功方面，他比任何人都做得好。这次经历证明了牛顿关于发表其思想只会带来麻烦的看法,于是他回到了剑桥。在那里他继续深入思考物理世界的本质,但再也不告诉任何人他的思想。

这种情况在1684年有了改变,当时哈雷(Edmond Halley,1656—1742)拜访了在剑桥的牛顿。哈雷拜访的目的是询问牛顿是否能够帮助解决一个困扰着哈雷、胡克以及另一位皇家学会会员雷恩(Christo-pler Wren,1632—1723)的难题。这三位科学家已经认识到,围绕着太阳的行星的轨迹可以用一个力来解释,这个力反比于行星与太阳的距离的平方(即平方反比律),但他们不能证明,由开普勒(Johannes Ke-pler,1571—1630)所描述的行星运动的所有规律,都必须从这样一个规律中推导出来。牛顿从来都不是一个假谦虚的人,他告诉哈雷,他很久以前已经解决了这个难题,但他又声称他无法在他的文稿中找到相关的文件,并承诺以后寄一份副本给哈雷。从牛顿留存下来的文稿发现,很明显这个声明是一个谎言,只是用来争取时间来让相信自己能力的牛顿真正解决这个难题。

事实上,在1684年,牛顿的大多数思想都是不完备的,只有很少一些被完全归纳出来。哈雷的拜访是催化剂,它激励牛顿把所有的东西合成一个条理分明的整体。为了解释引力是如何影响行星运动的,牛顿不得不找到一个数学描述来解释一般情况下力如何影响物体的运动,包括理解质量本身,以及物体抗拒被拖动的方式——它的惯性。1684年11月,哈雷从牛顿那里收到了一份9页的文章,标题是《论轨道上物体的运动》(De motu corporum in gyrum),但这基本上只是一碟开胃菜,因为牛顿已经被一个念头吸引住了,就是给整个物理世界的运作一个完备的描述。从1684年8月起的18个月里,他着迷地研究这个课题,最后写出了他的名作《自然哲学的数学原理》(*Philosophiae naturalis principia mathematica*),通常简称《原理》,出版于1687年。

牛顿对物理世界的描述建立在三条运动定律的基础上,但同样重要的还有他的惯性概念及其与物体质量的关系。他的第一条定律简单地陈述说，一个物体会始终保持静止或在一条直线上运动，除非它受到了外力的作用。这听上去很简单，但在这条定律里隐含了一个重要的科学思想——一个"理想的"物体在理想的没有力作用的空间里运动。在地球上，没有任何东西会一直运动，除非它被推着。物体落到地面上，或者在地面上停止运动。牛顿像他之前的伽利略一样认识到，这是因为物体受到了摩擦力或引力等外力的作用。在理想状态，一个在没有任何外力的空间中自由运动的物体，的确会在一条直线上一直运动下去。但这样一个物体怎么知道自己是在运动还是没有运动呢？牛顿认为，必定存在一种基本的或者说"绝对的"空间，所有相对它的运动都可以被测量出来，而且必定有一种基本的绝对时间来描述宇宙的历史——但正如我们即将看到的，这些思想后来受到了挑战。

　　牛顿第二定律解释了力如何改变物体的运动。力所产生的加速度等于这个力除以物体的质量。运动的改变程度正比于力的大小，而对改变的抗拒（惯性）是用物体的质量来衡量的。在牛顿之前，对于"质量是什么"没有清晰的想法，是牛顿定义了这个概念。用他自己的话说："物质的量是由其密度和大小共同决定的。一个密度大两倍、体积大两倍的物体在量上就大四倍。这个量我给它一个名称叫质量。"

　　由于牛顿的引力定律告诉我们，作用在一个物体上的力正比于它的质量，而他的第二运动定律告诉我们物体的加速度正比于力除以质量，合起来，这就解释了为什么所有的物体都以同样的速率下落，无论它们的质量是多少——质量在计算中被抵消了。如果物体的质量增大一倍，产生同样的加速度所需的力也增大一倍——而且它感受到的也是增大一倍的力！

　　牛顿第三定律告诉我们，当一个物体对另一个物体施加作用力时，它也同时受到一个大小相等、方向相反的力的作用。当太阳在牵引着地球的时候,地球也在牵引着太阳;当一只苹果被地球的引力拽下来时,地球也感受到一个同样大小的力在把它拽向苹果,等等。牛顿解释说,两个物体之间的引力正比于它们的质量的乘积除以两者之间距离的平方。

牛顿的工作中另一个关键之处是,他认识到了引力是一种普适的力——宇宙中的任何物体都按照同样的平方反比律吸引着其他物体。这是一个开端,它表明人们开始意识到,由地球上的研究所得出的物理学规律可以被应用到宇宙中的任何地方,这是在一个以往的哲学家们从未梦想过的尺度上的推广。牛顿所宣称的是,物理学定律不仅是普适的,而且它们可以解释真实物体的行为和理想物体之间的(即便是很小的)差异——比方说,摩擦力是如何阻止一个物体在一条直线上永远以匀速运动下去的。这是真正的定量科学的开端,它产生了一个深奥的、即便有些费解的含义。

当两个运动物体相互碰撞时,牛顿定律让你可以精确地知道它们是如何分开的——每个物体会在哪个方向运动,以多大速度。计算的关键是知道碰撞那一瞬间每个物体的速度、运动方向和质量。这三个量与一个性质——物体的动量——密切相关。速率仅仅告诉我们物体运动得多快,但没有指明其方向;而速度是物体在某一方向上的运动速率。因此,如果一架飞机以500千米/时飞行,这是速率;但如果我说它正在以500千米/时向正北方飞行,这就是速度。一个物体的动量是它的质量与速度的乘积。

在此关头,值得再次指出前面曾提到的一点:牛顿运动定律和引力平方反比律的结合意味着在原则上,如果你已经知道宇宙中每一个物体(用科学语言说,是每一个粒子)在绝对时间的某个时刻的位置和动量,你不仅可以预测宇宙的整个将来,还可以重新构造整个历史。[2]我们实际上不可能做到这一点,但这并没有什么关系,因为宇宙自身

"知道"每个事物的位置以及它们的去向。这意味着自由意志是一个幻象，所有事物都是预先确定的。这又导致了一个思想：宇宙就像一列有着巨大发条的火车，由上帝在创世之初上紧了发条并放在已经设置好的轨道上一直开下去。尽管很少得到公开承认，但这个让人烦扰的含义一直在物理学里根深蒂固，直到20世纪20年代的物理学革命。

牛顿在1687年后就几乎没做什么科学工作了，但他自然还是很忙。他做炼金术方面的实验，并研究神学，花在这些活动上的时间比以前花在科学上的还要多。他当上了皇家铸币厂的厂长，当了议员并获得了爵位，这个爵位更多是由于他的政治活动而非科学成就而获得的。在1703年他那尖刻的对手胡克去世之后，他就成了皇家学会的会长。意味深长的是，他的最后一部科学巨著《光学》(Opticks)出版于此后仅仅一年，虽然它所描述的工作在多年前就已经完成了。牛顿特意等到胡克去世之后才发表他的光学理论，这样胡克就不可能做出回应了。

牛顿的光学工作的关键特征之一是与我们的故事有关的。他的工作建立在这样一个认识的基础上：光是由一串像小子弹一样的微小粒子承载着的。这个理论在解释反射和折射等现象时很管用，不过还是有一个同样成功的理论[3]与之竞争，后者由荷兰的惠更斯(Christiaan Huygens, 1629—1695)所提出，它用波来描述光，就像池塘里的水波一样。牛顿理论在100多年里占据了统治地位，直到19世纪初，部分原因在于牛顿本人作为被公认的"世界上有史以来最伟大的科学家"的地位，还有部分原因在于在1704年惠更斯像胡克一样已经去世了，让牛顿有了最终的发言权。然而此后，一切都变了。

麦克斯韦和波的世界

在19世纪初，人们原本接受的关于光的本性是一束粒子的认识，由于两个人的工作而被推翻了。第一个人是杨(Thomas Young, 1773—1829),一位来自一个富有的英格兰家庭的博学者。尽管他接受了医生的培训并开始行医,但他拥有的财富使他可以不需要依赖行医为生,因而可以把大多数时间都花在科学上,尤其是研究视觉的本质、我们感受颜色的方式,以及最出名的光的波动理论。第二个人是法国人菲涅耳(Augustin Fresnel, 1788—1827)。他是一名工程师,曾在拿破仑政权里勤奋工作,但当拿破仑战败并被流放到厄尔巴岛时却作为保皇党出现。结果,当拿破仑短暂复辟时(1815年"百日政变"),菲涅耳被解雇并被软禁在家。在那里他发展了关于光的思想,直到拿破仑在滑铁卢战败,菲涅耳回到了工程师岗位。

在历史上,杨和菲涅耳的工作同样重要,但我必须集中关注一个由杨实施的关键实验,因为它后来在加深对量子物理学的认识上扮演了重要角色。由于一些以后变得显而易见的原因,这个实验被称为"双缝实验"。许多年后,伟大的美国物理学家费曼(Richard Feynman, 1918—1988)说,双缝实验涵盖了量子物理学的"中心谜团"。后面我们会看到这是为什么。

在杨氏实验里,一束光(理想情况下有着单一的纯色)被射出,通过在黑屋中一张薄卡片上的一条细缝,产生了一束细细的光束。光从卡片的另一侧穿出,然后遇到了第二张卡片,这一次卡片上有两条平行的细缝。最后,从这两条缝中穿出的光落在一张白色的卡片上,它被放在很远的地方充当屏幕。杨试图回答的问题是:"光会在最后的屏幕上形成什么图案?"

我们的日常经验告诉我们,如果光像一束粒子一样行进,它们会穿过直线方向上的细缝并到达最后的屏幕上。这样每条细缝后都会有一串粒子,于是会在远端的屏幕上形成两条细纹,每条细纹边缘的亮度会逐渐降低。另一方面,如果你观察过两颗同时扔进一个静止池塘的石子所产生的水波的传播,你就会知道,来自两条缝的波会重叠并相互干涉,在远端的屏幕上产生的明亮和阴暗条纹的变化就要复杂得多。这正是杨所发现的——对应着波的干涉条纹。根本看不到粒子所应产生的简单图案。

尽管杨在19世纪头10年里就做了这些实验并发表了结果,但即使到了19世纪20年代,在很大程度上也只是由于菲涅耳的补充实验,光的波动理论才开始被接受,而这一理论得到完全解释所用的时间还要长得多。对光的本性问题看上去的最终解答,来自对一些在杨和菲涅耳时代看似毫无关联的东西的研究——电磁学。

事实上,在19世纪20年代,还没有单独的电磁学这门科目,而是两个看似独立的研究领域——电学和磁学。把这两者合在一起的人是法拉第(Michael Faraday,1791—1867),一个自学成才者的典范,他成为维多利亚时代英国所取得的成功的一个象征。

与杨不同,法拉第生下来时嘴里没有含着银汤勺。他是一个铁匠的儿子,做过图书装订工的学徒,后来在当时刚刚成立的伦敦皇家研究所当了一名实验室助理(在字面上是洗涤工等诸如此类的工作),并成了戴维(Humphry Davy,1778—1829)的门生。他获得了极大的成功,结果在1825年,他接替戴维成为皇家研究所的实验室主任,并随即成为那里的化学教授。正是法拉第在1821年展示了电流如何产生磁场,并在10年后发现了运动的磁场如何产生电流。这些发现导致了电动机和发电机的发明,并且让人们认识到电和磁是同一种现象——电磁现象——的两个方面。但是,法拉第缺乏数学技巧来提出一个完整的电磁学理论,这个成就于19世纪60年代由苏格兰物理学家麦克斯韦(1831—1879)取得。

麦克斯韦来自一个中等富裕的苏格兰家庭。他父亲在苏格兰西南角的加洛韦拥有农庄,年轻的麦克斯韦在那里长大。麦克斯韦出生时他母亲已经40岁,有过一个女儿伊丽莎白(Elizabeth),但没过周岁就夭折了。麦克斯韦是唯一的孩子,而母亲在他只有8岁时也去世了。从10岁开始,他在爱丁堡接受教育:一开始是中小学,上学期间和一位姑妈一起待在那座城市里;从16岁起则是大学。他没有在那里取得学位,而是在19岁时转学到了剑桥大学,1854年从三一学院(牛顿的母校)毕业。他作为一名大学生有多成功,可以从下面的迹象中看出:他被作为"学士学者"留在学院里,并有望申请成为研究员。但是,留在三一学院的念头对于他没有太多的吸引力,因为甚至到19世纪50年代中期,三一学院的研究员仍然要求未婚并且(最终)接受圣职。

在其后的一两年里,麦克斯韦改进了杨关于色觉的工作,证明了三原色(红、绿、蓝)的不同组合如何能够愚弄眼睛看出许多种颜色来(这是现代的彩色电视的基础),并写了一篇关于法拉第的电磁学工作的重要评述。但在1856年,在他父亲去世后不久,麦克斯韦接受了阿伯丁的马修学院的自然哲学教授的职位——在那里,25岁的他比最年轻的教授同事还要年轻15岁。他在那里所做的最重要的工作,是证明了土星环不可能是坚实的物体,而必须由许多"小卫星"组成,每颗小卫星都有自己的轨道。他个人生活的最重大进展是他和学院院长的女儿迪尤尔(Katherine Mary Dewar)结了婚。但尽管有了这种家族关系,当马修学院和阿伯丁的国王学院合并时,麦克斯韦还是在重组中失去了他的工作,并短暂地返回了他在加洛韦的旧居。1860年,他成为伦敦国王学院的自然哲学和天文学教授。

正是在国王学院期间,麦克斯韦关于电磁学的思想(这个问题已经困扰他好多年)趋于成熟。1861—1862年,他连续发表了4篇论文,提出了一种关于电磁波如何传播的数学描述。这些方程式里很自然地含有一个数字,它代表电磁波运动的速度。让麦克斯韦又惊又喜的是,这个数字正好等于光速,它仅仅10年前才刚刚被实验精确测量出来。这意味着光一定是一种电磁波——或者按麦克斯韦所说："我们不得不得出结论：**光存在于同一种介质的横向波动，而这也是电和磁现象的来源。**"（强调符号是他本人所加）到19世纪60年代中期，理论和实验都证明了光是一种波。但不到50年，光的粒子论又会令人惊异地复兴起来。

1864年，麦克斯韦做了一个同样见解深刻的评述，但用了另外一种方式。他说："科学真理应该用不同的形式呈现，而且无论它是形式坚实、图表丰富多彩，还是形式空洞、符号表达苍白，它都应该被看成同样科学的东西。"这番有先见之明的言辞准确地预言了20世纪20年代物理学的发展方式。正如我们将看到的那样，有两种方式来描述量子世界。一种方法由海森伯开创，依赖于抽象的数学符号系统；另一种是薛定谔的头脑产物，采用了实在的（也让人感到熟悉的）波的形象化描述。但两者都对量子问题给出了完全一样的答案——两者都同样有效。

同样是在1864年，麦克斯韦发表了他对电磁学的最终见解，一篇给出了4个方程式的论文，在这4个方程式里包含了认识电学和磁学所需要的一切，只有少数量子现象除外。这是自牛顿的《原理》之后理论物理学最伟大的成就，事实上标志着物理学的"经典"（即量子理论和相对论之前）时代的结束。麦克斯韦同时还有其他收获——他证明了曾经被看成自然界的两种独立的作用力的电和磁，是如何可以被合在电磁学中的，完成了由法拉第开始的工作。这是通往将自然界的所有作用力统一在一个数学框架里的第一步，这个梦想后来驱动了薛定谔的很多后期工作。但这不是麦克斯韦自己对物理学的最后发言。

1866年，由于身体不佳，麦克斯韦不得不从国王学院离职，尽管只有35岁，他还是退休回到了加洛韦，在那里他写了一本书《电磁通论》（*Treatise on Electricity and Magnetism*），以两卷本形式于1873年出版。那时他的身体已经大有好转，1871年他结束了退休生活，成为剑桥大学第一任卡文迪什实验物理学教授，并且建立和主持新的卡文迪什实验室，这个实验室于1874年成立。在随后的几十年里，它成为全世界实验物理学的中心。但麦克斯韦只看到了它成立和开始运行，他于1879年去世——像其母亲一样年仅48岁。麦克斯韦理论蛋糕上的糖霜来自下一个10年，当时德国物理学家赫兹（Heinrich Hertz, 1857—1894）用实验证明了我们现在所称的无线电波——即波长比光长得多的电磁波——的存在，而这是麦克斯韦本人已经预言了的。

但即使是成功地建立了卡文迪什实验室，麦克斯韦对物理学的贡献仍不止于此。与电磁学方面的工作同时，他还开创了利用统计技术去发现大量原子和分子的运动方式的研究，这些原子和分子快速移动，相互撞击，并且撞击它们所处的容器的器壁，这就解释了气体的各种性质，比如气体的压力、温度和体积是用什么方式关联在一起的。这样得到的气体分子运动论明确了热是运动的一种形式，并最终清除了早先认为热是一种流体（俗称"热量"）的思想。早在1859年还在阿伯丁时，麦克斯韦就计算出了处于16摄氏度的空气每秒钟要经受超过80亿次碰撞，而它们在碰撞期间所走过的平均自由程是一英寸的1/447 000（约为$5.7×10^{-8}$米，即57纳米）。但对我们的故事来说，比他所使用的特定数字更为重要得多的，是他的计算背后的思想。他发现了一条统计规律——现在称为麦克斯韦分布律（Maxwell distribution），它没有指明单个分子的速率，而是指出了处于任意速度区间的分子的比例，如分子速度在每秒14—15英里（22—24千米）之间的相对数量、在每秒14—16英里（22—26千米）之间的相对数量，等等。这是统计规律在物理学中的第一次应用——它所开启的路径将会导致量子理论的诞生，并对薛定谔产生深远影响。在19世纪60年代，麦克斯韦进一步发展了这些思想，部分是通过他与奥地利物理学家玻尔兹曼（1844—1906）的通信，后者随后把它发展得更加完备。

玻尔兹曼和统计的世界

玻尔兹曼生于维也纳,父亲是那里的一名税务官。他和薛定谔一样在家里接受早期教育,然后在林茨上高中——他父亲被任命到了那里。玻尔兹曼15岁时,父亲去世了,但这没有影响他的学业。1863年,他开始在维也纳大学读书,老师包括洛施密特(1821—1895)和斯特藩(1835—1893)。在这样的环境里,玻尔兹曼成了分子运动论的一名早期热衷者(正是斯特藩向他介绍了麦克斯韦的工作),并坚定地相信原子的实在性,而当时这个概念还是有争议的。有了斯特藩作为导师,玻尔兹曼在1866年完成了博士阶段的研究,其论文是关于分子运动论的。尽管他只有22岁,但这并不像我们今天那样看上去是一个多么早慧的成就,因为在当时的德语世界里博士是初级学位,虽然它的确包含了一些原创性工作。一年以后,玻尔兹曼成了一名无薪教师,作为斯特藩的助手工作了两年,然后在1869年到格拉茨当上了数学物理教授。

尽管以格拉茨为家,在随后几年里,玻尔兹曼却很幸运地有机会长期访问海德堡大学和柏林大学,保持了与最新的物理学思想的接触。第一次到柏林的访问是在1870年,与普法战争同时——现代德国由此诞生。尽管奥地利置身冲突之外,玻尔兹曼还是缩短了他的访问,但在战争结束后,他又回来做了一次更长时间的逗留。1873年,他作为数学教授回到维也纳,但只待了3年就回到格拉茨,接任了实验物理学教授,当时也只有32岁。同一年,即1876年,他娶了22岁的冯·艾根特勒(Henriette von Aigentler),她是第一批被允许在一所奥地利大学上科学课程的女性之一,尽管不允许获得学位。这场婚姻带来了三个女儿和两个儿子,但最大的孩子——也叫路德维希(Ludwig)——只有10岁就死于阑尾炎。除了这个悲剧,他婚后的14年可以说是玻尔兹曼生命中最快乐也最高产的时期。然而,不幸的是,他似乎患上了躁郁症(双相型障碍),而快乐也不能持久了。厄运也许是由1885年他母亲在74岁时过世而触发的,而他和母亲自从父亲早逝之后就一直非常亲密。

玻尔兹曼对于原子以及分子运动论的兴趣引导他以极大量粒子的统计行为为基础,发展出了对原本是由经验研究而得出的热力学定律的一种解释。这个解释后来被称为统计力学。它也同样被美国人吉布斯(Willard Gibbs,1839—1903)完全独立地推导出来了,但后者的思想当时没有越过大西洋。⁴统计方法不仅提供了对粒子行为的洞察,还有对辐射行为的认识,这对我将在后面描述的量子理论有着重要意义。不过就目前而言,与粒子的密切关系已经很好地诠释了玻尔兹曼工作的重要性。

要实际掌握统计力学,最简单的方法是运用著名的热力学第二定律。这条定律说,一个不受干扰的(即封闭的)系统中无序的量总是不断增长的。用日常语言来说,事物总是越变越坏——如果我把一个酒杯掉下来摔碎了,碎片是不可能自发地组合在一起成为一个杯子的。制造一个酒杯的过程并不破坏第二定律,因为它不是发生在一个封闭的体系中——它包含外来能量的输入。

但是,是否能断言说酒杯碎片**绝对不能**重新组合自己呢?这是玻尔兹曼提出的问题之一。通过想象一个充满气体的密封瓶,这个问题还可以用更简单的术语来表达。日常经验告诉我们,气体会均匀地充满整个瓶子,它们不会全都聚集在一端。确实,如果我们有一个带有移动隔板的盒子,不抽开隔板,并把气体放入半个盒子里,我们可以保证当隔板移开后气体会扩散并充满整个盒子。气体绝对不会从整个盒子回到半个盒子里,从而让我们有机会插回隔板并让它留在那里。

也许它们真的会这样做?问题在于,按照牛顿的力学定律,所有原子之间的碰撞都是可逆的。如果我们拍下一段显示气体扩散到整个盒子的影片，然后把它倒过来播放，它也许会显得很怪诞，但在这次时间反转中发生的事情没有一样与牛顿定律有冲突。1890年，法国物理学家庞加莱（Henri Poincaré, 1854—1912）证明，在一个这样的气体盒子里，盒子中原子的每一种可能分布或迟或早都会出现。

玻尔兹曼对这个问题的解析指出，尽管在牛顿定律里没有任何东西阻止所有气体聚集在半个盒子里，但这件事在统计学上发生的可能性是非常非常小的。如果你等待得足够久，气体会全都聚集在盒子的一端；如果你等待得更久，酒杯也会自己重新组织起来。但这样一些事情要想有一个足够高的发生可能性，所需要的时间长到令人难以想象——比我们现在估计的宇宙年龄还要长得多。用统计术语来说，在日常生活中，事物就像平常那样发生，是因为它们在统计学角度是最有可能发生的事情，而不是因为事情不这样是绝对不可能的。正如玻尔兹曼1894年在科学期刊《自然》（Nature）上发表的一篇论文中所说，热力学第二"定律"实际上只是一种概率陈述。在一个由统计规律统治的世界里，决不要说绝不。

不过，到那篇文章发表的时候，玻尔兹曼又一次迁徙了，而且他的人生正走向一个不幸的终点。1890年，他成为慕尼黑大学的理论物理学教授，但在1893年他又得到了一个不可能拒绝的机会，作为斯特藩的继任者回到维也纳大学担任同样一个职位。不幸的是，这让他陷入了与马赫（Ernst Mach, 1838—1916）的直接冲突之中，后者在1895年从布拉格大学（他从1867年起一直在那里担任实验物理学教授）返回维也纳大学，担任"归纳科学的历史和理论"教授。马赫是一个很好的实验物理学家，他研究了运动物体周围的气体流动，他的名字因"马赫数"（Mach number）而永垂于世，这个数用来表示飞机速度与声速之比。但他的哲学是有争议的，正是这个原因马赫和玻尔兹曼发生了冲突。马赫支持实证主义观点，认为只有我们用感官直接接触的事物才是真实的（事实上，他以"逻辑实证主义之父"而著称）。这使他成为原子思想的带头反对者。他把原子视为仅仅是启发式的工具，这种方式很像17世纪天主教会所说，可以接受伽利略用行星围绕太阳运转的思想作为一种让计算更简单的启发式工具，但教会认为伽利略教导人们说行星确实围绕太阳运转则是不可接受的。

当时原子思想已经被几乎所有化学家和绝大多数物理学家所接受，但不幸的是，玻尔兹曼处在反对这种思想的最后一个堡垒里。同样不幸的是，玻尔兹曼和马赫的个人关系并不融洽。鉴于他在精神健康方面的问题，玻尔兹曼发现这些压力很难承受。1900年，他转到了莱比锡大学。在那里，他同样遇到了专业上的不同看法，这次是和奥斯特瓦尔德（Wilhelm Ostwald，1853—1932）——一位著名的实证主义者，他强烈否认原子的实在性，并坚持这一立场直到1908年。尽管玻尔兹曼和奥斯特瓦尔德个人关系良好，不像和马赫那样，但他在莱比锡并不开心，因为他被视力衰退以及对演讲的越发担心所困扰，害怕他的思维会失去锋芒，害怕他可能会开始变得废话连篇。他也患了严重的哮喘。幸运的是，1902年，在马赫由于身体不佳而退休之后，玻尔兹曼又能够回到维也纳做一名普通教授，职责很少。1904年，他第二次访问美国，由他的儿子阿瑟（Arthur）陪同。1905年，他又一次越过大西洋，这次是一个人，在加利福尼亚大学伯克利分校发表演讲。

尽管马赫不再出场，玻尔兹曼还是完全错误地觉得，在这些更为灰暗的日子里，他的思想碰上了坚硬的岩石，不再被人认真看待了。1898年，即他在维也纳与马赫相处的艰难岁月中，玻尔兹曼已经在他的一篇科学论文中写道，他发表他的计算结果，是希望"当气体理论再度重生时，不用再去重新发现太多东西"。他似乎不知道他的思想已经在英语世界里被广泛接受。在后面发生的事件里，这一误解无疑是一个因素。

同事们都知道玻尔兹曼的情绪波动,尽管当时躁郁症还没人理解,但还是有人注意到此前在最黑暗的时候他曾尝试过自杀。他已经60多岁了,由于这些原因他不得不放弃了大多数教学工作。于是,1906年他在意大利度假时上吊自杀,在同事中也就未引起太大的震惊。但这个新闻对于薛定谔来说确实令人震惊,他当时还是一个年轻的学生,即将在维也纳大学开始其学业,还指望能直接师从他的一位科学偶像呢。

◇ 第三章

20世纪的人

当薛定谔在1906年秋天开始在维也纳大学的学业时，玻尔兹曼刚刚去世，而新教授哈泽内尔（1874—1915）要到下一年才获得任命，这就使得大学里的物理学教学在一年半中处于一种无人负责的状态。不过，哈泽内尔确实是这个职务的理想人选，他曾师从斯特藩和玻尔兹曼，也曾在维也纳职业高中教过书。1904年，他在研究质量和能量之间的理论关系时，离发现狭义相对论已经很近了，这比爱因斯坦做出他著名的突破还要早一年。当他最终被任命接任玻尔兹曼的职位时，他立即做了一场出色的就职演说，总结了玻尔兹曼在统计力学方面的工作。已经对真正的物理学渴望了一年多的薛定谔被吸引住了，并立刻下决心把沿着玻尔兹曼开辟的道路前进作为自己毕生的使命。哈泽内尔年轻而有活力，是位杰出的演讲者，并且至少了解物理学一些领域的最新思想。对薛定谔来说，他要比处于失望中的玻尔兹曼鼓舞人心得多。

学生生涯

在听到哈泽内尔的演讲时，薛定谔已经以成绩优异而闻名（事实上，这个名声是他从高级中学带过来的，在那里他以全班第一名的成绩毕业），有时同学们会称他为"那个"薛定谔。尽管薛定谔当时在同龄人当中并没有多少密友,却广受欢迎,并且在数学和物理学上学习有困难的同学总能得到他的帮助。他最要好的朋友是植物学家弗里梅尔(Franz Frimmel),尽管弗里梅尔有着很强的宗教信仰。他同样和大学里一位稍微年长一些的成员科尔劳施(Fritz Kohlrausch)成了好朋友,当薛定谔的学业进展到一半时,后者已获得了初级学位,并留校当了一名实验物理学家。这份友谊延续终生,并扩展到了两个家庭之间。

但对薛定谔从1907年到1910年的生活影响最大的是哈泽内尔,他每星期给学生上5天课。薛定谔后来说在他一生中只有他父亲比哈泽内尔对他的影响更大。而且这种影响扩展到了课堂之外:哈泽内尔是位冬季运动爱好者,和学生们一起组织集体探险,并和他年轻的妻子一起欢迎学生们到他家做客。

还好哈泽内尔是这么一个热情、友善而且能干的教师,因为给他提供的教学设施实在简陋。尽管让人印象深刻的大学主楼已经在1884年竣工,但物理系的师生还是待在1875年建成的"临时"建筑里。在课堂上学生们不得不坐在普通的椅子上,把笔记本放在膝盖上记笔记。地板破破烂烂,从屋子早先用作实验室起就被水银污染了。而且房屋的建筑质量很糟,据薛定谔的同代人回忆,墙壁在遇到大风时会摇晃起来。就在这样的环境里,薛定谔不但一直听完了哈泽内尔鼓舞人心的

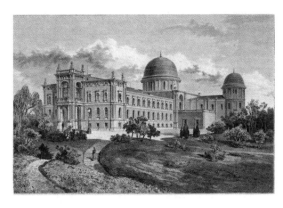

图2　维也纳大学(1878年)

讲课,而且还学了很多常规课程,从化学到微积分——还包括一门气象学,当时它似乎平淡无奇,但简直可以说拯救了他的生命。

在更广阔的世界,变革的萌芽正在出现。在经历了支持选举权的示威和游行之后,所有成年男性国民都获允在1907年5月举行的奥地利选举中投票。但这仅仅是粉饰门面而已,尽管它们所选举的实体有时被称为"人民议会",但实际权力还是在皇帝和他的顾问手里,而帝国的运行方式仍旧是那么腐败堕落、摇摇欲坠、官僚气十足。下一年,薛定谔的个人生活也开始有了苗头,他和一位叫作科尔贝(Ella Kolbe)的女孩产生了一段短暂但激情十足的恋情。虽然埃尔温住在维也纳市中心的家里,他还是能够在大学附近的一间公寓里和科尔贝相会,那间公寓是他的同学萨尔皮特(Jakob Salpeter)住的。在接下来的几年里,当他们俩在同一个实验室里为完成学业所需的研究工作而做实验时,他看到了萨尔皮特的许多东西。

薛定谔学位论文的题目是《论潮湿空气里绝缘体表面的电流传导》(On the Conduction of Electricity on the Surface of Insulators in Moist Air),而这篇文章也就像标题所表明的那样枯燥无趣。薛定谔仅仅做了获得学位所需的最低限度的努力,这个课题唯一的好处是让他获得了在实验室做实验的经历,这在以后会是很有用的。不过,他的其他功课还是保持了他惯常的高水准。薛定谔以全班第一的名次毕业,并在1910年6月被正式授予哲学博士学位(大约相当于现在的理学硕士)。在经过一个夏天的休整后,他接下来要做的是服兵役。

实验室之外的生活

在当时的奥匈帝国,所有身体健康的年轻人都被要求服3年兵役。至少,老百姓一定要当3年兵。受过教育的上层阶级被允许用"志愿兵"来代替士官训练,而这只需要一年。如果他们选择这样做,这段军事生活的经历就会变得相当容易,这些学员甚至无须通过让他们有资格服预备役的最后考试。奥地利社会的阶层划分在军队也有反映。在军队里骑兵被看成贵族,炮兵的社会地位低一些(虽然要塞炮兵坚持认为自己比野战炮兵高等),而所有人都看不起可怜的血淋淋的步兵。1908年10月,薛定谔入伍,成为要塞炮兵,这真实地反映了他的家庭在维也纳的社会地位。

根据他的服役记录,我们知道薛定谔身高167.5厘米,有着蓝绿色的眼睛和一头金发。不像他的许多志愿兵同伴,他很认真地对待自己的职责,虽然事实上并没有什么繁重的义务。一开始在兵营里住了两个月后,这些年轻人被准许自己在附近找住处,负担自己的开支。假期在圣诞节就开始了,这一天薛定谔和一个物理学家同事蒂林(Hans Thirring, 1888—1976)一起去滑雪,当时蒂林还在读大学的最后一年。这次随意选择的假期几乎立刻对薛定谔的职业生涯产生了影响。蒂林摔坏了脚,结果被免除了服役,于是当哈泽内尔的助手职位空缺时,他就有了机会。要是一切都照常的话,这个工作肯定会落到薛定谔头上——他是当时成绩最好的学生。

蒂林后来成了一名优秀的物理学家与和平主义者,在奥地利社会党中很活跃。他以在广义相对论方面的工作著称,而我们对薛定谔学生岁月的了解有一部分就来自蒂林的回忆。薛定谔继续完成了他的兵役,没有再出什么岔子,并被授予预备役候补少尉军衔,比中尉低一级。薛定谔自由地回到了维也纳大学,他没有跟着哈泽内尔,也就没有去做相关的理论研究,而是在1912年做了埃克斯纳(1849—1926)的助手,作为实验人员负责物理系一年级学生的实践课程。

为了成为一名无薪教师——通往教授职位阶梯上的最低一级,薛定谔必须做出原创性的科学研究。意味深长的是,他选择了理论物理,而不是实验方面的工作,不过他确实在做一些和埃克斯纳的研究有关的课题。对很少几个无薪教师职位的竞争是很激烈的,但薛定谔从来不低估自己的能力,而且像通常一样他的信心得到了证实。两项研究成果使他得到了晋升。一项是关于磁场本质的研究,它虽然结果正确,但(我们现在知道)却是从一个错误的假设开始的。另一项是对固体融化方式的研究,它是对认识固体和液体中原子和分子相互作用方式的一种探索。当时在这方面他几乎不可能有更多的成果了,因为这项工作是在1912年做的,当时英格兰的威廉·布拉格(William Bragg, 1862—1942)和其子劳伦斯·布拉格(Lawrence Bragg, 1890—1971),以及德国的劳厄(Max von Laue, 1879—1960)刚刚开始用X射线研究固体的晶体结构。

哈泽内尔代表评审委员会发表了热情洋溢的报告:"在委员会看来,薛定谔的所有工作显示出了非常深厚的功底、宽广的学识以及突出的创新才能。"尽管有一位委员考虑到薛定谔的年纪尚轻,认为这项任命有些过早,但在经过几个月的进一步程序(包括一次口试以及该项任命需要由文化教育大臣确认)后,薛定谔在1914年1月被任命为维也纳大学的一名无薪教师,当时他26岁。

但就在这些事情正在进行的过程中,薛定谔却为情所困,一直到1913年年中他都在认真考虑放弃报酬低廉的学术工作,为的是去加入父亲的产业,赚足够多的钱来供养妻子和家庭。这个想法让鲁道夫很反感,他已经为了生意而放弃了自己的学术生涯,如今为埃尔温的成就感到欣慰。不过最终,这件事情还是无疾而终了。

埃尔温当时的恋爱对象是他日后还会爱上的那类女孩的典型,未来他的风流多情会给其学术生涯带来很深远的影响。这个女孩叫费利西·克劳斯(Felicie Krauss),是卡尔·克劳斯(Karl Krauss)和约翰娜·克劳斯(Johanna Krauss)夫妇的女儿。这对夫妇是薛定谔家的朋友,同样很富有,是严格的天主教徒,社会地位比薛定谔家要高一点,并且声称是（次级）贵族（他们在姓氏前面加上了前缀"冯"）。费利西比埃尔温小9岁，小时候当两家人在一起的时候他常常不得不照顾她，这让他很不高兴。当父亲在1911年去世时，费利西还没到15岁，这时埃尔温的感觉就完全反过来了——他很乐于在每一个场合和她在一起，尽管这种机会被上流社会的规矩所严格限制了。约翰娜·克劳斯对费利西和埃尔温之间的关系进展感到震惊，在她看来，一个贫穷的、思想自由（也许还是个无神论者）的学者是很不适合当丈夫的。她只允许这两个人每月相会一次——这当然增进了他们的感情，直到他们非正式订婚。

　　就是在这个时候，埃尔温问父亲是不是能放弃物理学来加入油布生意。鲁道夫坚持认为，埃尔温不应该再做同样的牺牲，那是他当年不得已才做的事，而约翰娜·克劳斯也坚持说结婚是绝对不行的。在母亲的命令下，费利西在1913年夏天告诉埃尔温一切都结束了，当时他正处在成为一名无薪教师的过程中。费利西后来嫁给了一名奥地利军队里的中尉，他来自和她相似的社会阶层，不过她还是保持了和埃尔温以及后来和他妻子安妮（Anny）的友谊。薛定谔将全身心都放到了工作上。1914年3月他发表了自己第一篇真正有意义的科学论文，发展了玻尔兹曼的一些想法并改进了对分子中的原子间相互作用的数学描述。他和费利西之间的关系也许是短暂的，但在某个方面它又对埃尔温的性格形成影响深远。后来埃尔温从未失去对刚成年的年轻女孩的迷恋。

　　尽管有着个人问题，但薛定谔在1912年和1913年并没有忽略他作为埃克斯纳助手在实验方面的职责。这些职责让他接触到了一个女孩，她后来取代了费利西在他感情中的位置并最终成了他的妻子。

　　埃克斯纳小组的研究兴趣之一，是对大气电学（atmospheric electricity）的研究。这包括测量各种位置和不同时间的空气电导率，并测量使得带电仪器（验电器）逐渐丧失电荷的背景辐射。这种辐射其实有两种来源。一种是天然放射性材料,如岩石中的镭;另一种是从外太空来的穿透地球大气的辐射。后面一种辐射现在称为宇宙线,首先是由在维也纳科学院辐射研究所工作的赫斯(Victor Hess,1883—1964)发现的。1912年,他在高空(也是高度危险的)气球飞行中发现了这一点,这使他获得了诺贝尔物理学奖,不过那要到差不多25年之后的1936年了。

薛定谔的工作则更为脚踏实地。在1910年,科尔劳施已经在马特塞那里的湖滨胜地塞哈姆做过一些大气电学的测量。1913年,埃克斯纳觉得重新做一遍实验来看看结果有什么变化是个好主意,并给了薛定谔一项一点也不艰巨的任务——把从7月底到9月初的整个夏天都花在这项工作上。这件事就发生在和费利西分手之后。

这项工作毫不吃力,但也没什么意义,没有产生什么大的科学发现。薛定谔可以完全利用这个机会来远足和游泳(即便那是一个潮湿的夏天),并且在他的朋友科尔劳施夫妇带着孩子们来湖边度假时很高兴地陪着他们。他们还带着一个十几岁的女孩来照看孩子,她来自萨尔茨堡,名叫安娜玛丽(安妮)·贝特尔[Annemarie(Anny)Bertel]。她生于1896年年底,因此在1913年夏天才刚刚16岁,还扎着辫子。50年后,在量子物理学史档案馆的一次采访中,她回忆说她被那位"长得很好看的"年轻科学家打动了,他显然也注意到了她,但当时他们之间并没有发生什么事情。

更值得一提的是那件让薛定谔在9月初匆忙从塞哈姆返回维也纳的事情。一幢漂亮的新物理楼终于在1913年春天建成使用,当年秋天,这里就是一次重要科学会议的举办地了。这次会议被称为"维也纳会议",汇聚了超过7000名科学家(包括当时的后起之秀爱因斯坦),带着帝国最后岁月的浮华和魅力,甚至包括一次皇家招待会。除了爱因斯坦关于修改牛顿的引力理论的必要性的发言,给薛定谔印象最深的是劳厄,他描述了他在X射线晶体学方面的工作。1914年,在薛定谔成为无薪教师后,他开的第一门课名叫"X射线干涉现象",后来他才全神贯注于引力问题。但就在他作为一名教师刚刚走上正轨时,第一次世界大战爆发了。维也纳——以及薛定谔——再也不是原来的样子了。

在意大利前线作战

当1914年6月28日奥匈帝国的王储弗朗茨·斐迪南(Franz Ferdinand)大公在萨拉热窝被刺杀时,老皇帝弗朗茨·约瑟夫仅仅流下了鳄鱼的眼泪。暗杀也被维也纳社会的大多数人同样平静地接受了。弗朗茨·斐迪南被普遍(不仅仅是他的叔父、皇帝本人)认为不适合担任最高职位,除了别的事情,他为爱情而结婚的决定也显示出了这一点。他妻子索菲(Sophie)以前是一位侍女,社会地位比他低得多,于是这场婚姻仅仅被承认为贵贱通婚——也就是说,按照规定任何子女都不能继承弗朗茨·斐迪南的头衔及享有皇位继承权。在这位危险的自由思想家离世后,当然的继承人是弗朗茨·约瑟夫的侄孙查尔斯(Charles)*,他更像一位传统主义者,会成为一位19世纪的好皇帝。

麻烦在于,这时已经不是19世纪,而查尔斯也没有真正的机会证明他的勇气。对弗朗茨·斐迪南的暗杀激怒奥地利进攻塞尔维亚(不管怎么说,即使是对一个不受欢迎的王储的暗杀也不能不受惩罚),这就触发了复杂如网的国际条约中的各种义务——如果B进攻C,A承诺进攻B,但D已经承诺保卫B不受A的进攻,如此等等,从而导致了第一次世界大战。当所有的条约义务都被付诸实施时,德国和奥匈帝国的同盟就与英国、法国和俄国的三国协约对着干了(或多或少是被包围了)。

---

*卡尔·弗朗茨·约瑟夫,即位后称卡尔一世。——译者

不久,意大利还有一些小国——当然包括塞尔维亚——也加入了协约国。预备役炮兵军官薛定谔在7月的最后一天收到了征召令,并和他父亲一起去买了两把手枪,不过他没有用过其中任何一把。他也在离开维也纳之前找时间去给安妮·贝特尔寄了一份礼物——一本由奥地利作家兼评论家萨尔登[Felix Salten,也是《小鹿班比》(Bambi)的作者]写的散文集。

薛定谔被派到意大利边界附近的一个强化炮兵阵地,高踞在可以俯瞰威尼斯平原的山上。这是1914年夏天能被派到的最好的位置了,远离俄国前线的激烈战斗,在那里奥地利军队在前三周就有25万人伤亡,10万人被俘。相反,由于意大利还没有卷入战争,山这边相当平静,薛定谔甚至可以做些科学工作,在他已经在维也纳做的实验基础上完成了计算工作。毕竟,他的工作只需要纸张、铅笔和几本书——不像今天的许多数学物理学家,没有计算机就不会干活。于是,在1914年10月27日,薛定谔得以寄出一篇关于气体泡沫的压力的文章给《物理学年鉴》(Annalen der Physik)杂志。

冬天到来之前,薛定谔被派到南蒂罗尔的一个要塞,它控制着通往布伦纳山口的通道。薛定谔在那里度过了1914—1915年的冬天,欣赏美丽的山景,而在西线的冲突陷入到了严酷的战壕作战,英国人和其他参战国记住了第一次世界大战就是因为这种战壕作战。薛定谔的下一个岗位是同样平静但景色没有那么好的科马罗姆城要塞,在维也纳和布达佩斯之间。薛定谔在那里写了一篇关于流体(即气体或液体)中微粒由于流体分子的冲击而发生的冲撞行为的论文。这种行为称为布朗运动(Brownian motion),以苏格兰物理学家布朗(Robert Brown,1773—1858)的名字命名,他在19世纪20年代研究过它。1905年,爱因斯坦已经证明,这种无规律的快速运动在统计学上可以解释为由花粉粒子受到了原子和分子的持续不断但又不均匀的撞击所引起,从而为原子的实在性提供了无可辩驳的证据——但对玻尔兹曼来说这已经太晚了，不能让他感到宽慰。[1]

在一个相当独立的研究（终结于1912年）中，美国人密立根（Robert Andrews Millikan, 1868—1953）——他也偶然发明了"宇宙线"这个名词——已经通过观测微小的带电水滴或油滴在电场中的漂移而设法测出了电子上的电荷。这些微滴足够小，从而受到布朗运动的影响，于是薛定谔在统计上分析了这些效应对密立根这类实验的重要性。这个研究没有得到什么重要成果，但对薛定谔的科学生涯来说是很重要的，因为这是他第一次发表统计学方面的论文，而后来这方面在他的工作中显得非常突出。

到这篇文章发表时，战争和薛定谔本人都有了变化。在可以得到一大块奥地利领土的利诱下，意大利加入了协约国，于1915年5月23日宣战。作为奥地利的回应的一部分，薛定谔的部队移动到了戈尔茨（现在的戈里齐亚）附近的奥利亚-德雷加，在的里雅斯特西北方。在战争的不同阶段都有激烈战斗的场景[海明威（Ernest Hemingway）的《永别了武器》（*A Farewell to Arms*）让它们永载史册]，但炮兵远离前线，和敌人远距离作战，有时受到重火力打击，但伤亡很少。薛定谔甚至能够在不值班的时候去戈尔茨玩，在城市的不同咖啡店里放松一下。从他的日记判断，他在1915年夏天不得不面对的最糟糕的问题是无聊。但在9月份他收到了一些书和科学杂志，日记也中断了，因为他当时很可能投身于工作和研究之中。不久，他也开始了军旅生涯中最活跃的乐章，因为在1915年的10月和11月，薛定谔作为炮兵连代理指挥官，指挥了几次激烈的战斗，表现得很优秀，并且获得了部队的褒奖。

战斗在冬天缓和了，但在1916年5月，就在薛定谔被提升为中尉后不久，战斗在戈尔茨地区再趋激烈，奥地利方面损失超过10万人，而意大利方面超过25万人。但那时薛定谔已经被派去指挥在的里雅斯特北面山区的一个炮兵连,他后来称这个地方是"一个非常乏味但又美丽的地方"。要是不得不当兵,做炮兵比在战壕里做步兵要好得多——这一点被在蒂罗尔前线带着步兵队伍冲锋的哈泽内尔的阵亡证明了。

在1916年底,事情再度发生了变化。11月21日弗朗茨·约瑟夫去世,他的继位者查尔斯做出了巨大的努力以和协约国达成和平协议,但遭到了意大利的强烈反对,后者坚持要获得其盟友承诺给他的全部领土。同时,而且更至关重要的是,德国的军事领导人当时在同盟国里占有更重要的地位,他们拒绝让奥地利单独媾和。在此期间,战争对于薛定谔来说仍旧是平静的。他甚至接待了安妮·贝特尔的来访,她在1916年底就满20岁了。按照薛定谔笔记本上的记录——上面很失礼地记录了他的所有情人(虽然是用代号),当时他们还没有变得很亲密,但显然已经有些苗头了。安妮是他在意大利前线服役时来看他的唯一一位女性朋友。但是不久,他在维也纳的朋友就不用跑这么远来看他了。

回到维也纳

天气——或者更准确地说,气象学——在1917年春成了薛定谔的救兵。他被派回维也纳,为防空炮兵军官讲授一门气象学课程,同时在大学里教一门基础的实用物理学课程。这也许是因为,在哈泽内尔阵亡及查尔斯继位后,维也纳当局希望确保身边至少有一位优秀物理学家,这样可以在战后继续在大学把物理学讲下去。也许这只是他太幸运了。

不管这次调动的原因是什么,这给了薛定谔一次机会来重新开始研究,并再次开始发表科学论文。按照后续的发展,他1917年论文中最重要的内容是他第一次将量子理论(下一章会讲述更多这方面的内容)应用到了一个科学问题上。这个问题和固体的热容有关——热容是用来衡量让一定量的物质升高一定温度所需要的热能的。这与分子振动的方式有关，而后者又依赖于它们的量子特性。薛定谔的贡献后面还跟着一连串问题，这些问题植根于热力学，普朗克和爱因斯坦已经在寻找它们的答案。在一项研究工作中，薛定谔研究了放射性物质样品的衰变（这与半衰期，即样品中刚好一半原子核衰变所需的时间有关）速率中的随机涨落。

薛定谔同样也对广义相对论产生了兴趣，这是爱因斯坦1916年发表的。薛定谔还在意大利前线服役时得知了这一突破性进展的消息。爱因斯坦用弯曲时空的概念来描述引力以及引力和物质之间的关系，这完全改变了许多物理学家思考宇宙基本性质的方式，薛定谔也是其中之一。1917年他写了两篇关于广义相对论的意义的论文：第一篇研究了爱因斯坦方程对能量的描述；第二篇阐述了宇宙的本质。他发现了爱因斯坦方程的一个解，它描述了一个完全没有物质的宇宙，但其中的真空仍有张力，就像一个拉伸的弹簧。这显然不是对我们的宇宙的描述，但它显示了爱因斯坦理论的威力，还有薛定谔兴趣的广泛。

尽管这些研究激动人心，但它们却是在一个日趋艰难的环境中实现的，因为战争正在接近结束。美国在1917年4月加入了对德作战，使得最后的结果变得无可抗拒，尽管美国直到年底之前才对奥匈帝国宣战。协约国对同盟国的封锁使得奥地利的经济和它的军队一样受到了严重打击。当面包配额在1918年1月从一天200克削减到160克时，军火工人们举行了罢工，7个师的半饥半饱的士兵（那些前线士兵每星期只能有200克肉，而其他人只有一半）被从前线调回来恢复秩序。在维也纳，那些去得起黑市的人不会挨饿，但不得不为了果腹而牺牲自己的财产。在薛定谔的家庭里，情况也在变得越来越糟糕。他的母亲在1917年做了乳腺癌手术，埃尔温自己也在1918年生了病，似乎是肺结核。由于缺乏原材料，家族生意破产了。薛定谔一直从军队领薪水，直到1918年末,但就在他失去收入时,尽管(事实上是因为)战争结束了,维也纳的局势却变得更糟了。

战后岁月

即使在1918年11月11日的停战协议之后,战胜国仍然维持着对奥匈帝国的封锁,并且在1918—1919年的冬天一直冷眼旁观,而帝国正在崩溃。这导致了20世纪(事实上是任何世纪)最恶劣的战争罪行之一,但到今天依然鲜为人知,因为历史当然是由胜利者书写的。食品供应不再从匈牙利运来,煤也不再从捷克斯洛伐克运来,意大利军队(他们自己得到了合理但不算慷慨的供给)占领了维也纳。局势变得如此之糟,连本身也被封锁的德国都运了一些食品过来。意大利和瑞士同样提供了一些援助,罪人是不肯妥协的英国和法国。皇帝被废黜了,不过几乎没人注意到,而奥地利成了一个共和国。由于已经没有了皇帝,作为最后一项努力,政府试图让这个国家成为德国的一部分,但法国否决了这类主张。偶尔有食物供应时,成群的妇女就会冲到供应商那里,然后被骑警控制。在一次广受报道的事故里,当一匹警马摔倒后,它的肉在几分钟内就被切成片分光了。

薛定谔也陷入了这一团乱麻之中。他曾经被邀请去切尔诺维茨做一名物理学讲师——但切尔诺维茨这会儿是罗马尼亚的一部分,而罗马尼亚政府禁止安排一个外国人在这个职位上。在一片混乱之中,他在哲学里找到了慰藉,全身心地投入研究维特根斯坦(Wittgenstein)、叔本华,并通过叔本华再延伸到东方哲学尤其是印度哲学。他极其迷恋吠檀多,这是印度哲学里的一个派别,它教导说只存在一个现实。这些哲学思想强烈地影响了薛定谔日后对量子物理学的思考。

胡佛(Herbert Hoover,当时美国救济委员会的主席,后来成为美国总统)在1919年1月访问了维也纳之后,这座城市的情况开始好转了。由于担心令人恐慌的状况会成为共产主义革命的导火索,他安排第一批美国援助送到维也纳,而奥地利的封锁也在3月22日被取消了——不过德国仍旧维持了封锁,而胡佛担心的那种革命也的确差一点就发生了。饥饿的威胁减弱了,其他的问题又接踵而至。薛定谔从大学得到的收入很有限(远远不够供养一个家庭),但他把所有可能的时间都花在那里,逃离家庭中不断增加的问题。他父亲由于高血压和动脉粥状硬化而病得越来越厉害,而有限的煤气供给也意味着房间里又冷又黑。整个家庭依靠鲁道夫·薛定谔的投资收入过日子,但由于生活成本增加,这变得越来越不够了。

在这样的黑暗中,一道象征性的光芒来自安妮·贝特尔。薛定谔现在能去萨尔茨堡看她了,在1919年秋天他们订了婚。按照他的笔记本所载,这时他们也有了夫妻之实。安妮搬到了维也纳,找到了一份收入很高的秘书工作——让埃尔温羞愧的是,安妮的月收入比他的年薪还要多。安妮的雇主姓鲍尔,名叫弗里德里希(Friedrich Bauer),别人都叫他弗里茨(Fritz),但他不是薛定谔外祖父的近亲。弗里茨·鲍尔是凤凰保险公司的董事,住在维也纳郊区的一所大房子里。1920年有一次安妮带着未婚夫埃尔温去那里喝茶,和鲍尔一家会面。弗里茨13岁的女儿约翰娜[Johanna,一般称为汉西(Hansi)]后来回忆说薛定谔非常拘谨和不自在,这无疑是因为周围的环境让他更加感觉前途暗淡。²光明和黑暗在1919年的平安夜猛烈地碰撞了,当时安妮与她的家人一起待在萨尔茨堡。那天晚上,一篮子来自安妮的礼物送到了,但在不到一个小时前,鲁道夫·薛定谔已坐在椅子上平静地辞世了。

薛定谔日后应该会觉得他父亲还好没有活到1920年,那时失控的通货膨胀耗尽了家庭所有的积蓄。但薛定谔生活的变化就像重创了这座城市的通货膨胀一样迅速。1920年1月,维也纳大学准备晋升他为助理教授,但薪水并不足以养活妻子,而薛定谔虽然很想结婚,但却不愿意依赖安妮的收入来过日子。不过,他还收到一个类似职务的邀请,这是在德国的耶拿,且薪水足以让他结婚。他当然接受了,因而两个人就结了婚。事实上,他们办了两次婚礼——先是1920年3月24日的天主教式婚礼,然后是4月6日的新教式婚礼。早先的一位传记作家穆尔(Walter Moore)用无可置疑的语言描述了这次结合:"她步入婚姻,带着希望,期待着它会是精神和肉体的真正结合,而她会由于无限服从她那聪明而英俊的爱人而得到幸福。这种错觉大约持续了至少一年。"尽管如此,这次婚姻还是持续了一生。正如安妮本人后来对汉斯·蒂林(Hans Thirring)所说的:"和一只金丝雀在一起生活要比和一匹赛马生活更容易,但我更喜欢赛马。"

在结婚前的那三年困难时期,这匹赛马可不是在科学上无所作为的。有一项工作与其职业的未来发展关系尤大,也是他在实验研究方面的最后一个重要贡献。1910—1920年,关于光的本质有许多疑问。到19世纪末,杨和麦克斯韦等物理学家的工作似乎已经明确了光是一种波。但在新世纪的头5年里,普朗克尤其是爱因斯坦的工作又让光是一种粒子束的思想复活了(这些在下一章里会有更多讲述)。薛定谔决定做一个实验测试,以便在描述光行为的相互竞争的波和粒子模型中做出选择。他的工作本质上是一个双缝实验的改进版,使用一条非常精细的电加热金属丝作为光源,并用显微镜来研究微小的干涉条纹。结果与波模型所预期的完全一致,这强化了薛定谔对经典物理学世界观的信念。

但薛定谔在20世纪第二个10年的最后几年里所做的最重要工作,与一个完全不同的领域有关——色觉理论。他的工作成果体现为1920年发表的一系列科学论文,描述并量化了对颜色的色调、亮度和饱和度的感知,以及其中一个性质的改变会如何影响对另外两个性质的感知。

这使得一部大型百科全书《物理学教科书》(*Lehrbuch der Physik*)要求薛定谔写一篇关于"视觉"的论文。这篇104页的长文发表在1926年，成为这一领域的标准参考文献。在20世纪20年代中期，他短暂地回到颜色理论，把他的思想应用到对恒星颜色作相互比较的实际问题，这对决定恒星的温度是重要一环。不过到那个时候，他的主要研究领域已经不再是深入宇宙，而是向内、向下，深入到原子世界。他也搬了家——从耶拿搬到苏黎世，途经斯图加特和布雷斯劳。

四处飘荡的教授

薛定谔在耶拿待得很舒服，他是在1920年4月和安妮一起到那里的。但那个职位仅仅是一个短期职位，当斯图加特大学提供给他一个永久性的副教授职位时，他毫不犹豫地在当年10月搬了家。在那里，他有时间去做一些电子轨道理论方面的工作。不过到那时，财务安全已经成了至关重要的事情。德国不断上涨的通货膨胀意味着薛定谔几乎养不活自己和安妮，而且没有什么储蓄来帮助他境况不佳的母亲。这时候外祖父也变得几乎没有收入了，不得不让她迁出维也纳的大房子并把它租了出去。乔吉的家人帮助她在一个更小一点的房子里尽量安顿下来，而安妮也在她病故之前帮助她。1921年9月，她在那里死于癌症。看到母亲在这样一个落魄的境遇中去世，而且担心类似的事情会发生在安妮身上，这困扰了薛定谔的一生，并强烈地影响了他对职业变化的决定。任何时候，财务安全总是第一位的。

不足为奇，在这样的环境里，薛定谔在1921年春天接受了布雷斯劳大学理论物理学教授的职位，即使布雷斯劳（现在的弗罗茨瓦夫）令人不舒服地更靠近波兰边境，而且是一个共产主义者的温床——考虑到当时俄国内战正如火如荼，这是一个现实的问题。不过，在做了差不多一年半四处飘荡的教授,并在布雷斯劳待了不到半年后,一个来自安全港瑞士的职位(这是薛定谔不能拒绝的)拯救了薛定谔。

战争期间,苏黎世大学在没有理论物理学教授的情况下应付过来了,现在它正在慢条斯理地寻找一位新教授。寻找这个职位的合适人选是一个费劲的过程,包括了无休无止的委员会会议。它始于1919年年底,并拖了一年多时间。缺乏紧迫感的一个原因是,那些初级讲师也让工作马马虎虎地运作下去了,而不安排教授可以让大学(或者不如说市政府)节省开支。然后,1921年3月,曾经是那些帮助填补苏黎世大学空缺的讲师之一的爱泼斯坦(Paul Epstein),去了莱顿任教。这让委员会的注意力集中了起来,而且由于发现他们负担不起他们的第一人选——劳厄(他曾经在战前短暂地担任过这个职位),他们把这个职位给了薛定谔,因为他能力全面,而且在很多领域都发表过论文。这项任命将为期6年,始于1921年10月,年薪为14 000瑞士法郎——这类职位中最高的。尽管瑞士正在经受战后的萧条,但它没有薛定谔经历过的失控的通货膨胀,而且薪水相当丰厚(瑞士也没有任何共产主义革命的风险)。薛定谔在9月16日写信接受了这个职位,并在他母亲的葬礼之后很快搬到了苏黎世,仅仅绕道在布雷斯劳短暂停留,以便处理那里的事情。

正是在苏黎世,薛定谔在后来以第二次量子革命著称的那段时间里,做出了对物理学的最大贡献。但是要想把这个工作合适地描述出来,我们需要回过头去看一看第一次量子革命,它是由普朗克在19世纪90年代末的工作引发的。

◇ 第四章

第一次量子革命

就在19世纪让位于20世纪时，量子革命开始了。1900年12月，德国物理学家普朗克（1858—1947）宣布，他运用麦克斯韦所重视的统计技术，解决了一个关于光和其他电磁辐射的本质的基本难题。但是，这个突破有一个代价——它需要把光当成以分立的光包形式存在，这些光包在后来被称为"量子"（quantum，复数为quanta）。要是说普朗克对这个思想感到有些不舒服，这就太轻描淡写了。他相信光必定是一种波，但它只能被一定数量的原子吸收或辐射。然而，方程说出了真相。明确光量子［也被称为光子（photon）］的实在性这项工作被留给了爱因斯坦（1879—1955）——他由于这个工作获得了诺贝尔奖。

普朗克解决的难题关系到今天通常所称的黑体辐射（black body radition）的本质，不过在19世纪90年代的德语世界里，它被称为空腔辐射（cavity radiation），这个名称更为准确，但没那么让人印象深刻。

当黑体是明亮的

对于一位物理学家而言，黑体是一个能吸收所有入射的电磁辐射（包括光）的物体。黑体辐射就是这种物体在变热时发射出来的辐射。之所以说到空腔，是因为在实验室里模拟黑体的最佳方式是用一个空的容器，如一个大的绝缘隔热的盒子，在其壁上有一个小孔。如果你把辐射照进这个孔，它就会进入盒子，并在里面四处碰撞，而很少能从盒子里逃逸出来。随着辐射充满了盒子，它变得越来越热。现在如果你停止向小孔照射任何东西，辐射会通过小孔从空腔中逃逸出来：这就是空腔辐射。可以证明，被发射出来的辐射的真正本质（其光谱）仅仅依赖于空腔内的温度，而与盒子由什么构成无关。这一点有着重要的实际应用，例如，我们知道太阳表面的温度，因为我们从太阳接收到的辐射对应于空腔（黑体）辐射，其温度刚好比6000摄氏度低些，这个温度我们在知道太阳的组分之前就知道了。正如这个例子所示，黑体可以是明亮的——可以是黄色、红色或其他任何颜色。但在19世纪后期困扰普朗克和他的同行们的是，按照他们当时所知的物理学定律，它还应当更亮——事实上，应该是无限亮。

空腔辐射首先由德国物理学家基尔霍夫（Robert Kirchhoff，1824—1887）在19世纪50年代进行了研究。这一辐射的重要特征是，对于任何给定温度，其光谱都在一个给定波长处有一个峰值，对应于辐射出的最大能量，而波长更短或更长时，辐射出的能量都更少。一条关于黑体在不同波长所辐射出的能量大小的曲线，平滑地从波长较短时的较低能量上升到在某个中间波长处的峰值，然后再平滑地下降到波长更长时的较低能量。这个峰值波长仅仅依赖于物体的温度。在可见光谱上，波长对应于颜色，在物体的温度增加时，峰值移向更短的波长。这就是为什么一块炽热的铁（它辐射时几乎就像一个黑体）在相对较冷时显得发红，而变热时则变黄，更热时则变成蓝白色。但这并不是19世纪下半叶的经典电磁理论——即麦克斯韦方程组——所预言的。

如果将电磁波在数学上和其他波（比如在小提琴弦上奏出的音符的波）一样对待，方程会告诉我们，波长越短越容易辐射能量。实际上，所辐射的能量的量应该与波长成反比——按照计算，应该在最短的波长处辐射出最多的能量。由于紫色光在可见光谱中的波长最短,波长更短的辐射称为紫外线(ultraviolet),这就以"紫外灾难"(ultraviolet catastrophe)而为人所知了。这些计算背后必定有什么东西出了问题。但究竟是什么? 答案来自一个意想不到的方向。

走近量子

普朗克是第一批伴随着由麦克斯韦和玻尔兹曼发展出来的热力学统计解释而成长起来的物理学家之一。一开始,他不喜欢这个想法,不过当需要把它应用到一个新的、没有预料到来临的机遇时,至少他熟悉玻尔兹曼的工作。

普朗克1874年进入慕尼黑大学,并在1879年凭借一篇关于热力学第二定律的论文获得博士学位。在那里做了一段无薪教师后,他在1885年来到基尔,然后在1888年去了柏林,1892年成为那里的正教授,并在这个职位上一直待到1926

图3　普朗克(1930年)

年退休,接替他的正是薛定谔。普朗克做了一些扎实但不引人注目的工作,大多数是在热力学方面。他上的课非常清晰、准确,学生们多到几乎总是只能站着听。他在1894年把注意力转回到黑体辐射难题——最初不是在寻求抽象的理解,而是因为一个电力公司协会委托他找出方法来制造耗能最少、亮度最大的灯泡。但是,一旦他全神贯注于黑体辐射问题,他就被吸引住了,并为这个问题烦扰了好几年,直到他找到了一个答案,并沿着这个方向发表了几篇关于热力学和电动力学之间关系的重要论文。

事实上，正是普朗克对统计热力学的掌握使得他解决了紫外灾难——尽管他并不是被灾难本身激励着去这么做的。普朗克想要实现的目标是了解产生空腔辐射谱精确形状——即黑体辐射曲线——的物理过程。有两条线索可以提供帮助。1896年，在柏林大学工作的维恩（Wilhelm Wien，1864—1928）提出了一个经验公式——一个或多或少用试错方式得出来的公式，它给出了黑体辐射曲线在短波长区间的准确描述，并确定了一定温度下峰值的波长。这条后来以维恩定律（Wien's Law）著称的经验公式提出，黑体辐射的温度（以热力学温度的单位开尔文来衡量）可以简单地用数字2900除以峰值处的波长（以微米为单位）得出。于是，如果峰值是在波长5微米（0.005毫米）处，则物体的温度就是580开（307摄氏度）。但维恩定律为什么成立，却找不到原因，而且它只对峰值曲线的短波长段有效——在波长更长的区域这个公式就无可救药地不准确了。不过有趣的是，还有另外一个公式对峰值曲线的长波段有效，但在较短的波长段则无可救药地不准确，在那里它"预言"了不存在的紫外灾难。第二个公式是两个人——英国物理学家瑞利勋爵（Lord Rayleigh，1842—1919）和金斯（James Jeans，1877—1946）——的工作成果，被称为瑞利-金斯定律（Rayleigh-Jeans Law）。在19世纪末，瑞利得出了最初的公式，而金斯后来改进了它。它本质上是把光当作一种传统的波，带有波的一切特征。

普朗克的成就是找到了一条定律，它建立在合理的物理学原理与类似热力学的统计方法相结合的基础上，并导出了一个单一的公式。这个公式不仅在维恩定律和瑞利-金斯定律之间架起了一座桥梁，还解释了整条黑体辐射曲线。但是，正如我所提到的，这项成就是有代价的。

普朗克的出发点是假设黑体辐射是由一连串"电磁振子"（electromagnetic oscillator）所产生的。他小心地不去设定这些振子的性质。到19世纪90年代，人们已经知道运动的电荷会产生电磁辐射，而光是一种电磁辐射,所以假设电荷来回振荡产生出黑体发出的辐射是很自然的。1900年夏天普朗克发现,应用一些数学技巧后可以得出一个公式,把维恩定律所描述的曲线中拟合得好的那段和瑞利-金斯定律所描述的曲线中拟合得好的那段平滑地连在了一起,这就提供了一个描述整条黑体辐射曲线的方程。但在这个阶段他还没有任何物理学基础来支持这个公式。此后,在精疲力竭地尝试了所有其他找到这样一个基础的方法之后,在当年10月,他意识到他所需要的是不仅将玻尔兹曼统计解释应用在电磁振子上,还要应用在能量上——应用到电磁辐射本身。

　　热力学的玻尔兹曼统计方法包括在数学上把能量切成许多小块(运用微积分技术),按照统计规律的要求处理这些小块,然后在计算的后面阶段把修正过的小块再加起来(积分)。普朗克从来不热衷于这种方法,但不管怎么说,几乎处在绝望中的他还是尝试了它,把电磁辐射看成由能量小块组成而不是一条平滑的波。让人震惊的结果是,他凭经验发现的公式(它提供了对黑体辐射曲线的完整解释)在这些小块被积分回去之前——即计算完成之前——就停止计算了。由于普朗克知道了他所寻找的答案,他停了下来,并于1900年12月14日在柏林科学院的一次会议上宣布了他的发现,当时13岁的薛定谔还在读中学。他将这些能量小块称为"能量元"(energy element),并发现它们通过一个简单的公式与辐射的频率有关(频率实际上就是波长的倒数,于是频率高就对应着波长短)——

$$E = h\nu$$

　　式中E是"能量元"的能量,希腊字母ν代表波的频率,而h是一个简单的数,现在称为普朗克常量。正如普朗克对会议所说:"为此,我们要把能量看成由一定数量的相同大小的有限小包所组成的——而这在整个计算中最为关键。"

那么,这究竟是怎么解决紫外灾难并解释黑体辐射曲线的形状的?我们没有必要深入到数学细节里去理解。在低频(长波长)处,制造能量量子相对容易,因为每个量子只带一点点能量,而大的振子(我们此后也可以把它们叫作原子)有足够多的能量去这样做。尽管有许多量子,但因为每个量子只有一点点能量,辐射所携带的总能量很低。在高频(短波长)处,每个量子携带很多能量(相对而言),但制造这种量子很难,只有几个原子有足够的能量来完成这个工作。于是,尽管每个量子携带很多能量,但只有几个量子,辐射出来的总能量还是很低。只有在中间段,对应于黑体辐射曲线的峰值处,才有可能制造出很多量子,每个量子都有中等规模的能量,于是所辐射的总能量最高。而且显然,物体越热,所能提供的能量越多,于是原子产生高能量子就越容易,因而其峰值就向高频处移动——用颜色来说,是从红移向橙再到蓝。

尽管有了这个成功,但普朗克宣布的东西并没有在一夜之间改变物理学。没有人真正知道可以用它做些什么,而且对许多人来说,它一开始不过就是整合了维恩和瑞利的工作(金斯的改进要晚一点才做出)。普朗克自己也同样不怎么知道用它去做什么。许多年后他写道:"我可以把整个过程描述成一次失望的行动……只是一个无论付出什么代价都要找到的理论解释。"[1]但普朗克乐意付出的代价并不包括接受他的能量元作为物理实体。他相信公式告诉他的是,能量辐射的小包只可以用 $h\nu$ 的倍数来发射或吸收,但辐射本身还是一种传统的波。也许一个粗略的比方就是提款机和金钱之间的关系。提款机只能提供 10 美元倍数的钱——你可以把 10 美元称为"钱元"。但其他数额的金钱,比方说 55.76 美元,也存在于提款机之外的世界上。

当做出他意想不到的发现时,普朗克 42 岁,已经很定型了,不太能做出什么剧烈改变。这就需要一个年轻得多的人,用对物理学而言新的方法,来审视接受能量元(我们现在要称之为量子了)是真实的物理实体意味着什么,并接受这样的可能性(事实其实正是如此),即我们生活在一个无论在提款机内还是提款机外,美元都只能以10美元的倍数存在的世界里。这个年轻人就是爱因斯坦,他在1905年做出了突破性发现,当时他26岁。

量子变成真实的了

1900年,即普朗克做出突破性发现的当年,爱因斯坦毕业于苏黎世联邦理工学院。但作为学生,他没有获得什么荣耀,部分原因是他不怎么注意上课,而或多或少是凭自己的兴趣去读书。结果毕业时他在班上垫底,没法实现在本校读博士并当一名无薪教师的愿望,不过最终他还是设法得到了一个现在已经众所周知的工作,在伯尔尼专利局当一名三等技术专家。正是在那段工作期间,1905年,即薛定谔进入维也纳大学前一年,爱因斯坦发表了一系列震惊世界的科学论文,包括一篇博士论文、狭义相对论以及一项当年他在一封给朋友哈比希特(Conrad Habicht)的信里所称的"革命性的"(这个词他甚至对狭义相对论也没有用过)工作。这项工作涉及辐射和原子之间的关系,而且证明光量子——光子——是真实存在的。

爱因斯坦的出发点是勒纳(Philipp Lenard, 1862—1947)的工作。勒纳是一名德国物理学家,他从1899年开始做了一系列实验,来研究紫外光照在真空中的金属表面时会使金属发射出一些东西的现象,这些东西当时被称为阴极射线,但现在我们知道是电子。

勒纳已经发现,这个所谓的光电效应(photoelectric effect)产生出来的单个电子的能量,不依赖于照射在金属表面的光的亮度。但它确实依赖于光的波长或者说频率。这很古怪。弱光比亮光有着更少的能量,于是显然一束较弱的光应该产生带有更少能量的电子。而且这和光的频率有什么关系呢？爱因斯坦找到了答案——或者不如说，他意识到普朗克已经给了他答案。如果有着特定频率ν的电磁辐射确实是由一连串粒子组成，每个粒子都有能量$h\nu$，那么每次一个粒子（量子，现在称为光子）从金属中撞击出一个电子时，它都有着同样的能量。把辐射的亮度调低，就减少了粒子束的总能量，但这只是因为减少了光子的数量。对于一个特定频率，每个光子还是有着同样的能量。因此，尽管从金属中被撞击出来的电子更少，但每个电子还是受到了相同能量$h\nu$的撞击。正如爱因斯坦所说："最简单的设想是一个光量子把它的全部能量都转移给了一个电子。"改变每个光子所携带的能量的唯一途径是改变光的频率，而非其强度。爱因斯坦又说："根据这里所考虑的假设，从点光源射出的光线在传播途中，能量不是连续分布于体积不断增加的空间，而是由有限数量的能量量子组成，这些能量量子分布于空间的一些点上，运动时不会分裂，并且只能作为完整的单元而被吸收或者产生。"换句话说，如果你有双无限敏锐的眼睛，并从很远的地方看着一个点光源，你不会看到一条微弱的、连续的完整光线，而是在一个个光量子到达你的眼睛时，看到一个个闪光，中间则是完全的黑暗。

爱因斯坦做出这一陈述一个世纪后，这正是宇航员们运用灵敏的电子探测仪研究来自遥远物体的光时所"看到"的。他们确实观察到了单个光子一个接一个地到达。但在1905年，还没有实验灵敏到能支持这一论断。事实上，甚至勒纳实验本身，虽然很有建设性，但也没有真正精确到能够验证爱因斯坦影响深远的数据解释，大多数人都觉得他走得太远了，从不完善的证据里得出了这样一个结论——尤其是还存在来自杨氏实验和其他实验的令人信服的证据，表明光像波一样运动。它怎么能既是波又是粒子呢？

有一个人被他眼中的"爱因斯坦的荒诞想法"激怒了，他开始着手证明爱因斯坦是错的。密立根是一位美国实验家，在芝加哥大学工作。

他非常手巧,此外还做出了电子电荷的第一次精确测量。像所有优秀科学家一样,他也乐于在自己错了的时候承认错误。在一项持续了数年的研究之后,他得出结论,被射出的电子的能量和所涉及的辐射的频率之间的关系完全符合爱因斯坦的预言。但他不知道为什么。1916年,他写道:"爱因斯坦公式准确地表示了在光照下电子发射的能量,[但]这个公式所依据的物理理论[是]完全没有道理的。"1949年,在《现代物理评论》(*Reviews of Modern Physics*)的一篇论文里,他又写道:"我花了10年的生命去测试爱因斯坦1905年的方程,与我所有的预期相反,我被迫承认它无可辩驳的正确性,尽管它是没有道理的。"

然而,爱因斯坦"不合理的"理论所引发的实验让密立根对普朗克常量进行了一次准确测量,证实了它确实有真实的意义。不管怎么说,如果你能够测量它,它肯定是真实的。绝非巧合,就在密立根报告了他的结果后,诺贝尔奖委员会把1918年的物理学奖授予了普朗克,1921年(即薛定谔接受在苏黎世的职位当年)的物理学奖授予了爱因斯坦,而密立根在1923年也获得了他的诺贝尔奖。到那时为止,量子和量子物理学的重要性已经毋庸置疑了,而对电子、光和原子之间关系的理解也已经被量子概念的应用所改变。这一突破性工作的主要完成人是丹麦人玻尔(1885—1962),他获得诺贝尔奖是在1922年,正好在爱因斯坦和密立根之间。

在原子内部

即使有些物理学家还在质疑原子的实在性,但其他物理学家已经开始了打碎原子以发现物质世界的更小组分的进程。这一进程真正开始于在巴黎工作的贝克勒尔(Henri Becquerel, 1852—1908)于1896年发现了放射性(radioactivity)。他发现铀的某些此前不为人知的辐射能让摄影底片变模糊,即使底片被裹在双层黑纸里以避免光照。这种自发辐射被称为放射性,而且其他放射性物质也很快被找到了。就在贝克勒尔的突破性工作仅仅一年之后,J. J. 汤姆孙(J. J. Thomson)在伦敦皇家科学研究所的一次演讲中宣布了他的发现:一根在真空管里携带电流的导线所发出的辐射,是由一串带电粒子——我们现在称为电子——所组成的。关于放射性的实验研究被索邦大学的玛丽·居里(1867—1934)和皮埃尔·居里(1859—1906)夫妇迅速推进,但第一个认识到放射性包含着什么,并把放射性用于探测原子结构的是卢瑟福(Ernst Rutherford, 1871—1937),一位在加拿大和英格兰工作的新西兰人。

卢瑟福1895年来到英格兰,并在剑桥大学卡文迪什实验室的汤姆孙手下工作过一阵。在汤姆孙的影响下,他对原子物理学产生了兴趣,并很快发现有两种放射性:一种产生带正电的粒子,他称之为α辐射;另一种产生带负电的粒子,他称之为β辐射。很快人们就清楚了,β粒子事实上就是高速运动的电子,但这个名字仍然保留了下来。当卢瑟福在1900年发现了第三种辐射时,似乎很自然它应该称为γ辐射。γ射线不带电,是电磁辐射的一种形式——本质上是高能X射线。

到他发现γ射线时,卢瑟福已经搬到了蒙特利尔的麦吉尔大学,在那里他和英国化学家索迪(Frederick Soddy, 1877—1956)一起工作。他们合作发现,放射性的过程包含了一种元素的原子转化成另一种元素的原子,而这个过程(称为衰变)按照一个特征时间量度(半衰期)发生,每种放射性物质的半衰期都不一样。对于任何数量的某种放射性物质,在一个半衰期里样品的一半(原子的一半)通过发射α或β辐射而衰变成另一种元素。例如镭,这是居里夫妇发现的一种放射性元素,以半衰期1600年发生衰变,从每个衰变的原子里放出一个α粒子,产生了一种称为氡的气体。α粒子自身其实就同第二轻的元素——氦——的原子一样,其中两个电子被移走了,使得它们带有2个单位的正电荷。每个α粒子的质量是一个电子的7000多倍,大致和4个氢原子的质量差不多。但甚至在卢瑟福知道α粒子是什么,或者这些粒子怎样能够从铀或者镭等放射性原子里以高速射出之前,他就已经能够用它们来研究原子结构了。

卢瑟福1907年回到了英国,成为曼彻斯特大学的物理学教授,并在1908年以他在元素嬗变(transmutation)方面的工作获得了诺贝尔奖。诺贝尔奖委员会将此视为化学的一个分支,所以卢瑟福被授予化学奖,即使卢瑟福本人把自己看成物理学家并曾说过一段著名的话:"所有的科学,不是物理学就是集邮。"获得诺贝尔奖后第二年,卢瑟福提出了一个实验,这个实验由他在曼彻斯特团队的两名成员盖革(Hans Geiger,1882—1945)和马斯登(Ernest Marsden,1889—1970)实际操作,它提供了对原子结构的第一次洞察。

盖革和马斯登用来自放射源的α粒子轰击薄的金属箔片,并用一种盖革和卢瑟福发明的探测器[著名的盖革计数器(Geiger counter)的雏形]来探测α粒子在轰击金属后的去向。让他们惊讶的是,他们发现尽管大多数粒子顺利地通过了金属箔,好像金属箔不存在一样,但有些粒子却以大角度发生了偏向,偶尔还会有一个粒子被完全弹回来,就像一个球击向砖墙一样。卢瑟福提出,原子里有一个微小的中心核(不久就被称为原子核),它带正电(所以和带正电的α粒子相互排斥),而且原子的大部分质量集中于此,周围是一片电子云,它们占有大部分空间但只有很少的质量。α粒子可以和电子擦身而过,几乎没有什么影响,但如果它正好击中原子核或者从其旁边经过,它就会被剧烈地弹开。通过仔细研究以不同角度弹开的α粒子所占比例的统计规律,卢瑟福甚至能够计算出原子核的相对大小。原子的典型大小是10^{-8}厘米(1厘米的一亿分之一),而原子核的典型大小是10^{-13}厘米(原子直径的十万分之一)。

卢瑟福在1911年宣布了这一原子核模型，尽管他在一年后才在这种语境下使用"原子核"一词。它巧妙地解释了α粒子（现在被看成氦原子的原子核）被原子弹开的方式。然而，它提出了一个很大的问题——由于电子有负电荷，但原子核带正电荷，异性相吸，为什么所有的电子不会掉到原子核上？运气太好了，能够得出这个问题答案的人，刚好在卢瑟福团队做出这项突破性工作的同时，从丹麦到曼彻斯特访问几个月。玻尔将会成为量子理论的奠基者中最有影响力的人物之一。

舞动光影

关于光和物质的关系还有另外一个难题，要回溯到19世纪初，当时杨正在提出光的波动说。杨的一位朋友渥拉斯顿（William Wollaston，1766—1828）已经通过发明一种制造纯铂的技术而发了财，所以他可以作为一名独立的研究者而把全部激情都投入到科学上。他是光的波动说的强烈支持者，并且第一个注意到，当用一块棱镜将太阳光分散成光谱并在显微镜下研究时，可以看到由大量黑色的线作为标记。这些线由德国物理学家夫琅禾费（Josef von Fraunhofer，1787—1826）做了更仔细的研究，他把"棱镜分光仪"发展成了一种精密的科学仪器，后来称为分光镜（spectroscope）。他运用这一仪器在19世纪的第二个10年研究了太阳的光谱。光谱里的这些黑线现在称为夫琅禾费谱线（Fraunhofer line）。但它们是由什么引起的呢？

在下一个10年，包括夫琅禾费本人、本生（Robert Bunsen，1811—1899）和基尔霍夫在内的研究者从他们的实验室里的实验出发，明确了每种元素都会在光谱中产生自己的谱线系。每条谱线对应光的一个特定频率或颜色，而每种元素在变热后都会以其特征频率发出辐射，但在变冷时以这些频率吸收光。与每种元素相关联的谱线图样是独一无二的,并像指纹或条形码一样特别。例如,钠受热时在光谱的橙黄色段以特定的频率发生辐射。有些路灯里含有一种包含钠化合物的气体,这就是为什么它们的光呈橙色的原因。但如果这些光经过一个含有同种钠化合物的寒冷气体,钠就会吸收光谱中橙黄色段的光。

光谱学(spectroscopy,对这些谱线图样的分析)后来被证明对化学家分析不同物质的组分是一个极其有用的工具,即使没有人知道这些谱线是怎么产生的。这意味着在太阳相对较冷的大气里必须有大量的不同元素,吸收了穿过太阳大气的光,这些光来自炽热得多的太阳表面,每一组黑线对应一种元素。这个新的科学分支最辉煌的胜利是,英国天文学家洛克耶(Joseph Lockyer, 1836—1920)在太阳光谱中发现一组谱线并不对应于任何已知的元素,从而推断它们必定与一种"新"元素有关,并把它称为氦。直到1895年,即洛克耶得出这一结论后差不多30年,氦才在地球上被发现。

玻尔的本领就是用一个完整的理论解开了光谱学的谜团、明确了普朗克的(或爱因斯坦的)量子的来源,并解释为什么原子不会坍缩(collapse)。从此,物理学再也不是原来的样子了。

玻尔是在他第一次访问曼彻斯特期间(他后来在1914年到1916年又回来待了更长时间)开始发展他的玻尔模型的,但完成它是在1912年返回哥本哈根之后。这一思想于一年后发表,大约就在薛定谔认真考虑放弃物理学以便和费利西·克劳斯结婚时。它包含了玻尔解决任何问题的方法的精髓——乐意将不同物理学领域的不同思想拼凑组合成为一个行得通的模型,即使这些不同的拼凑物第一眼看上去似乎不能相互协调。一旦这给了他关于模型的大致想法,他(或者其他人)就可以调整这些片段来形成一个足够合适并(有希望)更好的模型。

玻尔的拼凑作品的第一块来自经典物理学。通过假设电子处在围绕中心的原子核的"轨道"上,类似于行星围绕太阳运行的方式,它"解释"了卢瑟福发现的原子结构。按照经典物理学[麦克斯韦方程组（Maxwell equations）]，运行在这种轨道上的带电粒子必须连续不断地辐射电磁能量，并呈螺旋形下降，最终落在原子核上。玻尔拒绝这种教条式的做法，并转而到量子物理学里找到了他的拼凑作品的第二块。他认为电子只能吸收或发射一定量的能量——普朗克的量子。所以它们不能平稳地螺旋形向内运动。相反，它们只能以一定的数量（对应于$h\nu$）向外或向内跳跃。只有某些轨道——对应于某些能量值——是允许的，电子只能在这些轨道之间运动。如果它们放出一个能量量子则向内运动，如果吸收一个能量量子则向外运动。[关于哪些能级（energy level）是可允许的规则，最初是凭经验尝试出来的，并用一系列简单地称为"量子数"（quantum number）的数字来标记。]这就好像地球突然向内跳到金星的轨道或者向外跳到火星的轨道，而没有（这是一个后来让薛定谔觉得难以接受的关键之处）经过中间的空间。但是还有问题，为什么一个原子里的所有电子不全部跳到最低的轨道上呢？玻尔说（他又玩了一个魔法），这是因为里面的轨道已经满了！对于每条轨道能够被多少电子所占据，一定有个极限，一旦达到了这个极限，更多的电子只能占据离原子核更远的轨道。

这一思想是如此荒诞不经，以至于本应被人一笑置之。但玻尔手里握有王牌——更准确点说，是一对王

图4　爱因斯坦与玻尔（左）

牌。第一张只是与薛定谔作为一位不情愿的量子先驱的故事略有相关，所以这里我就不去深入其细节了[我已经在《薛定谔猫探秘》(*In Search of Schrödinger's Cat*)一书里完整地进行了描述]。简单地说，玻尔的原子模型给为什么原子只能以某些方式(通过形成所谓的"键")来组合成分子提供了第一个看似合理的解释——比方说，为什么一个水分子总是由一个氧原子和两个氢原子组合而成，为什么我们绝对找不到由一个氢原子和两个氧原子组成的分子。这使得化学成为物理学的一个分支。玻尔的模型后来被更好的化学模型所取代，这一事实并没有多大关系，就像牛顿引力理论被爱因斯坦广义相对论所取代一样。

不过，第二张王牌就和我的故事直接相关了。当放好合适的数字，尤其是来自普朗克辐射公式的数字时，玻尔模型预言了光谱中的谱线，它们由电子在能级间的跃迁所产生，而且已经知道这些谱线是对应于最简单的元素——氢(对于更重的元素，计算过于复杂，无法得出理论上的光谱)。它也预言了一些没有看到的谱线，不过这是个相对较小的问题，可以(而且确实)在后来加以解决。尽管本质上是一个拼凑作品，但玻尔的原子模型首次解释了谱线，也首次解释了卢瑟福团队的观测结果。虽然理论物理学方面的进展由于第一次世界大战而减缓了，玻尔的思想还是被其他人改进并发展，尤其是爱因斯坦，在他1916年完成了自己最伟大的创造——广义相对论——之后。

又是爱因斯坦

在其原始形式中，就像普朗克黑体辐射公式一样，玻尔原子模型没有说电磁辐射是不是只能以离散的团块(量子)形式存在，或者它是不是只能以离散的团块形式被发射或吸收，就像提款机里的钱一样。那么，玻尔模型和普朗克公式之间的关系究竟是什么？爱因斯坦给出了这个答案——还有更多的东西。

氢原子的计算比较简单,能够算出来,这是因为每个氢原子的原子核里只有一个带正电的粒子(质子),并只有一个带负电的粒子(电子)在围绕原子核的"轨道"上,以一种大致类似于球在台阶上跳上跳下的方式在可允许的能级之间跳跃。爱因斯坦的贡献是找到了一种方式,在数学上描述了在大量复杂得多的原子里当许多电子在能级间跳跃时会发生什么情况,就像把一盒球倒在楼梯上而它们立刻开始四处碰撞一样。很自然,作为光子真实性思想的主要支持者,爱因斯坦认为当一个电子跳下一个能级时会发射一个光子,光子能量等于两个能级之差,而这又对应于一个精确的光频率(由普朗克公式给出)。当原子吸收一个光子时,它的一个电子跳上一个能级,但这只有在原子拥有的两个能级之间的能隙刚好与所吸收的辐射频率对应的能量相等时才能发生。爱因斯坦对接下来的情况的总体描述是以统计学为基础的。他运用标准统计技术,得出一个有着特定量子数集合的原子有多大概率"衰变"到一个有着较低能量和对应不同量子数集合的状态,并在这个过程中发射出一个光子。把这些光子发射的贡献加起来之后,他就能算出一个炽热物体中大量原子的总辐射了,而其结果就是普朗克的黑体辐射曲线公式。

正是这一发现使得玻尔原子模型被人接受,并最终完成了第一次量子革命。但是,它里面有一颗滴答作响的定时炸弹。整个建筑物是构建在概率基础上的。爱因斯坦在量子物理学中引入了这样一个思想:你绝对不可能完全确定地计算出一个特定的原子(或任何其他量子物体)接下来会做什么。例如,你可以说一个带有一组特定量子数集合的特定种类原子有1/3的可能性会在接下来的10分钟里辐射出一个特定频率的光子。但也许好几天甚至好几年都不发生这种衰变。计算之所以有效是因为包含的原子数是巨大的。如果你有100万个这样的原子,你可以确信其中几乎肯定有333 333个会在接下来的10分钟里发生这种衰变——但你绝对无法事先说出哪些原子会衰变而哪些不会。在20世纪20年代,概率和不确定性(uncertainty)成为第二次量子革命不可分割的部分,从而导致薛定谔和(具有讽刺意味的)爱因斯坦对整个物理学大厦都产生了严重的怀疑。即使爱因斯坦在他描述关于辐射的量子理论这个突破性工作的论文里引入了这个思想,他还是把它描述为"理论的一个弱点",并表示关切说"它把时间和基本过程的方向变得不确定了"。但旧量子物理学(它后来的得名)在消逝之前,还要做出几个贡献。爱因斯坦这次仍然在场。

爱因斯坦1917年发表的关于辐射的量子理论的论文里还有一个思想,就是以什么方式促使原子产生辐射。如果许多原子(也许在一个晶体里)被置于高能状态——实际上即每个原子里有一个电子处在楼梯上一个特定的高阶上,只要轻轻碰一下这些原子,就应该有可能使它们衰变到较低能级。而提供这一刺激的最有效的方式是用一个有着恰好和你希望触发的跳跃能量相同的光子来轻轻碰一下原子,从而引起共振。如果有足够多的原子可以用这种方式激发,一个光子就可以触发这些原子中的一个,使之衰变而光子本身无需变化,于是现在就会有两个光子可以激发另外两个原子,再往后是4个、8个、16个,等等,以指数方式增长。结果就是一束强度很高的纯辐射束,所有辐射就有着完全一样的频率(颜色),从而把最初的刺激放大了。几十年后,这种"辐射的受激发射引起的光放大"的思想变得有了实用性,并产生了术语"激光"(laser)。激光就是纯量子物理学的实际应用。

但在爱因斯坦的论文里还有更多的东西。日常世界里任何运动物体同时具有能量和动量——动量描述了一个运动物体对于它将要接触的物体有多大冲击效应,它同时依赖于物体的质量和速度,因此一个运动得很快的轻物体可以和一个运动得较慢的重物体有一样大的冲击效应。如果光子是具有能量的真实粒子，它们必须也具有动量。爱因斯坦证明，尽管光子是一种特殊情况，因为它们总是以光速——通常用字母 c 表示——运动，但普朗克对黑体辐射曲线的描述和他自己对原子和辐射之间相互作用的描述要想在数学上相容，每个有着能量 E 的光子必然具有动量 E/c。

这是一个引人注目的断言，它鼓励了实验家们去测试爱因斯坦的预言。成功者之一是美国物理学家康普顿（Arthur Compton, 1892—1962），他在 1922 年末测量了在所谓的"散射"（scattering）实验里从 X 射线光子转移到电子的动量（该结果发表于 1923 年）。他在 1927 年以康普顿效应获得了诺贝尔奖。这是受之无愧的，因为康普顿效应给光子的实在性和量子物理学（即便是旧的量子物理学！）作为亚原子世界的描述的准确性提供了决定性的证据。

但在所有这些当中，还埋藏着一个谜团，它后来会成为第二次量子革命的导火线之一，并且激励了薛定谔的杰作。普朗克已经证明，光子的能量以公式 $E = h\nu$ 和其频率相关联。爱因斯坦又证明了，光子的动量（通常用字母 p 表示）以公式 $p = E/c$ 和其能量相关联。换句话说，$p = h\nu/c$。光子的动量过去被看成纯粹是粒子的一种性质，现在直接与其频率相关，而频率在过去被看成纯粹是波的一种性质。这是怎么一回事？就是在这种背景下，薛定谔来到苏黎世，并首先强化了自己作为一位有实力但并不引人注目的科学家的地位。

◆ 第五章

在瑞士时的体面声望

　　薛定谔在 1921 年秋天来到苏黎世。很快他就作为一座可敬城市里一所可敬大学中的一位可敬教授而习惯了生活的节奏。这离他实现宣告第二次量子革命成功的突破性工作还有 5 年——在这些年里他没有表露出未来将会发生何事的任何迹象。

　　在 20 世纪 20 年代，苏黎世并不是科学的穷乡僻壤，但肯定也不是一个研究开展得极好的中心，虽然它有两个广受赞誉的高等学术研究机构。该城依湖傍河，南北和东西的商道在此交汇，表明自前罗马时代以来这里就是一个大的居住地了，到第一个千年临近结束时，它已经成为贸易、政治和宗教的一个重要中心。1218 年，苏黎世获得了自由市的地位；1351 年，它加入了瑞士联邦，并卷入了最终（在 1648 年）导致瑞士从哈布斯堡帝国独立出去的战争和动乱之中。一个世纪前，苏黎世已经是新教改革的一个中心，也是新教徒逃离其他国家迫害的安全的避风港，这鼓励了它在文化和知识上的多元化，并使该城成为 18 世纪德语世界里的知识中心之一。现代的瑞士作为国家可以追溯到 1798 年法国入侵时，其宪法在 19 世纪做过各种各样的修改。

苏黎世大学和联邦理工学院

苏黎世大学建于1833年，尽管物理学教育是在一个良好的立足点上开始的，但在这个领域的研究工作却很少，直到克劳修斯（Rudolf Clausius，1822—1888）在1857年作为教授来到这里。他担任这个职位并不需要长途跋涉，因为他从1855年起就是新成立的苏黎世理工学院的一名教授——事实上，他在大学任教之余仍保留了这一职位。这典型地表现了这两个机构之间的密切联系。

理工学院的背景很奇特，最初的计划可以追溯到18世纪90年代，当时是想按照法国模式建立一所技术学院，类似于巴黎综合理工学院。但当方案在1855年成熟时，所显示的模式更像是德国的技术学院，这反映在它的全名里——联邦理工学院（ETH），或者叫瑞士联邦理工学院。联邦理工学院和苏黎世大学出现在同一座城市里，是瑞士联邦结构的产物。联邦理工学院是一所属于联邦的学院，其所在地自然就是瑞士的最大城市，而这正好就是苏黎世。但苏黎世大学是州立学校，由当地政府管理。因此，联邦理工学院就是——或者当时肯定是——两者中更为重要的一所，虽然对于现代人来说"大学"的名称听起来更为显赫。在接下来的50年里，联邦理工学院（而不是苏黎世大学）是苏黎世领先的物理学研究中心，而苏黎世大学在这一领域唯一的辉煌时期出现在克劳修斯任教期间，从1857年到1867年，当时他也同时在联邦理工学院任职。

克劳修斯在来到联邦理工学院之前曾经在柏林读书和工作过。他出名的最大原因是发现了热不能自发地从较冷的物体流向较热的物体这一基本自然规律。正如他在1850年发表的一篇文章中所说："不可能用一个循环过程把热从一个冷库转移到热库而不在其他物体上发生净变化。"这是热力学第二定律最简单的表述。也正是克劳修斯1865年在苏黎世工作时把"熵"(entropy)这一术语和数学概念引入到物理学,作为对无序的一种精确量度。不过在1867年,克劳修斯走了,一开始去了维尔茨堡,然后去了波恩,而苏黎世的物理学就此逐渐衰弱。

但是数学却欣欣向荣,至少是在联邦理工学院,在那里其最著名的学生爱因斯坦在1896年抵校,参加旨在培养高中科学教师的课程。在他的老师里有闵可夫斯基(Hermann Minkowski, 1864—1909),他有一次给了年轻的爱因斯坦一句有名的评语:"一条懒狗,从来不为数学操心。"但他很快就认识到了这位前学生的成就,并在1908年提出了一个漂亮的想法,用四维"时空"几何学的术语来解释爱因斯坦三年前发表的狭义相对论。闵可夫斯基对狭义相对论的几何化是其被迅速接受的一个重要原因,后来在理解广义相对论时成为一个有力的工具。就在闵可夫斯基提出这一思想后一年,爱因斯坦在苏黎世大学获得了他的第一个学术职位。但由此而出现的物理学在苏黎世大学的第二次兴盛,持续时间比第一次还要短得多。

爱因斯坦不断增长的声誉让名流们川流不息地到苏黎世来和他讨论物理学,他当时的研究兴趣之一是将量子理论应用于对比热的认识上,这使他应邀于1911年秋天在布鲁塞尔举行的一次会议上提交一篇关于这个问题的文章。不过,到他提交这篇文章时,爱因斯坦已经从苏黎世移居布拉格,而他的继任者德拜(Peter Debye, 1884—1966)刚刚就职。德拜是一位出色的物理学家,后来在原子和量子理论方面做过重要的工作,但他在苏黎世只待了一年就去了乌得勒支,而取代他的是劳厄[1],当时已经是一名得到认可的科学家了。劳厄用X射线来观察晶体结构的想法在1912年春天提出,并在当年晚些时候被实验所证实。但对苏黎世来说,劳厄这条鱼太大了,根本抓不住,他在1914年夏天去了美因河畔的法兰克福,就在他获得诺贝尔奖前几个月。

与此同时，爱因斯坦在1912年回到苏黎世，在联邦理工学院担任一个特别的教授职位。这一职位没有讲课要求，虽然他被要求给程度较好的学生做演讲和开讨论会。就像其他工作（包括统计力学研究）一样，在联邦理工学院担任教授期间，爱因斯坦深深地陷入到对他的引力理论的发展之中。但在1914年，他也受到诱惑而离开，这一次是去柏林担任一个地位尊崇、收入很高的职位，根本没有任何教学责任。在那里，他得以在其后的两年里完成了这一工作。

所有这些使得当第一次世界大战开始时，苏黎世在理论物理学方面的地位明显降低了。而且部分是因为由战争引起的对国家间流动的限制，尽管瑞士是中立国，这种情况在这个10年的剩下几年里也没有得到改善。至于我们关注的教学方面，两位年轻的无薪教师，在苏黎世大学的拉特诺斯基（Simon Ratnowsky, 1884—1945）和在联邦理工学院的沃尔夫克（Mieczyslaw Wolfke, 1883—1947），做了一件有价值的工作，更新了讲义，使之包括量子理论方面的最新进展。但他们的研究是地道的二流工作，不是那种可能吸引诺贝尔奖委员会关注的东西。到这个10年结束时，其同事们的工作已经开始让他们相形见绌。尤其是量子理论学家爱泼斯坦（1883—1966），他1919年从慕尼黑来到苏黎世大学。还有外尔（Hermann Weyl, 1885—1955），他从1913年起就在联邦理工学院工作，用一本出色的论述相对论的著作《时间、空间和物质》（*Space-Time-Matter*，出版于1918年）使自己不断增长的声誉达到了顶峰。1920年，德拜作为联邦理工学院物理研究所的所长回到苏黎世。当第二年沃尔夫克回到他的祖国波兰在华沙任职时，看上去很明显，要么拉特诺斯基要么爱泼斯坦将会被提升为大学的理论物理学教授，这个职位从劳厄差不多10年前离开之后就一直空缺。但是，让苏黎世两所高校的很多人惊讶的是，一位相对不那么知名的外来者——薛定谔，得到了这份工作。

实际上，这项任命是有道理的。正如我在前面的章节中所说，负责做出任命的委员会曾经试图让劳厄回来，但却无法满足他对薪金的要求，而爱泼斯坦在1921年3月就接受了莱顿的职位。物理系教员们于是推荐了薛定谔，因为他是一位优秀教师，而且才能全面，研究涉及"力学、光学、毛细管、电导、磁学、放射学、引力理论和声学等领域"——从现代的眼光看，这张单子上很显眼地没有量子力学。一份推荐信也提到"他有位好妻子"。不过，当薛定谔来到苏黎世时，他们一定还是有些疑惑他是不是能胜任这份工作。

个人问题和科学进展

引起关注的原因是薛定谔的健康。他在精神和身体上都被从1918年以来的各种事情弄得精疲力竭，包括双亲和外祖父的去世，以及经济困难和勉强果腹的问题。在苏黎世的第一个学期还不到一半，他就由于一次严重的支气管炎发作而被迫停课。呼吸问题持续了整个冬天，并在被诊断为轻度肺结核时达到了高峰。

在20世纪20年代，对肺结核仅有的治疗方法是休息，最好是在高海拔地区，希望能有最好的结果。在这种"疗法"背后的思想是，高海拔有助于身体产生红细胞，它们被认为能对抗感染。事实上，要说这种疗法能实现什么好处的话，它也可能是因为——正如我们现在所知——肺结核细菌为了存活需要大量氧气，而在高海拔地区氧气供应更少。不管原因是什么，薛定谔在达沃斯附近阿罗萨的阿尔卑斯山度假胜地的停留被证明是有效的。他和安妮以及一位技艺出众、为他准备他最爱吃的饭菜的厨师一起，在那里待了差不多9个月，直到1922年11月才回到大学，当时新学年已经开始了。他被阳光晒黑了，但是很虚弱，很容易感到疲劳，不过他还是准备重新担负起教学责任，虽然他缺乏干劲来开展自己的研究。在其后几年里，薛定谔又去了阿罗萨几次，包括1925年夏天以及接下来的圣诞节，既是度假，也是为了休养身体。

虽然如此，令人印象深刻的是，薛定谔在1922年阿罗萨调养期间完成了两篇科学论文。一篇是关于比热的普通工作，但另一篇则包含了一项很有价值的内容，不过它直到1926年，在薛定谔做出了他获得诺贝尔奖的突破性发现之后才被人承认。

薛定谔在1922年的第二篇论文中提出的问题是，在玻尔原子模型里，电子的容许轨道是用什么方式被量子化的。他从外尔在其已经成为标准教科书的著作中开发出来的一种方法出发，并且发现，对于原子核外的第 n 个轨道，存在一种称为"测量单元"（unit of measure）的属性，它在轨道周围有 n 个峰，而中间则是波谷。正如薛定谔所说："如果电子是在一个有'距离'的轨道上，而这个距离在运动过程中是不变的，那么这个距离的测量就——如果我们从轨道上的一个任意点开始——总是以 ev 的整数倍增加，而当电子回到近乎其出发点时为 $\exp(h/\gamma)$。"

薛定谔没有尝试为这个数学结果找一个物理解释，尽管他确实说过"很难相信"它没有"更深的物理意义"。不过当然，它的画面极其像一个围绕着原子核的驻波。如果薛定谔没有被他的病弄得疲惫不堪，被他的教学弄得筋疲力尽，他也许会在1922年底就提出他的"伟大思想"，而非在1926年。

在这篇文章的末尾还有一个更为微妙但没有那么重要的思想。薛定谔指出他所发现的公式包含了一个数，它只可能取两个数值之一。一个解是普通的数字——数学上称为"实"数。而另一个解则是我们所说的"虚"数，这意味着它是一个实数与−1的平方根（用字母 i 来表示）的乘积。1, 2, 3…这样的数是实数；i, $2i$, $3i$…这样的数是虚数。这些"虚数"在数学上可以用像实数一样的方法去使用，有时在某些地方出现会被认为在物理学上没有意义而被忽略。不过，虚数不能被忽略的一个地方是在描述波的行为的公式里。但是我们事后才清楚的东西，在1922年即便是最聪明的头脑里也仅有一些模模糊糊的暗示。

在薛定谔逐渐从病痛中恢复过来时，他的教学负担足以让他敏锐的头脑减慢下来——与今天大多数大学的情形相反，在20世纪20年代高级教授们承担大多数教学工作，对薛定谔来说工作量为总计每周11个小时的课程。还有一件让他分心的事，作为一名教授，在他到大学任职一年多之后，需要准备并进行一次正式的就职演讲。这篇在1922年12月9日发表的演讲的主题，如果说并不完全是观众所期待的，却和他的内心紧密相连。

物理学和哲学

这次就职演说的题目是"物理定律是什么？"（What is a Physical Law?）。薛定谔把玻尔兹曼关于热力学的思想作为出发点，按照这个思想，第二定律仅仅是一条适用于极大量原子和分子的统计规律，而单个的原子和分子则感受不到它的存在[因此对于单个原子对之间的碰撞就没有"时间之箭"（arrow of time）]。薛定谔与埃克斯纳战前是同事，颇受埃克斯纳的影响。埃克斯纳有着很极端的立场，认为所有的自然事件都是偶然性出现的累积，在单个原子的层面没有"自然律"（laws of nature）。

薛定谔自己的立场也被爱因斯坦关于光携带动量的发现所影响。如果一个原子弹开一个带有动量的粒子，原子理应受到一个反冲，就像枪在子弹射出后会有后坐力一样。这遵循一条规律，称为动量守恒定律，它已经被无数实验所证实，表明子弹在一个方向上携带的动量正好等于反冲的枪在反方向上携带的动量。一个高速运动的小子弹所具有的动量，和更大的、反冲得更慢的枪支的动量是一样大的。但是，如果原子像物理学家们在1922年认为的那样，会在各个方向释放出球形的光波，那又怎么会有反冲出现呢？

在准备就职演说时写给外尔的一封信里，薛定谔说他不得已得出结论，在单个原子层面动量守恒定律不成立。如果这条定律确实不再成立，那为什么其他物理定律还会成立呢？薛定谔在这里质疑的正是因果律（causality），它在表面上看是科学的基石。用他自己的话说："物理学研究清楚而明确地证明，偶然性是所有事件都严格遵守我们观察到的物理定律的共同基础，至少是在绝大多数的自然过程中，这些过程的规律性和不变性导致了普适的因果律假设的建立。"[2]

这与当时及以后大多数物理学家的看法大相径庭，虽然薛定谔在苏黎世的密友外尔支持他的一些想法。主流看法仍然确信诸如动量守恒这样的基本定律对于原子或分子（以及的确还有亚原子粒子）之间的碰撞也完全适用。就算是在1922年，薛定谔提出这些思想时也是如履薄冰。很多年来人们都知道能量和动量守恒定律尤其与我们对空间和时间的理解密切相关。特别是，如果这些定律是不变的，这指的是它们适用于空间中的任何地方和时间中的任意时刻，它们就必须是绝对真理，而不是统计意义上的半真理。而薛定谔知道这一点！在那篇提出物理定律也许本质上仅仅是统计规律的演说中，他承认"爱因斯坦理论［这里是狭义相对论］毫无疑问地对能量-动量原理做出了清晰而绝对的确认"。在演说中就这么一次，哲学家薛定谔遮盖了物理学家薛定谔的判断。但在几年里，他完全改变了立场。在第二次量子革命后，和爱因斯坦一样，他也成为偶然性在决定原子和亚原子粒子层面的事件结果中起作用这一思想最坦率的反对者之一。

完成了就职演说之后，薛定谔安享着一位大学教授平静而安定的生活。他保持并发展了对色觉的兴趣，其高潮是在1925年完成、1926年发表的百科全书文章。他也对统计力学保持了兴趣。与此同时，他从在阿罗萨"疗养"期间完成的论文出发,开始对原子和量子理论做出微小但很重要的贡献。随着身体好转,他的成果增加了,虽然有很长一段时间他被持续性咳嗽所困扰。尽管他在1923年什么也没有发表,但从1922年到完成突破性工作的1926年之间,薛定谔发表了6篇关于统计力学的论文、5篇关于色觉的论文(包括百科全书文章)、4篇关于比热的论文、4篇关于原子结构的论文,以及1篇关于相对论的论文。这是薛定谔当时在物理学界地位的一个标志。1924年,他应邀参加了一个在布鲁塞尔举行的重要科学聚会——索尔维会议,但没有提交论文。他受到高度重视,但不是精英中的一员。

薛定谔似乎有一种同时(或者至少是轮流)相信两个完全对立的事物的诀窍。这在20世纪20年代对任何试图了解量子世界的人来说都是一种极有价值的能力。虽然在就职演说中薛定谔坚定地支持光像波一样运动的思想,但更早前在1922年他曾发表一篇论文来总结当时的量子物理学知识["量子力学"(quantum mechanics)这个术语直到1924年才在玻恩(Max Born)的一篇文章中被引入]。它在狭义相对论的框架中给出了多普勒效应(辐射波长是如何被运动所影响的)的一个完整的数学描述,但完全是基于光量子(光子)携带动量的思想。这是在康普顿实验证实爱因斯坦光量子的物理实在性之前。但薛定谔仍然接受了杨氏实验等给出的光像波一样运动的证据。在前面提到的给德拜的信里,他把这称为"要命的两难困境",这使他得出结论说动量在原子过程中不守恒。

物理定律也许仅仅是统计规律的思想契合了薛定谔对统计力学的持久兴趣。在20世纪20年代的上半叶,这就像教学一样仍旧是他研究工作的一部分。和他发表的关于比热的论文一样,他计划写(但并未完成)一本关于"分子统计学"(molecular statistics)的书。当1924年印度物理学家玻色(Satyendra Nath Bose,1894—1974)提出一种新方法来把统计应用于光量子,以及爱因斯坦发现了这个新思想的另一种应用时,薛定谔抓住了它并深入研究其含义。这次深入研究将使他得到他的最重要成就——受激情所驱使,这种激情不仅来自物理学,还来自他的个人生活。

生活和爱情

在苏黎世的生活是相当惬意的。薛定谔夫妇进入了一个学术和知识分子的圈子。那里的夜生活很活跃,这对埃尔温并不特别有吸引力,但还有剧院和歌剧,这对埃尔温就有吸引力了。当安妮想去城里的一个优雅舞会时,她就和埃尔温的这个或那个朋友一起去,而他则留在家里。在夏天,成群结队的朋友会乘汽船到乌弗瑙岛*野餐和游泳,这给了埃尔温一个机会去仰慕那些漂亮姑娘,并展开一些不轻不重的调情。比调情更严重的事情很快发生在安妮和外尔之间。在世纪末维也纳的风气里,学术界的已婚人士和其配偶之外的其他人的私情被看成是正常的,没什么可大惊小怪的。在这个特殊圈子里,安妮和外尔(在朋友中间被称作彼得)成了一对,就像外尔的妻子赫拉(Hella)和物理学家谢尔(Paul Scherrer, 1890—1969)一样。谢尔是德拜的一位门生,后来成为联邦理工学院物理系的主任。埃尔温有过几次短暂的绯闻,但是安妮和外尔的关系更深入,他们甚至谈到了离婚,这部分是薛定谔对他与安妮的婚姻没有孩子的失望之情所刺激的。但是,正如我们将看到的,他们找到了其他方法来解决这个问题。

薛定谔同样也在不认真地考虑着和苏黎世大学"离婚"的想法。这颗种子植根于他1924年9月参加在因斯布鲁克举行的一次德国科学家

---

*位于苏黎世湖上,是瑞士最大岛屿,也是著名旅游胜地。——译者

聚会之时。德国人当时处在物理学的研究前沿,在很快就要得名"量子力学"的领域里出现的那些大名鼎鼎的科学家中,有很多都在那里。虽然薛定谔在科学讨论中很活跃,但他并没有做正式的大会发言,不过他很高兴回到奥地利,那里像德国一样,在第一次世界大战的混乱之后终于平稳了下来,虽然最近有些动荡——希特勒(Adolf Hitler,同样是奥地利人)刚刚在5个月前由于在慕尼黑参与"啤酒馆政变"而被投入监狱,在那里他写下了《我的奋斗》(Mein Kampf)。薛定谔不知道这将会怎样影响他的生活,当他在1925年夏天被邀请担任因斯布鲁克的教授时,他很想答应,这至少有部分是因为他上一年秋天访问时给他留下了他称之为"闪光的"记忆。"瑞士人太无趣了。"他写信给一位物理学家同行索末菲(Arnold Sommerfeld,1868—1951)说。

他的通信往来表明,薛定谔在1926年1月已经在心里决定拒绝这个邀请了,但他却拖延了谈判,以便获得助力去改善苏黎世的条件——一块新的黑板和一笔对物理学图书馆更大的预算。他直到1926年3月才正式拒绝因斯布鲁克的邀请,在他第一篇开创性的量子力学论文发表之后。

在这一切都在进行的同时,薛定谔卷入了一场争论,这产生了严重的后果,并让他的声誉长久蒙尘。爱因斯坦狭义相对论是建立在测量出的光速对于所有观测者(不管他们在哪里或者怎样运动)均相同这一假设的基础上的,而这已经被大量实验所证实。20世纪20年代的关键性实验证据,来自19世纪80年代由迈克耳孙(Albert Michelson,1852—1931)和莫雷(Edward Morley,1838—1923)所做的一系列实验。在1921年,一个类似的实验在加利福尼亚一座天文台的所在地威尔逊山顶进行,并且结果似乎与在海平面所做的实验略微有所不同。正是这个结论促使爱因斯坦用这句著名的评语表达出了他的怀疑:"上帝难以捉摸,但他不怀恶意。"

但是其他人却是有恶意的。德国的反犹主义早就否认了爱因斯坦的"犹太人"理论，并抓住了这个证明他不可靠的"证据"。德国最著名的物理学家之一勒纳，是又一位奥地利人，他也对这些令人生厌的观点中的一些表示赞同。1922年，当德国外交部长、犹太人拉特瑙（Walther Rathenau）被暗杀时，勒纳作为海德堡物理研究所的主任（海德堡作为右翼活动的一个中心而臭名昭著），拒绝降半旗，并且不得不接受保护性监禁以从随后的民众暴动中脱身。当时流行的轻率的反犹主义潜流的范围之广，可以从薛定谔自己对威尔逊山实验的评价中窥其一斑，他说它"很重要，但在犹太物理学家的圈子里被贬低了"。他提出可以在圣母峰重复该实验，在有人提议让一位海德堡研究所的人作为这项工作的合适人选时也毫不担心。

其他人则质疑勒纳的门生是不是会给出一个诚实的评估结果，但薛定谔强烈地坚持无论实验者的政治倾向如何，科学真理都会显露出来。到头来，一个海德堡团队确实做了实验，实验证明爱因斯坦是正确的。在某种意义上，薛定谔也是正确的，但尽管他似乎是从一种无政治的立场出发，这件事情在他和政治权力之间建立起了可以察觉出的联系。

但在1925年底，薛定谔的思想集中在哲学方面，而不是政治。他现在已年近40，远远超过了大多数伟大的理论家对科学做出贡献的年纪，并在一种安全、可靠但又单调的环境里适应了这个可以作为终身职业的工作。正是在这样的背景下，他坐下来写了一篇对世界本质的哲学观点的综述，很久以后以《我的世界观》（*Meine Weltansicht*）之名发表了。

"我的世界观"

薛定谔1925年论文的开篇显示出他非常了解当时欧洲正在发生

些什么，并且仍然被他的个人经历所困扰。他写道："一种普遍的返祖现象开始了。西方人正处于一种危险之中，会再度陷入一种更早的发展状态，而这种状态是他们过去没能正确克服的：愚钝的、无拘无束的利己主义正在他们咧嘴而笑的头脑里产生，而他们的拳头从原始的习惯中得到了无可抗拒的力量，正在试图去掌控我们船上被废弃的舵。"

几乎不会让人惊讶，被这种观点所震惊的薛定谔会被吠檀多的世界观所吸引。在《我的世界观》里，他把"一个心灵安居在身体里就像在一幢房子里一样，在死亡时退出，并且可以没有身体而存在"的思想描述成"天真幼稚的"，并且问了四个问题，他说这些问题不能用"是"或"否"来回答，而是会"让人进入一个无穷无尽的循环里"：

> 存在"自我"吗？
>
> 存在"自我"之外的世界吗？
>
> 这个"自我"会随着肉体的死亡而消失吗？
>
> 这个世界会随着我的身体死亡而消失吗？

这篇论文的核心是薛定谔版的"吠檀多世界观"，它解决了这些问题，办法是声称只有一种意识，而我们（事实上还有剩下的"自然"）是它的一部分，就像一个多面的珠宝的不同侧面一样：

> 你认为属于你自己的那些知识、感觉和选择并不是无中生有的。这些知识、感觉和选择基本上是永恒不变的，他们存在于所有的人类！更确切点，来自一切有知觉的生命体身上！……你和一切有知觉的生命确实是一体的。

这种普适的人就是我们所说的婆罗门。"它是这一真理的显现，"薛定谔说，"是所有有道德价值的行为的基础。"

在他论文的其余部分，薛定谔把他的注意力转向进化生物学、意识和遗传过程。尽管他令人震惊地断言他的同时代人乐于宣称技术时代

"会在不远的将来"被描述为"进化思想的时代",但在他论文的这一部分里真正在今天还有人感兴趣的是,它表明了他对遗传过程非常着迷,而这在20年后结出了果实——他的著作《生命是什么?》(*What is Life?*)。但是,这篇论文直到1961年才公开发表,[3]当时薛定谔增加了第二篇论文《真实是什么?》(*What is Real?*),以免篇幅过小。这篇文章写于1960年,包含了一个引人注目的声明:"于是我毫不犹豫地有些鲁莽地宣称,将一个真正存在的物质世界接受为最终我们都会发现我们事实上都在同一个环境里这一事实的解释,是神秘主义的、形而上学的。"换句话说,没有什么东西是真实的。尽管薛定谔在形而上学的基础上得出了这个结论,它与一种对他在1926年参与的第二次量子革命的意义的标准解释有着强烈的共鸣。由于发现了一种新的方法——正确的方法——来对光子计数,薛定谔被从他的哲学迷思以及苏黎世的平静生活中拉了出来,成了这一革命的带头人。

量子统计学

这个发现来自印度物理学家玻色以及爱因斯坦。玻色在达卡工作,远离量子物理学在那里发展的几个欧洲中心,但通过阅读量子先驱们发表的科学论文,他始终保持了对它的了解,并在1924年他30岁时得出了这个重要思想。他发现,运用一种新的统计方法来计算光子数目,他就可以从将空腔中的辐射描述为粒子的量子"气"出发,推导出整个普朗克黑体辐射定律,而根本不用涉及波。在一篇报告他的发现的英文文章被《哲学杂志》(*Philosophical Magazine*)拒绝之后,他意识到这样一个结论从一个不知名的印度研究者那里说出来不太可能被认真对待,就把文章寄给了爱因斯坦,要求他如果喜欢就把它交付发表。爱因斯坦被这篇文章深深打动了,他本人把它翻译成了德语,寄给了著名的

《物理学杂志》（*Zeitschrift für Physik*），文章发表在当年8月。并非偶然的是，"光子"这个名词两年后被造出来，指代光的粒子。

爱因斯坦本人接着进一步发展了这一思想，把它应用于描述由遵循相同规则的原子组成的任何假想集合——气体或液体——的行为上。这些规则后来以玻色－爱因斯坦统计（Bose-Einstein statistics）而闻名，适用于所有像光子这样与力（在这里是电磁力）相关联的量子实体。这样一些粒子称为玻色子（boson）。适用于我们日常所认为的物质粒子（像电子这样的东西）的规则被称为费米－狄拉克统计（Fermi Dirac statistics），以另外两位量子先驱命名，这些粒子则称为费米子（fermion）。关键的区别在于，任何数量的全同玻色子能够在同一量子态（quantum state）中存在，但同一量子态中不能存在两个完全相同的费米子——也即具有完全相同的量子性质。费米子也在相互作用中保持"守恒"——你不能增加宇宙中电子的数量——但玻色子可以无限制造，只要有一个能量源，这就是当你开关一盏灯时发生的事情。

玻色－爱因斯坦统计的发现及其意义，在1924年9月薛定谔参加的因斯布鲁克会议上是那些专家们热烈讨论的话题。在那次会议上，薛定谔和爱因斯坦及普朗克的接触，让他开始思考用一条新的思路来研究量子统计学（quantum statistics）、气体理论、熵和统计力学。在1925年，他发展了这一思路，整整一年都在就这个话题和爱因斯坦通信。通信显示，薛定谔起初还是认为玻色仅仅是对普朗克的计算耍了一个小把戏，只是通过爱因斯坦的解释他才意识到玻色工作的基础性。和爱因斯坦的交流后来引导薛定谔做出了他最杰出的发现。

1924年，法国物理学家德布罗意（1892—1987）在他的博士论文中提出，就像传统上认为是波的光在某些情况下会表现得像粒子束一样，原先我们认为是粒子的电子也是如此，会在某些情况下表现为波。德布罗意的导师朗之万（Paul Langevin）对这个观点非常为难，他问爱因斯坦是不是该让这篇论文通过。爱因斯坦说这一思想是有道理的，[4]德布罗意获得了他的学位，而这一成果（第七章会有更多对它的介绍）也于1925年初在《物理学年鉴》杂志上发表了。不知怎么，薛定谔对所有这些都毫无所知，直到他在爱因斯坦的一篇论文中看到一篇参考文献提到德布罗意的思想，并评价说"这不仅仅是一种形式上的类比"——换句话说，爱因斯坦认为波是真实的。薛定谔仍然不知道德布罗意的工作已经发表在《物理学年鉴》上，他本可以在大学图书馆找到，但他获得了论文的一个复本，差不多在德布罗意在巴黎提交论文的整整一年之后。1925年11月3日，薛定谔写信给爱因斯坦："几天前，我以最大的兴趣读了德布罗意富有独创性的论文，我终于搞到它了。由此，[你的]工作对我而言显得前所未有地清晰。"在提到德布罗意的思想和他自己1922年发表的短文之间有一些联系后，薛定谔接着说道："很自然，德布罗意在他的宏大理论中的思考同样比我轻描淡写的陈述的价值要重要得多，其实我一开始也不知道我的那些想法能有什么用。"

在阅读德布罗意论文的几周时间里，薛定谔以波的概念为基础，发展了一个完备而自洽的量子理论。但几个月前，德国人海森伯（1901—1976）已经提出了一个完备而自洽的量子理论，以粒子的概念为基础。这是怎么回事？这两个发现引发了延续至今的争论，并深刻地影响了薛定谔。但在我继续讲述他的故事之前，我要先来讲讲关于海森伯的发现[这后来被称为矩阵力学(matrix mechanics)]的故事。如果你已经知道这个故事，尤其是如果你已经读过我的书《薛定谔猫探秘》，你可以直接跳到第七章去。否则的话，你就翻开下一页吧。

第六章

矩阵力学

　　当海森伯做出矩阵力学的发现时,他甚至比他的出生年份所显示的还要年轻。由于他生于1901年12月5日,在1925年的春夏之时还只有23岁,正是他研究生涯的起点。但是他已经显示出一位早熟天才的迹象了。

　　海森伯是第一代在量子思想中成长的物理学家中的一员。1920—1923年,他学习物理学和数学,一开始是在慕尼黑的索末菲和维恩手下,然后是在格丁根与玻恩(1882—1970)在一起。他对玻尔关于原子行为的思想极其感兴趣。在1922年,尽管还是一名学生,但由于索末菲的推荐,他被允许参加格丁根的一次被称为"玻尔节"的重要聚会。[1]在这里他遇到了玻尔本人,并听他发表了一系列关于量子物理学的演讲。在他的书《物理学及其他》(*Physics and Beyond*)中,海森伯后来把当时量子物理学的状况描述为"令人难以理解的胡言乱语和经验主义的成功的奇特混合",但这"很自然地产生了很大的吸引力"。尽管他1924年在格丁根被任命为无薪教师,不过在那年的复活节和1925年春天之间,由于获得了洛克菲勒奖学金,海森伯得以在哥本哈根和玻尔一起工作。

半真理

第一次让索末菲注意到海森伯的工作，是在这个年轻人还在读书时完成的。到1920年，物理学家们已经开始习惯于用量子数来描述一个体系（如原子）的量子态，而且就像天条一样，这些量子数必须是整数——1，2，3…，但是，海森伯意识到，如果计算中包含了半整数量子数，比如1/2，3/2，5/2…，那么原子光谱中一些让人迷惑的特性就可以得到解释。索末菲没有被它打动，但海森伯的朋友泡利（Wolfgang Pauli, 1900—1958）"指出，我不久就会不得不引入四分之一数和八分之一数，直到最后整个量子理论在我灵巧的手下变成一堆垃圾"。于是，海森伯没有再坚持这一想法。但几个月后，一位更年长的、已有建树的物理学家兰德（Alfred Landé, 1888—1976）产生了同样的想法，并发表了出来。

事实证明，半整数量子数的概念压根没有让量子理论崩溃，反而是理解量子世界的一个关键，同样也没有必要出现泡利担心的那些四分之一数、八分之一数之类的东西。这用一种称为自旋（spin）的量子性质可以得到最好的理解。一个电子之类的实体的自旋可以被认为是一个有着一定大小的箭头，但它只能指向两个方向——上或下。有着不同自旋的电子不被看成是全同粒子（identical particle），但有着相同自旋的电子的确是全同粒子，而这影响到了它们在原子中的行为。但最好还是尽量避免术语"自旋"在我们脑海中自动产生的图像，电子之类的事物的行为并不像旋转的陀螺或者滑冰者，而量子自旋是一种纯粹的量子性质，在日常生活中没有对应的东西。这是一个令人遗憾的术语选择，而我们无法摆脱。

但是，不管它取了什么名字，量子自旋是理解量子统计学的关键。具有整数或零自旋的物体（如光子），服从玻色-爱因斯坦统计。具有半整数自旋的物体（如电子），服从费米-狄拉克统计。但是当海森伯在1925年4月回到格丁根开始为他的夏季学期做准备时，这种认识还未形成。

所见即所得

像当时的许多物理学家一样，海森伯困惑于电子轨道的本质、电子在轨道间"跃迁"的方式，以及这种跃迁所带来的在原子光谱上呈现的谱线。1925年5月末，当他正陷于数学泥潭无法自拔的时候，他患上了严重的花粉热，以至于他不得不向他的教授玻恩请假用于康复。他得到了两周的假期，并在6月7日径直去了满是岩石的黑尔戈兰岛，远离任何花粉源。

黑尔戈兰是一个小岛，面积小于1平方英里（2.59平方千米），仅比海面高大约60米，坐落在北海中被称为德国湾的一角。由于它的地理位置重要，这个岛的所有权多次变换，直到1714年它被丹麦人接管。1807年，在拿破仑战争期间，黑尔戈兰被英国人占领，他们一直统治到1890年，小岛被交给德国人来交换非洲的桑给巴尔岛。当海森伯从易北河口的库克斯港乘船三小时抵达那里的时候，它是一个正在衰落中的海滨水疗胜地。"我看起来一定很可怕，"他告诉我们，"整个脸都肿了，无论如何，我的女房东看了我一眼，断定我刚从战场上下来，并承诺护理我直到痊愈。"[2]但是并不需要护理，因为清新的空气很快让他完全恢复了健康，并且在漫长的散步和长距离游泳之间，没有任何东西让他分心，"我取得了比我在格丁根时要快得多的进展"。

除了在岛上可以专心致志以外，海森伯取得如此快进展的原因还包括，他尝试了一种新方法来解决量子跃迁（quantum jump）问题。在格丁根的那群人中有人——后来没有人能准确地回忆出他们之中的哪一位得出了这个想法,但最可能的人选是泡利——已经指出,当没有对其进行测量时,没有任何办法知道一个原子或者其他任何量子实体正在发生什么。你可以做一次测量,它显示出原子处在某个量子态,然后再做一次测量,显示它处在另一个量子态,但你无法说出当原子处在这两次测量之间时它真正发生了什么。一种思想逐渐在这群人中产生:可以被科学测量所描述的仅有的现实是测量本身显示的现实,而一个物理理论应该仅仅通过被实验实际观测到的事物而受到关注。换句话说,你所看见的就是你所得到的,不多也不少。海森伯一开始对这一思想有点怀疑——它太像那种哲学思辨:如果没有人在那里聆听的话,一棵树在森林里倒下是不是会发出响声,但他决定还是看看这样一种理论可以如何发展,而所有的一切都很快就绪了。

与观测量子系统相关的最重要的事情是每一次观测都在同时与两个状态打交道。比方说,测量原子光谱中的一条特定谱线的能量告诉我们在吸收或发射一个光子的过程中所涉及的两个量子态之间的关系。于是,海森伯开始试图找出一个关于成对的可观测量子态之间关系的数学描述。在这个过程中,他发现他不得不对付一种数学实体,它有点像一个数表,描述了每一个量子态。

我写关于量子物理学的书已经超过30年了,在这么长时间里我从来没能找到一种更好的比喻来形容这些数学实体,只能说它们像一个布有棋子的国际象棋棋盘。国际象棋棋盘是一个二维的阵列,有着64个格子,每个格子可以用一个字母和数字的组合来标记,从a1开始,然后是a2、a3,依次类推,一直到h8为止。一个棋局的"状态"可以用额外的字母来描述,告诉你哪些格子被哪种棋子占据了——比方说,Qc7意味着在格子c7中有一个后(为简化起见,我忽略了黑棋和白棋的不同)。海森伯用类似的数字阵列来描述一个系统的量子态,并且找出了规则来描述量子系统相互作用以改变其状态的方式——实际上就是把这些数字阵列相乘并执行另外一种数学运算。随着数学描述开始趋于完善，他决定进行一次关键性的测试，计算出能量守恒律在他的计算中是否仍然成立：

> 当头几项似乎遵循能量原则时，我变得相当激动，然后开始不断犯计算错误。结果，几乎到凌晨三点钟，我才得到了最终的计算结果。能量原则对于每一项都成立，我再也不能怀疑这种形式的量子力学和我的计算所表明的东西之间的数学一致性和连贯性。一开始，我感到很震惊。我感觉到，在原子现象的表面之下，我正在看着一种极其优美的内在结构，当想到现在我将不得不去探索这个全面展现在我面前的丰富的数学结构的本质时，我几乎眩晕了。

但是他用不着自己单独去做这种研究。当海森伯回到格丁根，并把他的工作给玻恩看时，玻恩很快就认出这些数表是一种对数学家们而言很熟悉的（但在1925年只有少数几位物理学家知道的）叫作矩阵的数学实体。海森伯宣布其发现的一篇论文被寄给《物理学杂志》发表，海森伯本人则在1925年夏天去莱顿和剑桥做讲座。虽然他没有在这些讲座里提到他的突破性发现，但他在私下里确实谈到了它。而且尽管他不在，玻恩和他的年轻同事约尔旦（Pascual Jordan，1902—1980）还是用矩阵语言进一步发展了该理论，建立起了后来称为矩阵力学的东西。就像海森伯对泡利所评论的："这就好像电子再也不在轨道上运动了。"

矩阵不能对易

玻恩是当时已经熟悉矩阵的少数几位物理学家之一，这个好运气让格丁根团队的工作变得容易了许多。玻恩受过的教育非同寻常地广泛,他一开始在布雷斯劳读书——他父亲是那里的解剖学教授,也曾在海德堡、苏黎世和格丁根求学,在那里他一开始对数学而非物理学更感兴趣。他在布雷斯劳就知道矩阵了。玻恩和约尔旦发展海森伯工作的一篇论文,在海森伯的突破性论文两个月后就被寄去发表,在1925年底,即在薛定谔完成他关于后来所称的波动力学(wave mechanics)的第一篇论文之前,海森伯、玻恩和约尔旦已经共同完成了第三篇关于矩阵力学的文章。玻恩和约尔旦所作的关键性贡献是强调指出了一个事实的重要性,即当你把矩阵相乘时,你所得到的结果依赖于你做乘法的顺序。换句话说,$a×b$ 不等于 $b×a$。这已经包含在海森伯最初的论文里了,但没有详加说明。

用数学语言来说,矩阵不能对易。用黑体字母代表矩阵,$\mathbf{p}$ 和 $\mathbf{q}$ 分别代表动量和位置所对应的量子物理量,玻恩和约尔旦发现

$$\mathbf{pq} - \mathbf{qp} = h/(2\pi i)$$

其中 h 是普朗克常量,i 是 -1 的平方根。这个关系式非常重要,甚至被称为矩阵力学的基本方程,并被刻在了玻恩的墓碑上。对整个量子力学都很重要的一点是,如果 h 的值确实为零,那么方程就会简化为经典(牛顿)力学的公式,在这里就是 $\mathbf{pq} = \mathbf{qp}$。

但是格丁根团队并不是1925年下半年仅有的忙碌者。当年7月,当还在剑桥时,海森伯就和物理学家福勒(Ralph Fowler, 1889—1944)讨论过他的工作。回到格丁根,他给福勒寄了一份他的论文的复本,这个复本在8月份寄到了剑桥。福勒把这篇文章转给了他的研究生狄拉克(1902—1984),狄拉克只比海森伯小8个月。像玻恩和约尔旦一样,狄拉克意识到量子力学中变量的不可对易性(non-commutativity,来自矩阵不可对易这一事实)从根本上非常重要,并且完全独立地开展了研究,一点也不知道正在进行中的格丁根的工作。他用19世纪爱尔兰数

学家哈密顿(William Hamilton, 1805—1865)发展的一个美妙的数学分支,重建了整个理论。一篇由此而生的论文的复本被寄给了格丁根团队,玻恩后来描述它是"我科学生涯中最大的惊讶之一。狄拉克这个名字对我来说是完全陌生的,这个作者看起来是个年轻人,但所有一切都完美无缺,令人惊叹"。的确,这个作者当时还是个学生!狄拉克的博士学位是在1926年以一篇简单冠名为《量子力学》(Quantum Mechanics)的论文获得的,这是第一次在量子力学领域中授予学位。

狄拉克无疑是量子力学的发现者中最伟大的天才,用他的传记作者法米罗(Graham Farmelo)的说法,也是"最奇怪的人",这几乎完全是因为他患有一种孤独症。狄拉克的论文也完全考虑到了需要半整数量子数,这篇文章1925年12月发表在英国《皇家学会学报》(*Proceedings of the Royal Society*)上。海森伯给狄拉克写信说:"我以极大的兴趣阅读了你那篇关于量子力学的极其漂亮的文章,毫无疑问你的所有结果都是正确的……[这篇文章]比我们的写得更好,更有深度。"

因此,薛定谔事实上是第三个提出一个完整而自洽的量子力学理论的人。不用多久,他们的成就就会被诺贝尔奖委员会所承认——但是却有着一个臭名昭著的例外。

公正并非总是存在

正如我将在下一章里解释的那样,海森伯、玻恩、约尔旦、狄拉克和薛定谔的工作怎样才能结合起来完成量子革命,很快就清楚了。有了新的公式作为武器,物理学家们发现那些过去显得很难对付的问题,现在就像推倒多米诺骨牌一样容易。多年后,在著作《物理学的方向》(*Directions in Physics*)中,狄拉克写道:

> 它是一个游戏,一个人人都能玩的很有趣的游戏。一旦

某人解决了那些小问题里的一个,他就可以写一篇文章出来。在那些日子里,任何一位二流物理学家都很容易做出第一流的工作。以前从来没有过如此辉煌的时光。现在,对于一位一流的物理学家来说,要做出二流的发现也是很困难的。

到1928年,许多发现了这个新游戏规则的人已经被提名诺贝尔奖了。诺贝尔奖委员会用他们的智慧发现了一个巧妙的方法来分享这种荣誉,但也造成了一个明显的疏忽。

有这么一条规则,一个诺贝尔奖不能由三人以上分享,因此需要找到一个更巧妙的方法来表彰第二次量子革命的所有参与者。诺贝尔奖委员会找到的解决方法是把1932年的物理学奖一直留到1933年,然后把1932年的奖颁给海森伯,1933年的奖则给薛定谔和狄拉克两人,这样他们就可以在同一次颁奖仪式上一起被表彰。这就产生了两个问题。为什么玻恩和约尔旦没有获奖?如果奖项只是准备给海森伯、薛定谔和狄拉克,为何不让他们分享一个物理学奖?

图5 (左起)狄拉克、海森伯和薛定谔在瑞典斯德哥尔摩火车站

我们也许不可能确切知道,但最可能的解释是,在1933年初,诺贝尔奖委员会已经决定把1932年的奖颁给海森伯、玻恩和约尔旦,而把1933年的奖颁给薛定谔和狄拉克。但在1933年5月初,就在希特勒将要在德国掌权的时候,约尔旦加入了纳粹党。诺贝尔奖委员会不愿意被视为与一位公开支持希特勒活动的人站在一起,就把玻恩和约尔旦一起剔除出考虑之列,因为不可能把他们共同的工作割裂开而单独给其中一位授奖。

这个结果对于海森伯来说是很尴尬的,而玻恩感觉到的则是对他本人的羞辱——毕竟他是格丁根团队的领头人。海森伯写信给玻恩,表达了他对由于"在格丁根,您、约尔旦和我合作完成的工作"而单独获奖的糟糕感受。有好几十年玻恩都对自己被忽视而耿耿于怀,1953年他写信给爱因斯坦:"当时[海森伯]对矩阵是什么根本没有任何概念[直到我告诉了他]。正是他获得我们共同工作的所有荣誉,比如诺贝尔奖。"他还评论说:"我没有在1932年和海森伯一起获得诺贝尔奖,当时深深地伤害了我,尽管海森伯写来了一封很友好的信。"当玻恩终于在1954年以72岁的年纪获得诺贝尔奖时,没有人比海森伯更觉得宽慰。但就算这个奖也是带刺的。

这个奖来自玻恩对量子革命的第二大贡献,它包含一个思想:在量子世界里,事件的结果依赖于机遇和概率——也即是靠掷骰子。就像我将要解释的,一些物理学家对这一思想深恶痛绝,这些人中最著名的是爱因斯坦和薛定谔,正是这种观点使得薛定谔提出著名的猫"实验"。但从20世纪20年代末开始,它就成了大多数物理学家思考量子世界的标准方式。因为相关的思想大多数都是在哥本哈根玻尔的研究所里举行的科学聚会中讨论成熟的,所以这种看待量子世界的方式被称为哥本哈根解释(Copenhagen interpretation)——或者就像玻恩向爱因斯坦发牢骚时所说的,叫作"哥本哈根学派,它的名字几乎建立在所有由我最初提出的思想上"。玻恩有些言过其实了,但他的思想被看成将薛定谔的波动力学并入到一个更大图景的关键——可即使薛定谔本人也不喜欢这个图景。

现在是时候回到薛定谔1925年末在苏黎世的工作了。

◇ 第七章

薛定谔与第二次量子革命

　　早在1925年11月，在苏黎世联邦理工学院的德拜就要求薛定谔准备给苏黎世的物理学家们做一场关于他从《物理学年鉴》上读到的德布罗意工作的讲演。这是由联邦理工学院和苏黎世大学轮流主办的一个常规性的非正式学术讨论会的一部分。每次讨论会都会吸引也许十几到二十几个听众。这一场讨论会举办的具体日期没有被记录下来，但它一定是在11月底或12月初，在学期结束之前。瑞士物理学家布洛赫（Felix Bloch, 1905—1983）在1925年还是联邦理工学院的一名学生，1976年他在美国物理学会发表的演说中，[1]这样回忆道：

　　　　薛定谔非常完美、清楚地解释了德布罗意如何把波和粒子联系在了一起，以及他怎么能够通过要求沿着一个稳定轨道必须分布有整数个数目的波来得到玻尔和索末菲的量子化规则。当他结束时，德拜漫不经心地评论说，他认为所讨论的方法有些不够成熟。作为索末菲的一名学生，他知道要正确地处理波，就必须有一个波动方程（wave equation）。这个评价听起来没什么重要性，似乎也没有[给听众]多深刻的印象，但薛定谔显然在此后还是更加深入地思考了这个问题。

　　薛定谔的第一个念头是，离开德布罗意的工作继续探索，尽力去找到一个波动方程,它可以描述最简单的原子——氢——里电子的行为。他很自然地在他的计算中考虑了由狭义相对论所描述的效应,并可能早在 1925 年 12 月,就推导出了后来所称的相对论性氢方程。不幸的是,这个方程不对。相对论性方程的预言和实际观测原子得到的结果不符。我们现在知道,这是因为薛定谔没有考虑到电子的量子自旋,这并不令人惊讶,因为自旋的概念当时还没有被引入到量子力学里。但是这个错误的开端还是特别值得注意,因为它突出显示了量子物理学家击水于其中的那片深深的、浑浊的水域——你需要考虑到自旋这个通常和粒子关联在一起的性质,才能推导出一个电子的波动方程!

但是薛定谔并没有在困境中陷得太久。圣诞假期来了,他有机会离开苏黎世,在阿罗萨清新的空气中思考问题。但是,灵感并不完全来自新鲜空气和山景。

科学和放纵

尽管薛定谔有许多和女性的风流韵事,但其中很少有(如果有的话)一夜风流。从他的日记里判断,爱对他而言比性更为重要,虽然性往往很自然地在恋爱关系中占有一定的位置。他常常坠入情网——或确信自己坠入情网,而当他陷入恋爱之中时,基本上他的生活都是美好的,而他的科学创造力也从中获益。这就是为什么薛定谔私生活中的这个方面不能被忽视的原因,哪怕是在一本科学传记中也不能忽视(还有另外一个原因,我很快就会讲到)。即使很少传播绯闻的科学史家派斯(Abraham Pais)也觉得有必要当他在其著作《内在界限》(*Inward Bound*)* 中试图解释 38 岁的薛定谔在 1925 年 12 月所取得的不可思议

---

* 中译本名为《基本粒子物理学史》。——译者

的成就时,提及"外尔有一次对我说,薛定谔在其生活中的最近一次出轨期间做出了伟大的成就"。当然,外尔是安妮·薛定谔的情夫,所以理当知道他在说些什么。

关键在于薛定谔不是一个人在阿罗萨。在那里,他和安妮一起过了前两个圣诞节,但这一次他是由一位来自维也纳的昔日女友陪伴。我们不知道她是谁,因为虽然薛定谔的日记在这些事情上往往都很直接,但相关的卷册却遗失了。然而,不管她是谁,她似乎打开了一道创造性活动的闸门,它陪伴薛定谔一直到1926年,产生了6篇关于后来所称的波动力学的重要科学论文。但所有一切都来自最初看起来是一个倒退的行动。为了把它说清楚,我们需要快速了解一下德布罗意实际做的工作究竟是什么。

路易·德布罗意本来几乎不大可能成为一名物理学家。作为一个法国贵族家庭的小儿子[他后来从他的哥哥莫里斯(Maurice)那里继承了"王子"的头衔],他一开始攻读历史,并希望进入外交界。但是,当路易在1910年——就是量子物理学令科学家兴奋的时候——进入索邦大学的时候,比路易大17岁的莫里斯已经是一位有一定地位的实验物理学家了。受到莫里斯的鼓励,路易转向了物理学,但他的教育在第一次世界大战中被从军打断了,当时他在埃菲尔铁塔从事无线电通信。因此,直到1923年他才发表了关于光量子本质的第一批论文,并完成了构成其博士学位论文基础的工作,而直到1924年底他才获得博士学位(而且是在爱因斯坦的干预之后!),当时他已经32岁了。几乎没人觉得奇怪,德布罗意没有对物理学做出更大的贡献,但让人惊讶的是,年纪更大的薛定谔捡起了球,继续向前跑。

德布罗意的出发点是爱因斯坦推导出来的关于光量子的两个方程:

$$E = h\nu, \ p = h\nu/c$$

由于一个波的波长(λ)和频率(ν)通过公式 $\lambda = c/\nu$ 相关联,通过简单的替代就能得出 $p\lambda = h$。

或者简单地说,一个量子实体的动量乘以其波长等于普朗克常量。虽然这在原则上适用于任何物体——它告诉我们,动量和光波相关联,而且电子及其他粒子也和波相关联。公式同样清楚地显示出为什么这种效应在日常世界里是看不到的:因为我们可以看见或触碰的任何东西的动量比起普朗克常量来说都太大了,与这样一个物体相关联的波动性小到无法被察觉。

在相对论性氢方程失败之后,薛定谔重新回到基础性工作。他从经典力学的典型的波动方程出发,运用德布罗意发现的关系把波长转换成动量,从而得出了一个关于电子的非常简单的波动方程。它类似于麦克斯韦在19世纪发现的关于光和其他电磁波的波动方程。其推导和德布罗意的发现一样,表面上看起来一旦你想到了,就会觉得简直简单得惊人,给人的反应是"为什么我竟然想不到?",但它其实在被指出之前远非显而易见的。也许薛定谔自己也觉得它简单得惊人,因为在他发表自己的突破性成果之前他已经想到了两个更为复杂(因而也更为让人印象深刻)的方法来推导其著名的波动方程,以便和科学界共享。而且,不像薛定谔几个星期前的相对论性方程,这个方程预言了实验所确定的正确的量子数。爱因斯坦说得对,德布罗意公式表达的"不仅仅是形式上的类推"。

古怪的地方在于,忽略了狭义相对论的影响之后,这种处理方式奏效了,但它并没有权力这么做。事后来看,我们可以看到忽略相对论的效应实际上相当于忽略了自旋。描述量子波的"正确"方程的确可以考虑相对论,从而正确推导出自旋,但凑巧也能通过忽略它而得到正确结果。诺贝尔奖有时就靠这种运气。

在1925年圣诞节后,情况变化很快。在苏黎世大学第二个学期初,薛定谔又做了一次学术演讲。布洛赫在1976年回忆说,薛定谔是这样开头的:"我的同事德拜提出应该有一个[关于氢原子中的电子的]波动方程,好吧,我找到了一个。"这仅仅在一定程度上是对的,要用"非相对论性氢方程"得出一个对氢原子的完备的数学描述,需要艰苦的工作。但在苏黎世的同事的帮助下,薛定谔完成了他关于波动力学的第一篇论文,并把它寄给了《物理学年鉴》,它在1月27日即阿罗萨的突破性进展后不到一个月送达,并且在1926年3月13日出版。这时这个杂志已经收到了薛定谔的第二篇论文,进一步发展了其思想,此文发表于4月6日,随后连着又有4篇论文发表,最后一篇发表于9月5日。好像这还不够,薛定谔还写了一篇名为《原子和分子力学的波动理论》(An Undulatory Theory of the Mechanics of Atoms and Molecules)的完备综述,完成于9月6日并用英文在1926年12月发表在《物理评论》(*Physical Review*)上。在相对论性氢方程失败后还不到一年,波动力学就基本上建成了。这些关键论文在第二年被收集在一个单册里出版了德文版,并在1928年出版了英文版。这是令人惊异的创造力的勃发,在科学上没有人能在与1926年的薛定谔差不多的年龄做出这样的成就,可以说只有年轻的爱因斯坦在1905年这一"奇迹年"中的多产才能超越这一成就,当时他在科学的几个不同领域都做出了重要成就。爱因斯坦本人对此也印象深刻,1926年5月他写信给他的朋友贝索(Michele Besso):"薛定谔写出了两篇关于量子规律的很精彩的文章。"[2]

不过,就算是薛定谔本人也对自己的研究成果感到惊讶。在他的波动力学论文合集的序言里,他写道:

> 一位年轻的女性朋友最近对笔者评论道:"在开始时您根本没有想到能从中产生出任何如此精巧的东西,对吗?"我从心底赞同这个评论(虽然我有权自鸣得意),它也许可以用来让人注意到一个事实,即现在汇总在一册中的这些文章,当初

是一篇接一篇在不同时间写出来的。后面部分的结果对于写作前面这些文章的作者来说,很多都是未知的。结果,各种材料很不幸地没有总是像被期望的那样用一种系统而有条理的方式陈述出来,更进一步说,这些论文展示出了思想的逐步发展。

他这里提到了一位"年轻的女性朋友",强调了她在薛定谔"最近的情感爆发"之年里对其感情和科学两方面都有着持久的重要性,虽然很难说哪一个(如果有哪一个)是最早出现的。她是14岁的伊萨·容格(Itha Junger),薛定谔正在辅导她的数学——以及其他。

伊萨是一对异卵双胞胎姐妹中的一个,她母亲是安妮·薛定谔的一位熟人。1926年7月的大部分时间,在学年接近结束时,埃尔温离开了苏黎世,到其他研究中心游历,包括慕尼黑和柏林,到处传播他取得突破的消息,并在德语科学界里显著提升了自己的形象。在他不在家时,安妮从双胞胎的母亲那里获知,这对双胞胎[洗礼时被命名为伊萨和罗斯维塔(Roswitha),但一般被叫作伊特(Ithi)和维特(Withi)]在教会学校里没能达到所需要的数学成绩标准。伊萨尤其糟糕,可能不得不留级一年,这样要么双胞胎姐妹分开,要么就让罗斯维塔跟她一起留级。安妮提议说埃尔温也许很适合给她们一些专门的辅导。在双胞胎8月份的14岁生日后不久,他回来了,并且很有热情地接受了这个挑战。伊萨在1985年的系列采访中向穆尔描述了后来的发展。

数学课程是很成功的,但她们老师的大部分注意力很自然地被吸引到了伊萨那里,而两个女孩都达到了在新学期开始时和同学一起升级所要求的标准。但和数学一起的课程还包括"不少爱抚和拥抱",薛定谔很快就确信自己和伊萨恋爱了("不管爱是什么",就像查尔斯王子所说的)。他与她谈论自己的科学工作和宗教信仰,给她写诗,和两个女孩及她们的母亲一起度假滑雪,过1927年的圣诞节,并且制订了一个长期的计划来进行现在所说的美容、打扮。理所当然,这个年轻的教会学校女生被所有这些关心吸引住了,并自然而然地堕入了他的情网。不过,他是很有耐心的。直到她16岁,他才在(另一次滑雪度假时的)午夜进入伊萨的房间,告诉她他有多爱她,而直到她1929年8月过17岁生日时,他们才发生了关系。这件绯闻一直持续到20世纪30年代,有一阵薛定谔还认真考虑过与安妮离婚而迎娶伊萨,这成为薛定谔在发现波动力学后的那些年科学生涯中不可被忽视的一个背景。但是,当他开始认真对待波动力学并把它发展成量子力学的一种完备描述时,科学界对此一无所知。不过对薛定谔来说不幸的是,他的思想得以发展的方式,根本就不符合他的口味。

驭波而行

薛定谔的波是一个连续过程的典型范例,而海森伯的矩阵给出了一个非连续过程的典型描述,薛定谔觉得它令人生厌。在他1926年5月发表于《物理学年鉴》上的论文《论海森伯-玻恩-约尔旦和我的量子力学之间的关系》(On the Relation of the Heisenberg-Born-Jordan Quantum Mechanics to Mine)中,他提到:

> 我的理论受到了德布罗意的启发,还受益于爱因斯坦那简短但极有远见的评论……我根本不知道与海森伯有什么关联。我自然知道他的理论,但由于对我来说这种方法似乎很困难……我觉得自己被它吓住了,如果不说是被它排斥了的话。

因此,当他发现这两种理论不但在应用于原子物理学中的相同问题时会得出相同的(正确)答案,而且在数学上完全等价时,他觉得有些不可思议,如果不是说震惊的话。通过把薛定谔波动方程中对应位置和动量的变量用两个来自海森伯理论的被称为算符(operator)的表达式来代替,矩阵力学就可以从波动力学中推导出来。这个过程在数学上称为代入(substitution),它一样可以用另一种方式进行从矩阵力学到波动力学的转换。

薛定谔不是唯一发现两个理论的关联的人。泡利在还没有看到薛定谔的文章之前就已经注意到了这种关联,并在1926年4月给约尔旦的一封信里提到了它。在包含薛定谔的文章的那期《物理学年鉴》杂志送达加利福尼亚之前,一位在帕萨迪纳的美国人埃卡特(Carl Eckart,1902—1973)已经在1926年5月和6月就这个题目写了两篇文章。埃卡特的成果,用他在这两篇文章中的第一篇里所说的,是"把一个算法里的薛定谔的结果和[海森伯、玻恩和约尔旦的]那些结果包含在一起……对这两个相差巨大的理论的任何一个来说,它似乎都是其迄今为止所得到的最大支持"。但对这个话题决定性的一锤定音来自青年才俊狄拉克。

薛定谔、泡利和埃卡特每人都在经验上证明了,矩阵力学和波动力学在进行代入时是等价的。但他们当中没人能说出为什么是这个样子。狄拉克则发展出了另外一种看待量子世界的方式,他称之为变换理论(transformation theory),并且证明(运用了一些很难的数学)所有版本的量子力学都包含在这个包罗一切的理论之中。他描述这个新理论的论文被英国皇家学会接受并发表在1926年12月的《皇家学会学报》上。约尔旦在同时做了一些类似的工作,虽然并不足以与狄拉克达到的高度相提并论。

如果不想进入很难的数学,理解狄拉克的结果的最好途径是利用类比,这是帕格尔斯在其著作《宇宙密码》(*The Cosmic Code*)里使用的。他指出,"树"可以用两种(或更多)不同的语言来描述,比方说英语和阿拉伯语。这两种描述看上去全然不同——在这个例子里,它们甚至没有一个字母是一样的。但是它们都描述了同样一个事物,而且利用字典和语法规则,一种描述可以变换成另外一种。"不同的表示方式会受到变换规律的影响,这是一个很深刻的思想,"帕格尔斯说,"不变量确立了物体的真正结构。"

变换理论是完备的量子力学理论,但是在20世纪20年代没有几个普通的物理学家关心这个问题(就这一点来说,以后也很少)。他们不喜欢繁杂的数学,而且他们中的大多数人像海森伯一样,在1926年之前甚至都不知道矩阵是什么。他们了解的是这个事实:如果矩阵力学和波动力学是等价的,那么在解决实际问题时,你就可以在遇到这些问题时使用你喜欢的那种。人们喜欢的是波动力学,因为他们都知道(或者认为他们知道)波的行为方式。这对薛定谔来说是好消息——一开始是这样。

薛定谔的问题是,即使数学上说矩阵力学和波动力学是等价的,也并不会给他原子内部正在发生什么的物理图像。不连续的量子跃迁怎么能和连续的波函数相协调呢?在1926年夏天,他一直困惑于这个问题(用给双胞胎姊妹上课来从工作中放松一下),但毫无进展。一封写于8月25日的给维恩的信(这封信现在收藏于慕尼黑的维恩档案馆)可以作为佐证:

> 光电效应[见前面第四章]……对于完成一个经典理论而言是一个最大的概念上的困难……我再也不想像玻恩一样认为一个这种类型的单独过程是"完全无序的"……今天我再也不相信这个概念(我在4年前曾如此热情地赞同它)已经基本完成了。

在这个时候,薛定谔尤其关注统计解释,因为在1926年6月玻恩已经找到了一种解释波函数的新方法。他指出波函数可以被用来计算一个诸如电子之类的量子实体位于空间中某一特定位置的概率。波的一个特点是它有大小或者说振幅（amplitude），它随地点不同而变化，于是玻恩发现，薛定谔波函数的振幅的平方可以被用作概率的量度。[3]他指出，电子之类的粒子是真实的实体，但你能在哪里找到它们依赖于与一个幽灵般的波相关联的概率幅（probability amplitude）。就薛定谔所关注的而言，潜藏的困难是这意味着，一个电子这样的实体在通过空间时，没有确定的路径或者说轨迹，而是可以在某个空间区域中的任意地方找到它（由概率确定）。反过来，薛定谔更喜欢这样的想法，即粒子是以某种方式被一种场控制的，而这种场遵循波动方程，因此粒子就像波一样运动，就像冲浪者一样。但是，"这会依赖于观测者的口味，他现在是希望哪个被看成真实的，是粒子还是引导场"。实在是混沌不清！而这也是和薛定谔关于统计过程在甚至最基本的物理情况中的重要性的早期观点的明显决裂。具有讽刺意味的是，尽管当薛定谔过去在提出物理学基本定律是统计性的时候是处在少数派，从这时起他拒绝了统计会在量子世界的行为中扮演重要角色的想法，他又成了少数派。

　　带着这些在头脑中盘旋的思想，薛定谔和安妮一起出发去南蒂罗尔度假，然后在9月底去哥本哈根和玻尔及其同事（包括海森伯，他当时正在玻尔的研究所里工作）讨论量子物理学。在那里薛定谔在10月4日做了一次关于波动力学的讲演，但这次访问最重要的意义在于给了他机会和玻尔讨论他的思想，尤其是他对量子跃迁的关注。他有很多次这样做的机会，因为他住在玻尔的家里。他们两人都坚持自己的立场——我们可以从海森伯在他的《物理学及其他》一书中对这次辩论及其后果的详细叙述中知道有他们有多么坚定，海森伯是这样说的：

　　　　尽管玻尔在待人接物时通常都体贴而友好，但他现在在我看来简直就是一个冷酷无情的极端分子，不会做一点点妥协，或者认为自己也可能是错的。

薛定谔同样固执己见。

很难表达出讨论是多么的火花四溅，他们每个人是多么坚信自己，这个事实影响了他们的所有话语表达。

薛定谔根深蒂固的观点是，如果没有定律来描述量子跃迁中电子的运动，那么"整个量子跃迁的概念就完全是一种幻想"。玻尔坚信的则是

这不能证明没有量子跃迁。它只是证明了我们不能想象出它们。在描述量子跃迁时，我们描述日常生活中的事件的代表性概念和经典物理学里的实验是不够的。我们也不应该惊讶于发现这一点，看到其中涉及的过程不是直接经验的对象。

正是在这个辩论过程中，薛定谔做出了他著名的评论："要是这个该死的量子跃迁真的存在的话，我会很遗憾我曾经参与到量子理论之中。"

虽然辩论并没有结果，但它让薛定谔、玻尔和海森伯（他们还是好朋友，尽管有着思维差异）都深深地困惑于量子理论将会把他们带向何方。正是对薛定谔访问哥本哈根期间出现的问题的困惑，让海森伯做出了第二个重大发现，它本质上是量子力学拼图中的最后一块。这个念头是一个冬夜在哥本哈根的一间阁楼里出现在他脑海里的。薛定谔当时正在对美国做一次长期访问（这将在下一章里有描述），在他1927年4月回到欧洲之前，他对这个新思想一无所知。

不确定的量子

虽然坚信他们是对的，但哥本哈根的科学家们现在已经意识到了"要说服哪怕是第一流的物理学家相信他们必须放弃所有试图构建原

子过程的概念模型,这一努力会有多么困难"。在薛定谔访问哥本哈根后的几个月,量子物理学的物理解释是玻尔和海森伯之间讨论的中心主题,背景是玻恩已经发现了这个问题的另外一块拼图。他们在圣诞节前的几个星期一直在讨论的关键问题之一是,如何把任一版本的新量子力学和"与云室中一个电子的轨迹同样简单的问题"协调起来。

云室是一个相对简单的设备:本质上,它是一个充满了带有饱和水蒸气的空气的密闭盒子,有一个可以用来观测和拍摄发生了什么的玻璃窗。当一个电子之类的粒子经过云室时,它在身后留下了一条雾化的路径,类似于高空中飞行的飞机会在天空中产生雾化径迹。云室是19世纪90年代由威耳孙(Charles Wilson, 1869—1959)发明的,他在1927年因为此项工作获得了诺贝尔奖。但这项技术直到1910年后才被布莱克特(Patrick Blackett, 1897—1974)充分发展,后者在1948年也得到了诺贝尔奖。这些奖表明了云室对于新物理学的重要性。在20世纪20年代,它是一个人可以在最近距离看到单个电子的地方,而所产生的径迹也的确看起来像是快速运动的粒子的效果。

玻尔和海森伯很困惑,因为轨迹(trajectory)这个概念与矩阵力学(海森伯本人总是称之为量子力学,不过今天这个词也包含了波动力学)的思想是不相容的。虽然在波动理论中可以有定域化的一束波作

图6　海森伯(左)与玻尔

为一个所谓的波包而一同运动,但这会要求一束物质在比一个电子的直径大得多的宽度上散布开来。在云室里没有看到这种情形。

新年伊始,随着他们的讨论连续几个星期都持续到半夜,玻尔和海森伯两人都"变得筋疲力尽,情绪紧张"。因此当玻尔决定在1927年2月去挪威滑雪,留下海森伯"安静地思考这些毫无希望的复杂问题"时,他简直是喜出望外。他是在他那个位于玻尔研究所所在建筑物的楼顶上、俯瞰哥本哈根的舒适小屋里做这件事的。回到1926年春天,海森伯曾被要求在柏林大学做一场关于矩阵力学的演讲,此后他和爱因斯坦就实在性的本质和新理论的含义进行了很长时间的讨论。爱因斯坦一度评论说:"试图去找到一个仅仅关于宏观尺度的理论是相当错误的。事实上,完全相反的事情发生了。正是理论决定了我们能观察到什么。"那时候,海森伯完全被爱因斯坦的论点吓住了。但现在,差不多一年之后,某天他的脑海又浮现出了那些话,当时他正在努力对付轨迹之谜。是理论决定了我们能观察到的世界,这会是解决问题的关键所在吗? 海森伯激动得再也坐不住了,他走出去在附近的法尔德公园散步。在这次夜间散步过程中,他想出了与他的名字永远联系在一起的那个思想——量子不确定性(quantum uncertainty)。

海森伯认识到,在云室里真正观察到的是一条由电子触发而雾化的小水滴的径迹。它不是电子穿过云室的连续路径,而是一系列"电子得以穿过的离散的、不太明确的点",就像一列点,我们可以把它们连起来形成一条轨迹。我们不知道这些点之间的电子在干什么,正如我们不知道当电子在一个原子的能级之间"跃迁"时它在干什么一样。于是,海森伯推断,需要问的正确问题是:"量子力学能不能正确表示出一个电子**近似**处于某一给定位置并且**近似**以一个给定速度运动,而我们能不能让这些近似准确到使它们不会引起实验上的问题?"[4]

海森伯带着他的洞察,匆忙回到研究所。他很快就能够在数学上证明，只要系统遵循一个简单的规则——现在称为海森伯不确定原理（Heisenberg uncertainty principle）——就万事大吉了。用他自己的话说："位置和动量的测量值的不确定度的乘积……不能比普朗克常量更小。"后来，这里有了一个小小的调整——我们现在知道这些不确定度的乘积不能小于普朗克常量除以4π。2月23日，海森伯写了一封长信给泡利，概述了他的发现——基本上就是他为《物理学杂志》准备的论文的简略版。"轨迹只有在我们观察它时才存在。"他说。

但是这在物理学上意味着什么？第一个关键在于，"测量"这个词可以从海森伯的表述中拿走。量子不确定性和我们有无能力进行精密测量无关。它是量子世界固有的某种东西，因此一个电子之类的实体不能同时具有精确的动量（它事实上意味着速度）和精确的位置。就像海森伯后来在1927年的《物理学杂志》上公布他的发现的消息时所说的："作为一条原则，我们不可能知道现在的所有细节。"

电子自身不能既精确地"知道"它在哪里，同时又精确地知道它要去哪里。但是由于这个限制（普朗克常量除以4π）是两个不确定度的乘积，其中随便哪一个都可以准确到你想要的地步，但同时另外一个的不确定度会相应增大。一个电子的速度越明确，它的位置的准确度就越低；它的位置越明确，它的速度的准确度就越低。在云室里，电子的轨迹相当精确地给出了它的速度，但它的位置就可以是这条轨迹上的任何地方。原则上，这些规则也适用于日常世界。但量子不确定性对于比分子更大的物质产生不了什么可以观察到的效应，因为普朗克常量太小了。一个物体的位置不确定度的大小正比于普朗克常量除以物体的质量，而对于日常物体来说这个不确定度是极其微小的。不过，如果我们是在电子尺度上，量子不确定度就会变得随处可见了。

而这就把概率和统计重新带回了舞台中心。在《物理学杂志》上，海森伯写道：

"当我们精确地知道现在,我们就能预测未来",这不是一个结论而是一个假设。即使在原则上我们也不能知道现在的每一个细节。由于这个原因,所观察到的任何东西都是来自可能性空间的一种选择,也是对未来可能发生什么的一种限制。由于量子理论的统计属性与所有感知的不精确性联系得如此紧密,我们也许可以假设在被感知的统计世界之后还隐藏着一个"真实的"世界,在这个世界里因果律仍然成立。但坦率地说,这种假设看上去对我们是没什么用、没什么意义的。

许多人都不同意这个观点,尤其是薛定谔。玻尔从挪威回来以后,一开始认为海森伯是走在错误的路上,后者的不确定性概念与玻尔自己正在发展的关于量子世界的思想是不相容的。但在这些顶尖学者间几个月的激烈辩论过程中,对量子世界的一种新认识出现了,并且成为半个多世纪以来被人们普遍接受的正确认识(虽然并非没有持异议者)。这个共识被称为"哥本哈根解释",这让玻恩极为生气。

哥本哈根共识

当玻尔从滑雪度假中返回哥本哈根时,他带回了他关于世界的另一个新思想。它后来被称为互补性(complementarity),在哥本哈根解释中处于中心地位。它第一眼看上去是一个极其简单的想法,但却有着深远的衍生结果。

玻尔认为,量子世界的波动描述和粒子描述都是正确的,它们是更大的整体中互补的部分。一个最简单的类比——既简单又好——是硬币的两面。你可以看见它的正面或者反面,但不能一下子看到两面;它们是硬币的互补的部分。类似地,如果我们用电子做实验,指望发现波,我们就会看到波;但如果我们用电子做实验,指望发现粒子,我们就会看到粒子。电子"真正是"什么是无关紧要的,也许它超越了人类的理解能力。有关系的是在特定的环境下它像什么,或者它怎样运动。

这使得玻尔和海森伯在1927年3月发生了争执,因为海森伯想把波的思想一起去掉。因此,当玻尔找到了一种简单的方法来用波动力学推导出不确定关系时,海森伯一开始没有多少热情。这种方法其实非常简单,因为虽然一个定域化的波群(一个波包)确实可在某种程度上表现得像粒子一样,但这只有在波包包含了许多不同波长的波时才能做到。一个单色的波有着明确的动量,但很自然,它没有一个明确的位置。一个波包有着明确的位置,但没有明确的动量。当把数字代入时,海森伯的不确定关系式就出现了。海森伯最后不得不承认玻尔是对的,并在他关于不确定性的论文里加了一个附言提到玻尔的工作,这篇论文发表在5月底。由于这项工作证明了他不是昙花一现,海森伯在6月底作为一名(德国最年轻的)正教授去了莱比锡。

与此同时,玻尔在努力将他自己的思想成文。在他的整个职业生涯里,他的下笔难都是众所周知的,他总是在写着没完没了的草稿和改写稿,想找到他所需要的最准确的表达方式。他通常都有一名助手来帮助完成任务,这一次这个很不好干的活儿落到了克莱因(Oskar Klein,1894—1977)身上,他是一名在玻尔研究所工作的瑞典物理学家。草稿写了一次又一次,而"互补性"这个词第一次出现在一份标明时间为1927年7月10日的文稿上。玻尔有一个最后的期限,要及时完成论文以便在即将于当年9月在科莫举行的纪念伏打(Alessandro Volta,1754—1827)逝世100周年的会议上宣读。但是以玻尔的惯例,他没能按时完成,而不得不做了一次以最新的暂定稿为基础的介绍。

科莫会议首次将后来以哥本哈根解释而闻名的一整套思想展示在当时最优秀的物理学家面前。但这些人当中并不包括薛定谔,就像我即将在下一章中描述的,他正忙于在搬到柏林后安顿下来,没时间参加；也不包括爱因斯坦，他拒绝访问法西斯的意大利。玻尔所描述的这一整套思想的基本元素，包括薛定谔的波动方程［现在被解释为"概率波"（probability wave）］、玻恩的统计学、海森伯的不确定原理、互补原理，以及一个称为"波函数坍缩"的概念——它后来会让薛定谔和爱因斯坦大为困惑。玻尔也强调说，在观察中只看到事实——当一个诸如电子的量子实体没有被观察时，问它在哪里或者它正在做什么这样的问题是没有意义的。要理解这种解释是怎么发挥作用的，最好的方式是去看看量子世界的经典谜题——双缝实验。我将用电子来进行描述，但同样的解释对于任何一个量子实体都适用。

按照哥本哈根解释，实验中当一个电子在一头从一支电子"枪"里被射出之后，它像一个粒子般离开，并且可以作为粒子被探测到。但它立刻变成了一个概率波，它同时穿过两个小孔，并与自身产生干涉，在小孔的另一端形成一个概率图案。在探测器屏幕上，电子可以在任何被概率允许的点上以粒子的形式出现，但在某些点上出现的可能性要比另外一些点上大些，而且至关重要的是，有些位置是完全被禁止出现的。在电子被观察或测量的点上，存在一个"波函数坍缩"，它到达这些点时就像是粒子。但一旦我们不再观测它，概率就会再次从这个点散布出去，于是下一次我们找电子时就会在另外一个地方发现它，这个地方可以是概率所允许的任何地方，但像前面一样，在某些位置可能比其他位置更有可能出现。

不过，别把概率波想象成电子的某种"模糊"的变形。电子只能够作为粒子被看到——比方说，我们看不到电子的半个电荷穿过两个小孔中的每一个——但是粒子被看到或观测到的位置依赖于由波的行为确定的统计规律。也不要认为，因为规律是统计性的，哥本哈根解释只适用于数以千计或数以亿计的单个电子（或另外一个量子实体）汇聚在一起的行为。它适用于每个单个的电子，就像我已经描述过的——不像玻尔与他同时代的人，我们可以利用现代版的双缝实验，这时电子的的确确是一个一个地射出来的，先通过一个单缝，再通过双缝。这个实验证实了玻尔对量子实在性的描述的每一个预言。

科莫会议的与会者对玻尔关于这个新思想的介绍困惑不已，就像大多数人第一次遇到这种情况时一样。就算有人相信它，也只有寥寥几个。但下一个月，在1927年10月的最后一个星期，玻尔有了第二次机会来陈述自己的思想，这一次他用双手抓住了机会。这是第五届索尔维会议，是在布鲁塞尔举行的系列科学会议里的一次，它是由一位富有的比利时化学家索尔维（Ernest Solvay）在1911年赞助发起的。事后看来，这次会议成了量子物理学家前所未有的大聚会。第一次量子革命的元老——普朗克、爱因斯坦和玻尔——都在那里，而第二次量子革命的年轻人也同样都在那里，包括德布罗意、狄拉克、海森伯和泡利。薛定谔也在那里，既是一名元老（按照物理学家判断年龄的方式），又是第二次量子革命中的一个关键角色。会议的正式名称是"电子和光

图7　1927年第五届索尔维会议合影（第三排左六为薛定谔）

子"，送给参与者的邀请函强调说会议将会"讨论新的量子力学和与之相关的各种问题"。

对于会议上发生了什么，最好的总结是物理学家埃伦费斯特（Paul Ehrenfest，1880—1933）在会议刚刚结束后写的一封信里的评论："**玻尔**完全超越了每一个人。一开始根本没人理解……然后一步一步地征服了每一个人。"[5]一个对这次会议的成果更为深思熟虑的评论来自海森伯1963年的一段话："布鲁塞尔会议最重要的成功是，我们可以发现，尽管有着各种阻碍，尽管有着各种试图推翻这个理论的努力，我们仍然可以推进它。通过运用旧的词汇，并用不确定关系来限制它们，我们可以把一切都搞清楚，并得出完全协调的图像。"[6]总之，第二次量子革命完成了，哥本哈根解释占据了中心舞台。在薛定谔作为柏林大学的一名教授开始其新生活时，这压根儿不是他喜欢的东西。

◇ 第八章

在柏林的欢乐时光

对薛定谔的事业来说,他的波动力学发现来得恰到好处。普朗克从1892年起就是柏林大学理论物理学教授,他已经接近70岁的退休年龄了。1926年夏天,就在薛定谔的思想被发表出来广为传播的时候,一个考虑普朗克继任者任命问题的委员会设立了。柏林的这一席位是欧洲大陆理论物理学的最高职位,委员会可以从最好的科学家中挑挑拣拣,根本没有必要为这个职位作广告。不过,爱因斯坦不在考虑之列。他已经在柏林了,担任了一个特别的教授席位,但根本没有教学任务。海森伯是一位竞争者,不过在1926年夏天他还只有24岁,甚至比普朗克当初就任这一职位时还要小10岁。尽管他已经证明了自己的能力,但感觉对他来说机会还是太早了些。

委员会最后得到了一份只有两个人的短名单——玻恩和薛定谔。到1926年12月,在这里我们接着讲述薛定谔在他的"奇迹年"之后的人生经历,埃尔温知道了委员会正在考虑他作为这个职位的候选人,但当他和安妮出发去美国进行工作访问时,什么都还没有决定下来。

在美国掀起波澜

这次访问源于威斯康星大学的一次邀请,提供2500美元(包括开支)让薛定谔做一次关于波动力学的系列讲座。他最初不想接受邀请，尤其是这意味着他将离开苏黎世过圣诞节假期（他是不是考虑跟伊萨一起度过？），但安妮劝他说这是个不容错过的好机会。这对夫妇在12月18日动身，坐火车和轮船（在船上过了圣诞节），并在新年那天到了纽约。安妮写的一份回忆录（现存于维也纳的薛定谔档案馆），让我们了解了他们在美国的经历，并洞察了薛定谔的个性。薛定谔一直很热衷户外活动，他非常讨厌纽约，甚至威胁说他要乘下一班船回家。他们只在这座城市待了一个晚上就坐火车去了麦迪逊，途经芝加哥（在那里他被歹徒的枪击吓坏了），在麦迪逊事情平静下来了：薛定谔把麦迪逊看成一座最具欧洲气息的城市。他的演讲进行得非常好，结果该大学邀请他担任教席。他从没想过迁移到美国这么一个禁酒的没开化的国家，不过他有办法婉转地加以谢绝，告诉对方他正在争取柏林的职位。

薛定谔克服了他对于纽约的最初印象，热心地传播关于波动力学的知识，并在芝加哥、艾奥瓦州和明尼苏达州等地的中西部大学里做讲座，凑合着用姜汁汽水来给他作为贵宾而享用的美餐助兴。然后是去加利福尼亚州，薛定谔很享受这段旅程（只是遗憾居住在此地的是美国人而非意大利人或西班牙人），并在帕萨迪纳的加州理工学院做了另一次讲演。回东部的旅程包括了安阿伯，在哈佛大学和麻省理工学院都做了讲演，然后是巴尔的摩和华盛顿。薛定谔获得了大量的荣誉，约翰斯·霍普金斯大学给他提供了一个教授席位，年薪1万美元。但是没有任何东西（尤其是美国的任何东西）能诱使他放弃获得柏林职位的可能性。

埃尔温又在哥伦比亚大学做了一次讲演，在不到三个月里总共做了超过50场报告，而后他终于离开新世界回家了，在全美国的物理学家的头脑里留下了波动力学就是量子力学的最好版本的深刻印象。他和安妮在1927年4月10日回到了苏黎世，而柏林的委员会正要做出决定。

柏林和布鲁塞尔

在玻恩和薛定谔之间做出选择确实是很困难的,但现在留在柏林档案里的委员会报告显示,他们被薛定谔研究的广度,以及他"深刻且有创新性的思想",尤其是他"极其大胆地设想用波动力学来解决原先的粒子力学问题的精妙想法"打动了。他们也评价了他作为一名演讲者的"突出"风格,"以简单和精确作为标志",并注意到他具有"一名南德意志人的迷人气质"。要是薛定谔知道这些,他一定会很乐意该报告把粒子力学作为过时的事,但作为一名奥地利人,他也许没有想过会被当成一名南德意志人而得到高度评价。

就这样,夏季学期开始的时候,薛定谔得到了邀约。虽然他曾热切地想要得到受邀去柏林的荣耀,但现在当让他做决定的时候,薛定谔却在接受邀请前犹豫了。到目前为止,他一直在瑞士生活得很快乐,珍视那里的和平和安宁,这与当时欧洲的其他大多数地方形成了对照。而且他还很喜欢亲近那里的群山。作为一个居住地,这里几乎和奥地利一样好。苏黎世大学竭尽全力挽留他,虽然他们不能提供如柏林一样的薪水,但他们提出给薛定谔一个苏黎世大学和联邦理工学院的联合教授席位,钱要翻一倍,但不幸的是上的课也要多一倍。

不仅仅是大学校方想要挽留他。当学生们听到他可能离开的消息时,他们组织了一次火炬游行,穿过街道一直到薛定谔的家——这是学生们表彰他们喜欢的老师的一种传统但又很罕见的方式。但就在薛定谔犹豫时,平衡被普朗克本人的一句评价打破了:"这会让我感到欣慰。"就这样,薛定谔一家在夏季学期结束时来到了柏林,就在埃尔温40岁生日前不久,不过他要到1927年10月1日才会正式任职。他的课程直到11月1日才开始,那时他已经从布鲁塞尔的索尔维会议回来,在这次会议上他带去了一种与海森伯大不相同的观点。

薛定谔一定曾经很欣赏德布罗意早先给会议的投稿中的一个观点，因为德布罗意试图去除用概率来解释薛定谔波函数的想法。但他报告中的其他观点对于薛定谔就没那么有吸引力了。德布罗意提出了后来所称的导波（pilot wave）函数模型，该模型提出，一个电子由两个相互关联的、物理上真实存在的实体——一个波和一个粒子——组成，而粒子就像冲浪那样驭波而行——与玻尔电子表现得要么像波要么像粒子但从不同时表现为两者的思想形成了鲜明的对照。德布罗意的想法在与会者那里没有得到多少关注，虽然它的一个版本后来被一些物理学家吸收，并如我们即将看到的那样，在20世纪末物理学的一些最激动人心的进展中扮演了重要角色。在1927年，索尔维会议上的物理学家基本上都把会议上的论辩看成以玻尔和海森伯为一派、以薛定谔和爱因斯坦为另一派的讨论，最终哥本哈根派获得最后的胜利，而那位更缺乏自信的德布罗意则被人忽略了。

薛定谔在论辩中失利的一个原因是，他关于电子本性的思想过于抽象，普通物理学家难以理解。比方说，对于单个电子，方程包含了一个在三维中运动的波。如果第二个电子与第一个电子发生相互作用，这就要求有另一个在三维中运动的波。数学家对这些想法很习惯，并把波在其中相互作用的假想空间称为"相空间"（phase space）。但在1927年，每一个粒子就有一个额外的三维相空间的想法，远远没有哥本哈根解释那么有吸引力。虽然薛定谔表示希望这个理论的未来发展会产生一个更为传统的包含常见的四个时空维度的版本，但海森伯站起身回答说："我在薛定谔先生的计算里看不出任何能证实这个希望的东西。"

然而，薛定谔的报告中包含了一个当时基本上被忽视但今天看上去非常有先见之明的评论："真实系统是处于所有可能状态的经典系统的合成图像。"后面关于这点会有更多的叙述,但请记住"处于所有可能状态的经典系统"这个想法。

爱因斯坦不是会议的主要发言人之一,但他对玻尔的论文做了一个评价,这篇文章提出了一个话题,这个话题将会影响那些对这方面问题忧心忡忡的物理学家们数十年。爱因斯坦指出,在双缝实验里,当玻尔的概率波到达探测器屏幕时,对应屏幕上的每个点,存在一个发现电子的特定概率。但一旦电子在一个点上被探测到,其他所有地方的概率就变成零了——立刻就变成零了。这就好像某种信号一瞬间通过了探测器屏幕——关键在于,比光速还快。但是按照相对论理论,没有东西比光运动得更快。波函数坍缩似乎要求超光速信号:爱因斯坦称之为"一个奇特的瞬时超距作用"。这个谜题一直持续到20世纪80年代(见第十四章)。

但是,只有很少几位量子物理学家在为这些事情担心。哥本哈根解释给了他们一整套既行得通,在计算中又很容易运用的方法。他们对哲学上如何解释接下去发生的事情漠不关心,就像普通的汽车司机不关心内燃发动机如何工作一样。在另一个极端,狄拉克也对解释不感兴趣,因为他相信真理就藏在公式之中,而询问它们的物理意义是毫无用处的。

在布鲁塞尔会议后的几个月里,海森伯在莱比锡得到了一个教授席位,泡利成了苏黎世联邦理工学院的教授,而约尔旦接替了泡利在汉堡的职位。玻恩已经在格丁根扎下了根,而玻尔继续在哥本哈根当家。在他们的影响下,哥本哈根解释茁壮成长,并被用于许多实际的应用上,尤其是用来解释原子如何结合在一起构成分子。到1929年,狄拉克就能够在他的一篇科学论文中完全精确地写道:"大部分物理学和整个化学的数学理论所必需的基本物理规律,从此完全清楚了。"半个世纪后他又描述了"在那些日子里任何一位二流物理学家都很容易做出第一流的工作"是怎么回事。[1]

就这样,薛定谔带着喜忧参半的情绪回到了柏林,在1927年11月继续自己的教学职责。波动力学正在兴旺发达——但并不是以他认可的方式。爱因斯坦到柏林对薛定谔是一个慰藉,他与其分享了对哥本哈根解释的疑惑。两个人成了密友,相互交流思想。尽管薛定谔质疑量子力学正在走的道路,但接下去的几年对他来说却是黄金岁月。

黄金岁月

柏林大学成立于1809年。它是探险家兼博物学家洪堡(Alexander von Humboldt, 1769—1859)的构想。洪堡是一位普鲁士军官兼政治家的儿子,也是普鲁士上层社会的一名成员(他后来成了冯·洪堡男爵)和一名伟大的科学家。在他哥哥(一名律师兼外交家)的帮助下,他给国王威廉三世(Friedrich Wilhelm Ⅲ)提出了建立一所新大学的建议,国王为其捐赠了资金,并给了菩提树下大街的一所旧宫殿作为校址。

到20世纪20年代后期,德国经济已经从战后的崩溃中恢复过来,正在享受即将在20世纪30年代吞噬整个国家的暴风雨之前的一段相对平静的时期。虽然这个国家被一个接一个短命的联合政府所统治,但从1925年起,作为稳定的一种表现,总统一直是广受欢迎的军方领导人兴登堡(Hindenburg)陆军元帅。他是一个符号,说明许多德国人根据他们自己的错误信念,相信自己的军队并没有在世界大战的战场上被打败。20世纪20年代末的柏林是艺术和情色的奇特混合体,是一座"什么都有"的城市——布莱希特(Bertolt Brecht)*和魏尔(Kurt Weil)**的《三分钱歌剧》(*Threepenny Opera*)的城市。而科学也伴随着艺术兴旺

---

　*贝尔托·布莱希特(1898—1956),德国著名戏剧家与诗人。——译者

　**库尔特·魏尔(1900—1950),德国作曲家。——译者

发达起来。

在20世纪20年代末,柏林的物理学教师队伍是最棒的。普朗克虽然退休了,还作为荣誉教授在上课;迈特纳(Lise Meitner, 1878—1968)是德国第一位被任命为物理学正教授的女性,并在核裂变的发现中扮演了重要角色,她讲授核物理学方面的课程;能斯特(Walther Nernst, 1864—1941),一位杰出的热力学家,讲授实验物理学;劳厄也在那里;伦敦(Fritz London, 1900—1954)协助发展了化学键的量子理论,他讲授新鲜出炉的关于这个方向的课程。在这个教授星群里,薛定谔最有权势。而且,尽管爱因斯坦没有讲课任务,他也在那里,可以和他商讨事情。

学生们普遍认为,薛定谔的课程是讲得最清楚、最好的,何况还有他作为一位大师的许多评点。他也同样由于不拘礼节——不论是上课方式还是着装方面——而受到学生的欢迎。衣着方面,他的不拘礼节还曾经在索尔维会议上被人评论过(其中就有狄拉克,他总是“正确的”)。带着由于波动力学的成功而带来的信心,并觉得柏林的职位很牢靠——不仅是一个终身工作,而且是一辈子都可以做的一项事业,他觉得没有什么必要穿得让人印象深刻。他还会背着背包现身在布鲁塞尔的时尚酒店里,那里有许多与会者都穿着远足的服装。在正式的会议照片里,在密密麻麻身着深色正装的各色科学家当中,穿着浅色休闲夹克的薛定谔很引人注目(即便他已经被细心地安排在后排以便尽可能地隐蔽)。问题是他压根儿不为夹克担心。柏林当时仍然处在正规的普鲁士传统之中,这种传统认为穿着深色正装和带领的白衬衫对于一位教师来说是礼仪上必需的。薛定谔给学生上课时冬天却穿着一件毛衣戴着轻松的领结,夏天穿着开领的短袖衬衫。有一个很有名的例子:当他没能准时出现在课堂上时,学生们展开了一场搜索活动来寻找他,结果发现保安拒绝让这位邋遢的“招摇撞骗者”进入校园。学生们好不容易才让门卫相信这的确是薛定谔教授先生，而学生们正在等他上课。

薛定谔夫妇和他们的同侪一样受欢迎，并出现在已成为学术界一景的许多大型晚会上。但是，他们似乎彼此并不互相欣赏。以个人身份去薛定谔家拜访的同事注意到这对夫妇很少交谈。埃尔温在柏林有几段风流韵事（他总是很风流，总是认为自己处在恋爱之中），并总是在有机会出城旅行时见一见伊萨。1929年，当他访问因斯布鲁克并发表演说，住在新婚不久的物理学家阿瑟·马尔希（Arthur March, 1891—1957）家里时，他的罗曼史似乎又有新的篇章了。埃尔温被马尔希的新娘希尔德（Hilde）的美貌惊呆了。当时什么事也没有发生，但多年以后，希尔德不仅对薛定谔的私生活，也对他的事业产生了显著的影响。

与此同时，与伊萨的关系发展到了这样一种程度，在1932年夏天当安妮外出时，她来到柏林和薛定谔住在一起。结果她怀孕了，并堕了胎。部分是受这件事情的影响，后来嫁给了一个英国人的伊萨几次流产，一直没能有孩子。离开柏林后，埃尔温仅遇见过她一次，那是1934年在伦敦。那时，薛定谔夫妇住在牛津，已经由于政治原因离开德国，而因科学成就受到英国的欢迎。

1929年2月，薛定谔在科学界的地位得到了巩固，他被选为普鲁士科学院院士。这是精英才有资格享有的荣誉，因为院士被限制为两个组别中每组35人，两个组分别为物理数学组和哲学历史组。普朗克在提名薛定谔（他在42岁时成为科学院最年轻的院士）时，提到了"迄今为止还有些神秘的[德布罗意]波动力学，一下子被放在一个坚实的基础上"。几年后当纳粹掌权时，科学院的记录又一次显示出了薛定谔的不同流俗，不过这个记录不那么受欢迎。仅有的两个从科学院院士名单上被擦去、好像从未存在过一样的名字，是爱因斯坦和薛定谔。

毫无疑问，波动力学的发现是一件不可思议的巅峰之作，人们认为这是薛定谔最伟大的成就。但在柏林期间,薛定谔的思想受到了狄拉克的鼓励,他自己提出了一个设想,尽管当时没有几个人很认真地对待它,但这个设想后来却声势浩大地复活了,或者说被重新发现了。它是与"狄拉克方程"(Dirac equation)联系在一起的。

狄拉克的突破出现在1927年底。当时电子自旋的概念已经出现好几年了,物理学家逐渐明白它是一个纯粹的量子性质,和日常生活的旋转或转动没有一点关系。薛定谔方程的大缺陷是它不包括自旋。用人工去掉自旋的办法把量子力学的方程拧在一起,帮助得出了符合实验结果的预言,但仍然没有人能够得出一个把自旋作为理论的有机部分的方程。这就是现在狄拉克做的事情。他发现了一个描述电子行为的方程,完全考虑了相对论的要求,并得出了被称为电子自旋的性质。这个完全相对论性的电子方程现在称为狄拉克方程,它没有预言任何新的东西,但它在一个数学框架内解释了所有的一切,而无需任何额外的东西。

但它真的没有预言任何新东西吗?让人困惑的是,这个方程似乎有两个解,一个正的和一个负的,就像数字4有两个平方根2和-2一样。狄拉克方程似乎正在预言同时存在着普通电子和反电子——而且由于电子有负电荷,负负得正,反电子就会有正电荷。没有人明白造成这一切的究竟是什么,直到1932年美国人安德森(Carl Anderson, 1905—1991)在研究宇宙线时发现了一个电子的对应物,但有着正电荷而非负电荷。它很快就被称为正电子(positron),即反电子。我们现在知道,对于任何一种粒子,都存在一种反粒子——反质子、反中子,等等。但尽管粒子(比如电子)在我们的世界里很常见,反粒子(比如正电子)却很罕见。

对于他的同时代人来说,薛定谔在柏林期间做的最有意思的工作就源于狄拉克的新成果。他研究了狄拉克方程描述的电子性质,并在1930年和1931年通过普鲁士科学院,就这个主题发表了两篇论文。

他的结果太深奥了,没法在这里深入下去,但在 1931 年 3 月,薛定谔向科学院提交了一篇值得注意的论文,其中包括了一个简单得不可思议却又简直令人难以置信的思想,它与狄拉克的反电子如出一辙。

回到未来

这个新的推论起源于薛定谔早期对热力学和统计规律如何支配宇宙的热衷。他注意到自己的波动方程与用于描述扩散过程(比如香水分子从一个开口的瓶子散发到空气里)的方程有着相似的结构。由于他在统计力学方面的工作,他也同样知道扩散方程的一个奇特性质。这样一个方程可以反过来使用,以描述空气里的香水分子全都汇聚起来并聚集在一个开口的瓶子里,尽管我们在日常生活中不会看到这样的事情发生。这种可逆性植根于玻尔兹曼和其他人所发展的热力学统计解释的核心。现在你可以想象,如果你有着在某一时刻香水分子在空气中分布的所有信息,以及后来某个时刻的同样信息,你就可以通过把前面一个时刻往后或者后面一个时刻提前,来算出在两个时刻之间任意时刻的分子分布。但是,就像薛定谔意识到的,你会是错的。找出中间时刻的分布的方法是,把时间上前进和后退的方程结合起来——实际上就是把两个方程或者它们的解相乘。

这些东西与量子力学的关联——薛定谔在其论文中称之为"关于我们的结果的最有趣的事情",来自薛定谔波函数的平方被用来计算哥本哈根解释中的概率。波函数通常用希腊字母 Ψ 表示,但计算中涉及的平方不是简单的 $\Psi \times \Psi$。由于像所有好的波动方程一样,薛定谔波动方程也包含 -1 的平方根(i),因此在数学意义上它是"复数"的,波函数必须和一个被称为它的复共轭(complex conjugate)的东西(可用 Ψ' 来表示)相乘。因此在一个特定位置发现一个电子的概率就依赖于

$\Psi \times \Psi^*$。但实际上，复共轭就等同于波函数在时间上倒退的结果。就像扩散问题的解一样，哥本哈根解释里的概率依赖于把两个方程（一个描述随时间向前的过程而另一个描述随时间倒退的过程）组合起来。

在这个时候，薛定谔撞到了南墙上，并相当牵强地总结说："我不能够预见这种类比是不是会被证明对于量子力学概念的解释有用处。"在20世纪30年代，其他任何人也不能，而薛定谔的论文基本没有引起什么人的兴趣，甚至半个世纪后，当美国物理学家克拉默（John Cramer, 1934—   ）的确找到了一种解释复共轭的方式来得出一种对量子力学的新理解时，他还完全不知道薛定谔1931年的论文。

我已经在我的书《薛定谔的小猫》（*Schrödinger's Kittens*）里完整地描述了克拉默的量子力学"交易诠释"（transactional interpretation），但它还是值得在这里进一步介绍一下，因为它证明了薛定谔的洞见有多么深刻。虽然克拉默不知道这一洞见，但那些使他想到波随时间倒退的思想，也几乎同样古老。1940年，费曼还是普林斯顿大学的一名研究生，在导师惠勒（John Wheeler, 1911—2008）手下工作。他对一个被称为辐射电阻（radiation resistance）的问题发生了兴趣，这个问题简单地说就是，要推动电子这样的带电粒子是很难的——它们比不带电粒子有着更强的阻尼，而同时它们还辐射电磁波。但是费曼知道，描述所有电磁辐射的麦克斯韦方程组在时间上是对称的（实际上和薛定谔波函数在时间上对称是同样的原因，但他直到1940年才明白了这种联系）。他指出（它支持了他关于计算的设想），当一个电子（或任何带电粒子）发生扰动时，它同时向未来和过去辐射电磁波。无论何地，无论何时，只要这个辐射遇到了另一个电子（或另一个带电粒子），它就会让这个粒子也发生扰动，并向过去和未来发出电磁波。重叠的波会相互作用，大多数会抵消，就像哥本哈根解释里的概率波一样。但有些波，可以来自过去和未来，回到最初的电子并提供了用于解释带电粒子反抗拖曳所需的阻尼。

惠勒被深深打动了，所以他让22岁的费曼给普林斯顿大学物理系的人做一次讲演来解释他的想法。这是一个令人生畏的任务，尤其是听众当中还包括爱因斯坦和泡利。泡利没有什么感觉，并且说这个想法不过是一个数学上的同义重复，但爱因斯坦回应说："不。这个理论似乎是可能的。"这个理论在惠勒帮助下整理后，发表于1941年，并且被称为（虽然从来没有得到普遍接受）辐射电阻的"惠勒–费曼"理论。整整45年后克拉默把这些想法放到了量子力学之中。

20世纪80年代的大多数量子力学略去了薛定谔方程的物理解释，简单地运用概率而不去关心它们从何而来。但是克拉默回到了方程完整的相对论性版本，它有两个解集，一个对应随时间向前的波，一个对应随时间倒退的波。它们分别被称为"延迟波"和"超前波"。在这一框架里，克拉默用粒子越过时间和空间相互"握手"的方式，描述了一个典型的量子"交易"（比如两个电子间的相互作用）。为了明白接下来会发生什么，你不得不在某种意义上站在时间之外，从某种超时间的角度仔细观察相互作用（或者说"交易"）。不过，这并不表明这个超时间是真实的，它仅仅是帮助我们在思想中得出图像的一种手段。

设想一个量子实体进行了一次从一个量子态到另一个量子态的转变——比方说一个电子，它从一个对应于在双缝实验的一端的某个位置的状态开始，而终止于实验另一端探测器屏幕上的一个点所对应的状态。电子是用一个向未来传播的波描述的。它也同样用一个向过去行进的波描述，但暂时我们不管它。延迟波到达探测器屏幕，在那里触发了更多超前波和延迟波的发射。来自探测器的超前波在时间上回到了电子的最初位置，在那个位置一个波的集合按照概率的规则被随机选择，并被"挑选"出来和最初的延迟波进行组合。这触发了一个"新的"超前波的产生，它沿着时间后退，并抵消了最初的超前波（这就是为什么我们可以忽略它），还有一个"新的"延迟波向未来行进，它抵消了各处最初的延迟波，只有"握手"发生的地方除外。就这样，电子完成了从出发点到探测器屏幕上的一个点的转变。但询问在两者"中间"发生了什么是没有意义的，不存在什么"中间"。

就像克拉默所说的："发射者可以被看成产生了一个'供体'波，它运动到吸收者处。吸收者然后返回了一个'确认'波给发射者，而交易就经过一个时空上的'握手'完成了。"但在现实中，这里没有什么来来回回。所有一切都在瞬间发生，产生了有时被称为超距作用的效应。对于实验结果，量子力学的这种"交易诠释"做出了像哥本哈根解释一样（正确的）预言，并且做出的所有预言都和哥本哈根解释或量子力学的其他解释别无二致，所以最终你愿意选择哪一个解释只是个人口味而已。但它确实证明可以不用"波函数坍缩"来理解量子力学——本质上这是件好事情，因为在方程里没有什么东西描述或者要求这样一种坍缩。它仅仅是玻尔在没有任何证据的基础上引入的一个启发式工具，而薛定谔讨厌它。

就像我在下一章将讨论的那样，薛定谔对波函数坍缩概念的反感，导致他发展出了他最著名的思想实验（thought experiment）。但当他产生这个思想时，他已经离开了柏林，这是20世纪30年代早期席卷德国的政治动荡的结果。

人和政治

这场政治动荡的最直接的导火线是1929年10月华尔街崩溃之后的全球性经济危机。德国的经济不景气及其引发的大规模失业使得纳粹党中加入了许多新成员，并导致了他们的支持者和共产党人之间的暴力街头冲突。在接二连三的选举中，他们的份额不断上升，在1932

年7月到达了峰值37%。这时他们成了国民议会中的第一大党,虽然没有占到绝对多数。

尽管终身制的大学教授在许多方面与这些问题是绝缘的,并且事实上还从物价下跌中获益(因为他们的薪水维持不变),但研究资助却大幅减少了。学生和低级的大学教职工与大多数人一样苦苦挣扎,许多人的反应都如出一辙。大学范围内(这里警察是不允许进入的)出现了暴乱,还有人示威游行,以支持用限额来控制犹太学生数量的想法。薛定谔一点也没有隐瞒他对纳粹的厌恶,但他从来没有积极地投入反对纳粹的活动中。他继续自己的教学,但基本不做什么研究,因为局势已经到了危急关头。

在1932年11月的另一次选举中,纳粹的选票从37%回落到了32%。但是一个由旧将领、被称为容克(Junker)的贵族家族首领和工业家组成的邪恶联盟已经决定,纳粹党声称要给予的强力领导和国家荣誉,对于德国来说正是最需要的。他们劝说兴登堡在1933年1月30日任命希特勒为总理。兴登堡当时是总统,但已经老态龙钟,没有真正明白接下来会发生什么。骰子已经掷下,如果将军和容克们认为希特勒会是一位对他们感激涕零的傀儡,他们很悲惨地错了。1933年3月,希特勒发起了新的选举,并且通过把共产党排除在外这个简单的权宜之计,在国会里获得了多数席位。他利用多数席位通过了一个法令,该法令给予他独裁的权力,也使议会变得多余了。

对薛定谔来说,麻烦现在离自己越来越近了。希特勒被任命为总理时,爱因斯坦正在美国,并且发誓说只要纳粹掌权他就再也不会回到德国,他还放弃了普鲁士科学院的院士头衔。科学院的回应实际上是"如释重负"。而薛定谔没有对局势做任何公开评价,但再也不去参加科学院的会议了。排斥犹太人和其他"不受欢迎者"占据政府职位的法律,包括大学里的学术职位的法律获得了通过,在一年里整个德国将近

2000名大学成员被解雇——包括玻恩。

全世界的许多科学家都厌恶地看着，但感到他们帮不上什么忙。不过，还是有一个人觉得自己必须尽力去帮助这些被驱逐的犹太科学家们。这个人就是林德曼（Frederick Alexander Lindemann，1886—1957），当时是牛津的克拉伦登实验室主任，一般人都叫他"教授"。看上去，林德曼很不像那种会对德国犹太人伸出援手的人。他非常富有，从他父亲那里继承了一笔遗产，没有结婚，有着一种令人不快的脾气，这种脾气表现出来就是评论起那些他认为不如他的人（包括女人）尖酸刻薄。他没有任何犹太血统，而且像他在英国的那个阶层的大多数人一样，如果有的话也是有一些反犹太主义。他最初的想法似乎只是想得到一些顶尖的科学家来扩充牛津大学物理系的队伍。但他的计划走样了。尽管经济状况很困难，林德曼还是设法从英国的帝国化学工业公司那里得到了一笔资助，来为有良好声望的犹太科学家设立新的职位，这样英国的科学家就不会反过来受到影响，也不需要公共支出了。这一计划取得了巨大的成功，也许拯救了许多人的生命，但在这里我只对它影响薛定谔的方式感兴趣。

1933年4月，林德曼访问了德国以评估局势，并列出一份他可能能够帮助的科学家名单。他原来认为问题只是暂时的，德国会很快从他所称的"纳粹疯狂"中恢复过来，但他所见的一切让他意识到纳粹可能要长期掌权。在访问期间，他在薛定谔位于柏林的家中见到了薛定谔，并且倾听薛定谔讲述他对新政权的厌恶。林德曼给薛定谔的助手伦敦提供了一个新设立的帝国化学工业公司职位，伦敦当时是大学的一名无薪教师。但让林德曼和薛定谔都感到意外的是，伦敦说他需要时间来考虑一下。[2] 于是薛定谔说："把那个职位给我吧。"林德曼吃了一惊。薛定谔不是犹太人，当时也没有受到政权的任何威胁，但是他对当时德国发生的一切是如此厌恶，甚至在45岁的年纪还愿意放弃终身职位而去当一名只有短期工作的流亡者,面对不确定的未来。这对牛津来说是个意外的收获,林德曼答应回到英国后仔细考虑这件事的可能性。但是这里还有一个要求(不过林德曼当时并不知道),它涉及薛定谔的私生活。他要求给他的朋友马尔希提供一个职位的额外资助,理由是他和马尔希想合写一本书。真正的原因则是,薛定谔正在热烈地追求马尔希的妻子希尔德,当时伊萨已经与薛定谔分手了。

追求持续了整个夏天,并且横跨了欧洲。这时林德曼除了其他事情,还在英国尽力解决资助问题。薛定谔离开德国的决心在5月份得到了加强,当时德国政府为所有想访问奥地利的德国人或薛定谔这样的政府雇员设立了1000马克的签证费。这意味着他和安妮没钱回家乡探亲,哪怕是为了给安妮的妈妈庆祝70大寿。薛定谔夫妇下定了决心,收拾好了大多数东西,大部分寄到了英国,有些寄到了瑞士。在做出这些安排之后不久,这对夫妇就开着新的宝马车前往蒂罗尔开始度假。他们开始时雇了一名司机兼向导,他在路上教他们开车,并在瑞士边境离开了他们。薛定谔给校方写了一封正式的信要求"学术休假",但没有辞职。他也给物理系的门房寄了张明信片通知他们说他不会在秋季开课。他的薪水在9月1日被停发了,但那时他早已安全离开了。

到目前为止,薛定谔对希尔德的追求还没有成功,即使他提出和安妮离婚并娶她。不过他很有信心。5月份,他在日记里写道:"从来没有一个女人和我过夜后却不想终生和我在一起的。我用上帝的名义发誓她也会是这样。"而情况好像就要改变了。

薛定谔夫妇访问了苏黎世并越过群山去了意大利,到了布雷萨诺内小镇,大多数时候是安妮在开车。马尔希就出生在那里,当时那里叫布里克森,是奥匈帝国的一部分。在那里,他们遇到了马尔希夫妇。玻恩一家就在附近,而安妮和她的情人外尔一起去拜访他们。希尔德的抵抗瓦解了,而且明显在马尔希的默许下,她和埃尔温一起骑自行车旅行。他们回来之后,希尔德怀孕了,她婚后四年一直都没有孩子。这也许就是为什么马尔希默许了这一切的发生并仍然和埃尔温关系友善。至于安妮,她几乎没资格反对,而且也一直和希尔德很友好。

下面这件事多少可以说明薛定谔的风流本性。即使刚刚成功地征服了希尔德,他仍然没有放弃其他艳遇。9月份,埃尔温去了加尔达湖的马尔切西内,他已经写信给林德曼(后者知道薛定谔要访问意大利),建议在那里会面。在马尔切西内,他邂逅了汉西·鲍尔(Hansi Bauer),她是安妮旧雇主的女儿,现在已经26岁,正在度蜜月。她嫁给了博姆(Franz Bohm),他比她大10岁,在维也纳学习过工程和政治学,在第一次世界大战时和薛定谔一样做过炮兵军官。博姆现在在英格索尔公司工作。根据汉西在摩尔所做的访问中所说的,蜜月过得不怎么样,她已经对她的婚姻大失所望,这时她正好在一间杂货店遇到了埃尔温,他们之间"擦出了火花"。但火花要变成火焰还需要一段时间。

林德曼很快到了加尔达湖,带来了好消息。他可以给薛定谔提供一个两年的职位,大多数资助由帝国化学工业公司提供,但工作地点在牛津,并在那里做研究,总的报酬差不多等于一名教授的薪水。10月3日,薛定谔在缺席的情况下被选为莫德林学院的研究员。不久之后他和安妮开着宝马车去了巴黎和布鲁塞尔,在布鲁塞尔他参加了第七届索尔维会议,但并不活跃。这对夫妇最终在1933年11月4日到达牛津。时机恰到好处——在他作为莫德林研究员受到正式欢迎的当天传来了新闻,薛定谔和狄拉克一起被授予1933年的诺贝尔物理学奖。因此,在不止一层意义上,这是他一段新生活的开始。

◇ 第九章

量子猫来了

薛定谔几乎没有时间在牛津安顿下来,就得去参加诺贝尔奖颁奖典礼了。诺贝尔奖总是在诺贝尔(Alfred Nobel)的逝世纪念日12月10日颁发。诺贝尔是炸药的发明者,他把财产留下来设立了诺贝尔奖。他们在12月8日到达斯德哥尔摩,埃尔温理所当然获得了物理学奖中他的那部分,10万瑞典克朗(按照当时的汇率大约2.7万美元)。他很明智地决定把这笔钱中的大部分放在瑞典。12月12日他发表了诺贝尔奖演讲,题目是"波动力学的基本思想"(The Fundamental Idea of Wave Mechanics),演讲中避免了深奥的数学。然后就是夫妇俩该回牛津的时间了。他们最终在诺斯穆尔路24号一套租来的大房子里安顿了下来。马尔希夫妇住在附近,维多利亚路86号。不过埃尔温不得不首先做出的决定之一,却是什么时候离开牛津进行一次长期休假。

回到美国

当他抵达牛津时(在知道获得诺贝尔奖之前),薛定谔发现有一封来自普林斯顿大学的信在等着他。信里邀请他在普林斯顿做个系列讲座,期限可以是一个月、两个月或者三个月,随便他选。他将会为此获得每月1000美元的报酬,此外还会附赠500美元作为他的旅行开支。

对他来说,这样一个邀请意味着工作三个月差不多就能挣到他在牛津一年的薪水,唯一的问题是何时去以及去多久。

在如此慷慨的邀请背后有一个隐秘的动机。普林斯顿大学物理系正在寻找一个人来填补空缺的数学物理学教授职位,而薛定谔就在那份只有两个人的短名单上(他和海森伯)。讲演过程会让他们有机会仔细观察他,如果他们喜欢他们的所见,他们就有机会来劝说他接受全职职位。不过事实证明,他们将不得不相当迅速地运用他们的劝说能力,因为薛定谔接受了一个月的安排,在1934年3月8日离开英格兰并于4月13日返回。在他离开时,安妮去拜访了玻恩一家,他们现在是在剑桥。

在普林斯顿,薛定谔待在研究生院,它模仿了牛津和剑桥的学院,坐落在一幢仿哥特式的建筑里。薛定谔发表了像他往常那样完美无瑕的讲演,并理所当然地获得了教授职位的邀请。有点讽刺意味的是,这个职位看上去是由于他成功的讲演,但它却没有任何教学职责。他立刻写了一封信给林德曼告诉他发生的事,解释说他不得不认真地考虑这个邀请,"因为毕竟,尽管有着所谓的声望,我事实上并没有获得与我这样的年龄和专长相称的[永久职位]。假如我在[回家]路上淹死了,恐怕我的妻子既不能靠德国的抚恤金,也没法靠[薛定谔方程]度日"。

这封信集中体现了薛定谔越来越关心建立长期的保障,主要不是为他自己,而是为他死后妻子的生活,这种关心的根源是他所看到的发生在他母亲身上的事情。获得一份有着良好抚恤金的工作,对他而言几乎成了一种无法摆脱的困扰,不久之后还让他做出了一次不明智的工作变动。但是即使有抚恤金,薛定谔还是不太想在美国生活,并且尽量拖延时间,最后在6月回绝了邀请(普林斯顿同样也没有得到海森伯)。值得一提的是,尽管普林斯顿给出的薪水非常优厚(1万美元,差不多是薛定谔在牛津收入的两倍),但与这个职位相关的遗孀抚恤金却不怎么多,仅仅是大约200美元一年。

这里还有一个障碍。怀孕的希尔德·马尔希怎么办?在他的个人日记里,薛定谔写道,他会对"离开母亲和孩子"感到非常悲伤,而显然没有什么希望在普林斯顿给阿瑟·马尔希安排一个职位。在普林斯顿有很多人相信(作为一种传说而非被证实的事实),薛定谔和普林斯顿大学校长希本(John Hibben)讨论过这个问题。想到薛定谔要带妻子、情妇和私生子一起到这个保守的校园来,希本被吓坏了。而牛津当局对于他们所带来的状况,也同样惊骇莫名。

牛津和牛津之外

在20世纪30年代牛津各学院都是男性主宰的环境里,带一位妻子就被认为有点奇怪,更别说是两位了。但薛定谔对待希尔德就像第二位妻子,在他们的孩子出生前,他一直带着她在牛津四处闲步,并且毫不隐瞒他们之间的关系。他们对传统伦理做出的一次妥协是,当孩子露特·乔治·埃丽卡(Ruth George Erica)在1934年5月30日出生时,她的出生证明上父亲的名字是阿瑟·马尔希。希尔德也许是得了产后抑郁症,也许是出于在薛定谔家生活的压力,或者两者兼而有之,一开始她对孩子关心得很少。在头几个月里,孩子主要是由安妮(当然还有一名护士)照料的。

所有这一切对薛定谔和林德曼及帝国化学工业公司的关系造成了非常严重的困扰,后者(很正确地!)觉得他们任命马尔希时是受了蒙蔽。薛定谔和牛津之间的反感是相互的。正如他对玻恩所解释的:"这些学院都是同性恋者的学府。他们制造了些什么样的同性恋者啊!"[1]他也被学院晚餐的不拘礼节所困扰。"你从来不知道你的邻座可能是什么人。你用自己自然的方式跟他说话,结果却发现他是一名大主教或者将军。"他的教学职责——或者说缺乏教学职责——也没有给他带来多少安慰。他一个星期只需要上一门"基础波动力学"课,并向安妮抱怨说工作太少了,他觉得自己被当成了慈善接济的对象。但在1934年夏天,他得到了一个机会摆脱所有这一切。

薛定谔受邀去西班牙,在桑坦德和马德里讲学,他抓住了机会。而安妮则抓住了自己的机会,和外尔在瑞士相会。薛定谔在桑坦德的讲演被译成西班牙文,并成书出版。但更值得一提的是,薛定谔与组织会议的哲学家奥尔特加(José Ortega)建立了联系。与牛津相反,整个经历显得如此愉快。他在1935年春天开着宝马车载着安妮踏上返程,对这个国家做了一次真正的游历。他在马德里停了下来,又做了一次讲学。看上去他真的有可能到马德里大学担任永久教职,但这种前景被1936年爆发的西班牙内战粉碎了。薛定谔的朋友奥尔特加是位坚定的共和派,是那些最终被流放的人当中的一员。

也许是考虑过有可能迁到马德里来,薛定谔在马德里时做了一个了结。他写信给柏林,正式辞去了那里的教授职位。辞职申请在3月31日被正式接受了,6月20日希特勒寄来一封正规信函,感谢薛定谔的工作。1935年7月他被授予荣誉退休教授的荣誉头衔。在薛定谔和柏林当局之间,所有一切看上去都轻松愉悦。

回到英格兰,薛定谔被邀请在一个关于自由的系列讲座上做一次讲演。随着法西斯主义在欧洲的兴起,自由这个主题很热门。这个系列讲座在英国广播公司(BBC)播出。诺贝尔奖得主常被邀请去做这类事情,不管他们的专业是什么。薛定谔的题目是"自由的平等性和相对性"(Equality and Relativity of Freedom),这篇讲演和这个系列中的其他讲演一起被发表在《听众》(Listener)杂志上。薛定谔的主要观点是:自由是相对的。这个观点看上去好像平淡无奇,但对薛定谔的生活来说,由于一项遗漏和一项隐私,这篇演讲却是很有意义的。遗漏是没有提到当时纳粹德国的任何情况;隐私则显示了伊萨的离开对薛定谔的影响有多深,尽管(有点讽刺意味地揭示了对另一种自由的压抑)为了在20世纪30年代的BBC广播中提到这一点他必须使用遁词:"为了避免被所有'正人君子'轻视和排斥,那个人,这次是一位女性,被迫采取了一个行动,这个行动在大多数国家的法律里都是要被施以刑事处罚的。你们大多数人都知道我说的是什么。"

就在他做了这次广播演讲之后,由于爱因斯坦的最新成果,薛定谔的注意力又重新集中在对量子力学的解释上。

比光更快?

到1935年,爱因斯坦已经在普林斯顿安顿了下来,在高等研究院工作。他和两位年轻的同事波多尔斯基(Boris Podolsky, 1896—1966)及罗森(Nathan Rosen, 1909—1995)合作,并且一起(这次是波多尔斯基领头)得出了一个结论,对他们来说这个结论似乎无可置疑地推翻了在坍缩波函数的思想和哥本哈根解释中固有的一些胡言乱语(他们这么认为)。他们描述这个后来所称的"EPR佯谬"(EPR Paradox,尽管它不是一个真正的佯谬)的论文,1935年5月以《物理实在的量子力学描述能够被看成完备的吗?》(Can Quantum Mechanical Description of Physical Reality Be Considered Complete?)为标题发表在《物理评论》杂志上。[2]他们用对位置和动量的测量来描述这个问题,但这里我将使用对我来说似乎更简单的例子,它涉及电子自旋。

设想这么一种情况。两个电子从一个量子系统(比方说一个原子核)中以不同方向被发射出来,但由于对称性的要求而有着相反的自旋。按照哥本哈根解释,在被测量之前,两个电子谁都没有明确的自旋。每个电子都是50:50的自旋朝上和自旋朝下的状态的"叠加",直到它被测量。那时,也只有到那时,波函数坍缩成一种或另一种状态。但是在这个例子中,对称性法则要求另外一个电子有着相反的自旋。当两个电子都处在态叠加(superposition of states)时,情况良好,但它意味着一旦一个电子被测量,另外一个电子——它这时可能已经在很远的地方(原则上,可以在宇宙的另一端)——同时坍缩到相反的状态。它怎么知道要这样做? 看上去好像有一种爱因斯坦称之为"幽灵般的超距作用"连接着这两个粒子,这种作用使它们相互交流得比光还快。而且所有的量子实体(这意味着世间万物)都必须以同样的方式相互关联。

相对论有一条至关重要的原则——这条原则已经通过了迄今为止的所有测试,那就是任何信号都不能传递得比光还快。因此,爱因斯坦尤其把这个论证看成对玻尔思想的完全颠覆。EPR论文最后得出结论说,哥本哈根解释让第二个系统的性质的真实性"依赖于第一个系统上所进行的测量过程,而这个过程对第二个系统没有任何干扰。若允许这一点,就不能指望得到什么对实在性的合理定义"。

爱因斯坦喜欢的另外一种方式是,存在某种潜藏的实在性,一个看不见的发条装置,它控制着宇宙的运行,并导致了不确定性、坍缩波函数等等的出现,甚至使得"现实中"每个电子(在这个例子里)总是有着明确的自旋。换句话说,事物是"真实的",而不是处于态叠加,即使我们没有看着它们。即使在量子层面上,宇宙也是由真实事物(不管我们是否在观测,它们总是存在的)组成的,而且没有任何交流能比光更快,这一思想被称为"定域实在性"(local reality)。

爱因斯坦没有活到20世纪80年代,看到一系列优美的实验完成,它们证明了定域实在性不是对宇宙的一种令人满意的描述。也许这是一件幸事,我将在后文中再深入讨论这些。但是它们的意义是,我们将被迫放弃要么是定域比特(local bit,允许比光还快的通信交流)要么是实在性(转而乞灵于坍缩波函数)——或者,就像我将要解释的那样,完全走到另外什么地方去。但是,在1935年没有人知道这些,而当薛定谔看到EPR论文时他格外高兴。他立刻写信给爱因斯坦,评论说"我的解释是我们没有一个量子力学和相对论相容,或者说,所有的影响有着有限的传播速度"。在当年晚些时候一篇发表在《剑桥哲学学会学报》(*Proceedings of the Cambridge Philosophical Society*)上的文章中,他说:"理论必须允许一个系统被操纵或引导到某种类型的状态或另外一种类型的状态,而且这是任由实验者摆布,却不管他是否可以这样做,这相当让人不舒服。"[3]这就是著名的薛定谔猫的起源。

盒子中的猫

与薛定谔猫相关的著名"思想实验"中包含的思想,其实在很大程度上来自爱因斯坦,这体现在他们两人之间由EPR论文而引发的长期通信之中。这些通信保存在普林斯顿大学爱因斯坦档案馆中。爱因斯坦引入了两个密闭的盒子和一个球的想法,当我们向盒子里面看即"进行观察时,它可以在其中一个或另一个盒子里被找到"。常识表明,球总是在其中一个盒子而非另一个盒子里。哥本哈根解释认为,在某个盒子被打开之前两个盒子里都是50:50的波函数(但不包括它们之间的空间!),而当其中一个盒子被打开时波函数坍缩,于是现在球就在一个盒子或另一个盒子里。爱因斯坦继续说:"我引入了分离原则。第二个盒子和第一个盒子里发生的任何事情都毫无关联。"

在后来的一封信里,爱因斯坦提出了另外一个归谬法(reductio ad absurdum)。他向薛定谔提出这样一种思想:一堆火药"可能"在一年里的某个时间爆炸。在那一年里,火药的波函数将包含各种状态的混合,即没有爆炸的火药的波函数和爆炸了的火药的波函数的叠加:

一开始波函数刻画了合理地定义得很好的微观状态。但是，按照您的方程，在一年以后事情就完全不是那个样子了。那时候的波函数描述了还没有爆炸的系统和已经爆炸的系统的某种混合。没有任何解释的办法能把这个波函数变成对事物的真实状态的完备表述……在现实中，根本就不存在爆炸和未爆炸之间的中间态。

被EPR论文及他和爱因斯坦之间的通信所刺激，薛定谔写了一篇长文，后来在1935年分三部分发表在《自然科学》(*Die Naturwissenschaften*)杂志上，总结了他对他曾帮助建立的理论的理解。这篇文章的标题是《量子力学的当前状况》(The Present Situation in Quantum Mechanics)，它向世界引入了"纠缠"(entanglement)这个术语以及猫"佯谬"，其实它(像EPR"佯谬"一样)根本不是佯谬。这篇文章的一个完美英文译本是特里默(John Trimmer)翻译的，1980年发表在《美国哲学学会学报》上，也可以在惠勒和茹雷克(Zurek)主编的《量子理论和测量》(*Quantum Theory and Measurement*)一书中找到。这么多年来出现了许多对"盒中之猫""实验"断章取义的描述，但我们最好还是追根溯源，用薛定谔自己的话(由特里默翻译)来把这个问题解释清楚：

我们甚至可以构想一个十分荒谬的情形。把一只猫关在一个铁盒里，带上下述残忍的装置(它必须在猫直接干扰的情况下是安全的)：在一个盖革计数器里有一小块放射性物质，它非常小，也许在一小时内只有一个原子衰变了，但也有着同样的可能性一个衰变的原子都没有。如果确实有原子衰变了，计数器管子就会放电，并经过继电器松开一把锤子，锤子就会击碎一小瓶氢氰酸。如果我们把这整个系统放在那里一个小时，我们可以说猫还活着，如果在此期间没有一个原子发生衰变的话。第一个原子衰变就会打翻毒药,毒死猫。整个系统的波函数可以表达这一点,只要在其中把活猫和死猫(表达请见谅)的状态混合起来,或者涂抹在相同的部分上。

在这些情形中典型的是,一个最初限制在原子领域的中间态转变成了宏观的中间态,然后就可以用直接的观测来解决。

换句话说,按照在20世纪后来那些年里被普遍教授和广泛(但不是全部)接受的量子力学版本,那只猫既是死的也是活的(或者如果你喜欢,也可以说既不是死的也不是活的),直到某人向盒内看,并且由于这个观察行为"使波函数坍缩"。但是,在方程里根本没有坍缩波函数。请记住,这个概念是由玻尔引入的完全临时创设的概念,没有任何现实的基础。它就是要从薛定谔的思想实验(我要强调这确实"只是在头脑里",尚未有人对一只真正的猫做这样的事情)中去除的最重要的信息。尽管"盒中之猫"思想没有在1935年引起广泛的兴趣,至少爱因斯坦完全认识到了薛定谔难题的重要性。在发表其论文之前,薛定谔在一封信里向爱因斯坦描述了这个想法,而爱因斯坦回信说:"您的猫说明我们对当前理论的特征的评价完全一致。一个既包含活猫也包含死猫的波函数根本不能作为事物的真实状态的描述。"

薛定谔正确地指出了波函数坍缩概念的荒谬本质,认为有好得多的方式去理解量子世界的运行方式——其中最有趣的一个是薛定谔本人后来提出的。但在他的三部曲论文发表后的几个月里,埃尔温在头脑里还有其他的事情。

带着爱离开牛津

作为一个紧急措施,帝国化学工业公司最初只为流亡科学家们提供两年的资助,预计这将给他们足够的时间来找到永久职位。有些人做到了,但许多人没有。当两年过去了,阿瑟·马尔希、希尔德和孩子露特不得不返回因斯布鲁克,在那里希尔德在一家疗养院待了几个月,缓解在对其很反感的牛津作为薛定谔的第二位"妻子"以及孩子母亲的压力。薛定谔很快就找到了安慰。博姆和汉西曾经住在柏林,但是他们来自富有的犹太人家庭,因此在纳粹的威胁下不得不离开,在伦敦居住。这是极其方便的,因为安妮·薛定谔已经在伦敦获得了一间公寓的使用权,这样她就可以离开埃尔温而让他有更多的时间和希尔德在一起。于是他现在就获得了和汉西"共处"的自由了,后者成了一位牛津的常客。在1935年夏天,汉西和埃尔温甚至一起出去度假,去了海峡群岛。

不过在事业上,事情就没有那么让人满意了。尽管有人劝说帝国化学工业公司把薛定谔当作特例,向他再提供两年的资助。但抚恤金的问题变得越来越大,而且他在牛津的学术团体中从来都感觉不自在。他收到过的最佳邀约是马德里的教授职位,如果西班牙内战没有在1936年7月爆发的话,他有可能接受这个职位。但是还有另一个较差一点的机会。

在薛定谔的祖国奥地利,格拉茨大学就要有一个空缺,这已经广为人知了。他被深深地吸引了,因为这能让他获准拥有一些实际的便利,尤其是保住他在瑞典的钱。1935年5月,他写信给爱因斯坦:

> 并不是我不能在一个地方待很久。目前我对什么地方都心满意足,除了纳粹德国之外。同样也不是说在这里他们对我不好、不友善。但是毫无疑问,没有任何工作和靠他人施舍的感觉越来越强烈。当我来这里时,我认为我能做些教学工作,但教学在这里没有任何价值……我正坐在这里等待一位老先生[格拉茨的那位在职者]的让位或者去世,他们也许会让我成为他的继任者。

在 12 月,薛定谔去了趟奥地利,部分是为了试水。他在格拉茨停留,在维也纳做讲座,并造访了教育部,讨论他获得职位的可能性和他的特殊要求。在圣诞节期间,他进行了一次滑雪,并借机去看希尔德和露特,然后又设法在启程回英格兰之前挤出时间去拜访柏林的劳厄。但在那里,另外一个邀约短暂地打乱了他正在进展中的回到奥地利的计划。

查尔斯·达尔文(Charles Darwin)是一位杰出的物理学家,也是"那位"查尔斯·达尔文的孙子*,在 1935 年底辞去了他在爱丁堡大学的教授职位,当了剑桥大学基督学院的院长。于是,大学成立了一个委员会以寻找他的继任者。1936 年 5 月该委员会向大学评议会报告说薛定谔是有资格的最佳候选人。作为寻找适合该工作人选的过程的一部分,委员会邀请薛定谔访问爱丁堡。尚未就任新职位的达尔文陪他参观。大学的一些高级成员对薛定谔的衣着扬起了他们广为人知的眉毛: 他来时就像以前习惯的那样穿着去阿尔卑斯山远足的衣服,而不是英国大学面试穿的传统礼服。但是,他们喜欢所看到的一些东西,这已经足够做出一个正式的邀约了,条件是得到内政部的保证,允许薛定谔在英国得到永久居住权。爱丁堡大学提供的薪水是不算多的一年 1200 英镑,但他不用在 70 岁之前退休,而且这个职位还附有很好的抚恤金。

薛定谔一开始很热心于去苏格兰的前景,他告诉汉西如果她能和他一起去,他就会接受这个邀约。但他必定知道她根本不可能真的接受他的邀请,因为当时她已经怀上了第一个孩子(是薛定谔的还是博姆的? 没有人知道),并且即将返回奥地利。也许这是一个使得格拉茨比爱丁堡更有吸引力的一个因素。不管原因是什么,薛定谔对爱丁堡的

---

　　* 后者指的是提出自然选择进化论的查尔斯·罗伯特·达尔文(Charles Robert Darwin)。——译者

职位冷淡了下来,而同时内政部用了冗长的时间来做决定。在决定做出之前,一份来自奥地利的正式邀约来了——格拉茨的教授职位,连同一个维也纳大学的荣誉(但是付薪的)教授职位。薛定谔很委婉地回复爱丁堡,回到祖国的机会对他来说太好了,不容错过,而他没有提到,与希尔德、婴儿露特和汉西亲近的机会也太好了,不容错过。但是,爱丁堡虽然事实上成了被抛弃的牺牲品,却并不太糟——达尔文的教授职位给了玻恩,他(在获得内政部批准后)在这所大学以一种相互都满意的关系待到1953年退休。薛定谔在1936年夏天就离开了英格兰,带着一颗快乐的心,准备在12月1日去格拉茨接受他的教授工作。但是,整整两年之后,他将远非那么快乐地回到这里。

◇ 第十章

归去来

事后看来，薛定谔在1936年返回奥地利的决定，至少也可以说是判断错误的。[1]哪怕没有事后诸葛亮的帮忙，薛定谔也应该知道，他正在让自己卷入什么，他后来评价自己的行为是"空前愚蠢"。[2]当然，他想回到自己的祖国，他想要有退休金的安全感，但即便是以奥地利的标准而言，1936年的格拉茨基本上都可以说是纳粹主义的温床，大学尤其如此。那里的物理化学教授也是当地纳粹党的领导人，超过一半的学生在党内很活跃，当地的报纸都是纳粹主义的强硬支持者。反犹太主义很流行，许多奥地利人欢迎希特勒关注他们，希特勒本人出生时就是奥地利人，他一点也不隐瞒自己想要把奥地利吸收进一个大德国里的愿望。实在有太多人将此视为最接近于他们所希望的奥地利帝国的重生。

从1932年起，奥地利总理一直是基督教社会主义党的陶尔斐斯（Engelbert Dollfuss）。就像"民族社会主义"（National Socialist）——纳粹党的正式名称一样，基督教社会主义党名字中的"社会主义"多少有些让人误解：它与主要反对党、左翼的社会民主党强烈对立，但也和奥地利纳粹党对立，将其视为对自己掌握权力的威胁。1933年3月，陶尔斐斯暂时终止了议会，奥地利成了一个法西斯国家，或多或少地走上了墨索里尼（Mussolini）统治下的意大利的道路。当时，墨索里尼是第一位法西斯独裁者，仍然有着很大的影响，他支持陶尔斐斯既对抗纳粹也对抗真正的社会主义。但是,英国和法国执行了一种绥靖政策,并建议陶尔斐斯不用挑起和希特勒的战争。反过来,在墨索里尼鼓励下,奥地利军队和警察在1934年2月镇压了社会主义者,杀害了数百名活跃分子,还囚禁了许多人。随着左翼威胁的消失,奥地利纳粹党变得毫无约束,他们在1934年7月25日暗杀了陶尔斐斯,并试图发动一场政变,但失败了,因为面对墨索里尼威胁性的反对,希特勒当时仍然太弱小了,无力干涉。新总理舒施尼格(Kurt Schuschnigg)仅仅是由于墨索里尼的支持才得以掌权。随着希特勒力量的增强以及意大利陷入了对阿比西尼亚*的草率征服之中,舒施尼格的地位受到了削弱。当薛定谔在1936年抵达格拉茨时,灾难即将降临。

黑暗中的哨声

迁到格拉茨的不仅仅只有薛定谔夫妇。10月份,当埃尔温接受他的授课任务时,他们已经住在一套租来的大房子里,1937年初,希尔德和露特加入了这个家庭,她们住在房子的第三层。马尔希留在因斯布鲁克,而在新年到来时就年满40的安妮现在大多数时间和在维也纳的母亲待在一起。不过,安妮和露特有着更像"母女的"亲密关系,比孩子的生母还亲。

薛定谔作为教授的就职讲演不是一篇深思熟虑后的杰作,而基本上是他的诺贝尔奖演讲的重复,人们多半会认为,这种事情是一位处在半退休状态的科学元老才会做的。这种元老形象被一项新荣誉加强了,1937年1月1日在梵蒂冈的一次仪式上,薛定谔作为一名创始成员被吸收到了刚成立的教皇科学院里。和薛定谔一起获得该荣誉的物理

---

*埃塞俄比亚的旧称。——译者

学家还包括玻尔、德拜、密立根、普朗克和卢瑟福,的确不是当时的物理学"少壮派"。

薛定谔在格拉茨做的研究也同样是那些有着牢固声望、终身教职和有保障的退休金的老前辈喜欢做的那种东西。他被爱丁顿(Arthur Eddington,1882—1944)的宇宙学思想吸引住了,爱丁顿是一位英国大学者,他的杰出成就包括向英语国家的人们解释广义相对论,并在1919年利用对一次日食期间恒星的观测来验证爱因斯坦的理论。他是一位伟大的科学传播者,并且被如何调和广义相对论和量子力学这个难题激发起了兴趣。不过在20世纪30年代,他已经进入了科学上的衰退期。他当时刚刚提出一个复杂的假设,宣称把宇宙学和量子力学连在一起,并包含了对宇宙中粒子数N的计算作为(他所称的"基本关系式"中)一个至关重要的因素。没有人明白他究竟是怎么得出它来的。令人惊讶的是,至少有一段时间,薛定谔很认真地对待这个想法,并于1937年10月在博洛尼亚的一次会议上发表了关于爱丁顿"理论"的演讲。在与爱丁顿的长期通信里,薛定谔从来没有试图去彻底弄明白为什么N这个数字竟然以平方根的形式出现在爱丁顿的基本关系式里,而他随后几年寻找一个关于宇宙的量子理论的尝试基本上就是浪费时间。

教学工作则要有成果得多。在格拉茨上课的同时,薛定谔在学期当中每周一天在维也纳上课和主持研讨会,并在那里的一间公寓过夜。这使他有机会去和朋友会面,并且讨论物理学进展和政治局势。其中一位朋友马克(Hermann Mark),后来在与穆尔的一次访谈中描述了这些聚会。他解释说,薛定谔(他将其视为一个社会主义者)强烈地厌恶格拉茨的政治局势,并尽其所能地待在维也纳,那里纳粹的影响要小一些。他们觉得舒施尼格更为"温和"但是"对抗不了希特勒"。

1937年夏,薛定谔没有任何教学工作,他花了更多的时间待在维也纳,加入了多瑙河游泳活动,并参加了一些更活跃的聚会。正如马克对穆尔所说的,"那些是快乐的日子——但大多数人不知道他们是在火山上跳舞"。也许是他们不想知道。不管怎么说,这段时期明显对应于奥地利帝国的末日时期。当薛定谔在维也纳时,希尔德通常待在格拉茨,但汉西在维也纳,参加了薛定谔在那座城市及其周边的游乐活动。但欢乐只会是短暂的。

现实严峻

希特勒的第一个行动是在1938年2月,他要求舒施尼格到位于贝希特斯加登的"鹰巢"去拜访他。在咄咄逼人的环境里,舒施尼格被迫同意把奥地利警察和外交的控制权交给纳粹,以交换德国不会入侵奥地利的承诺(事实证明这个承诺的可信度和希特勒的所有承诺一样)。但是,在他回国之后,舒施尼格在议会做了一个挑衅性的反纳粹演讲,这引发了格拉茨支持纳粹的骚乱。舒施尼格孤注一掷,在3月6日要求举行一次关于奥地利独立的公民投票,而投票一周后就将进行。希特勒的回应是命令军队在3月12日入侵奥地利。当舒施尼格转向英国求助时,外交大臣哈利法克斯(Halifax)勋爵告诉他说,没有任何人会帮助他。于是,在3月11日,舒施尼格辞职了,为了避免流血,他告诉人们不要抵抗入侵或者说"合并"。"合并"在第二天如期发生,未发一枪一弹。3月14日,希特勒本人在蜂拥街头的支持者的欢呼声中来到了维也纳。

对犹太人和知识分子的野蛮攻击接踵而至,甚至比那时在德国的纳粹政权下发生的还要糟糕。除了对犹太人的人身攻击和财产掠夺之外,在接管的头几天里,有接近76 000人被捕,大约6000人被开除出各种层级的公职和教职。当这一切正在发生时,奥地利天主教会的首领、红衣主教因尼策(Innitzer),命令所有教堂必须升起纳粹十字旗,并敲响庆祝的钟声。他并不孤单——路德教徒们为"合并"举行了感恩活动。

在纳粹的据点格拉茨,局面与维也纳相比较为平静,因为"合并"仅仅是巩固了现状。但是大学被关闭了,校长和数十名教职员工被解雇,有些犹太人被投入监狱,有几位扔下财产设法逃到了其他国家。一开始,薛定谔似乎并没有受到威胁,但由于颁布了旅行限制,他被迫放弃了在1938年秋天访问牛津的计划。当他的英国同行知道这个消息时,他们担心发生最坏的事情。早在4月份,莫德林学院(薛定谔仍然是其中的一名研究员)的院长戈登(George Gordon),就开始通过哈利法克斯和在柏林的英国大使馆,来询问薛定谔的境况。但就在他的朋友们正在努力帮忙的时候,薛定谔却把水搅浑了。

如果薛定谔想待在奥地利,他就必须按新规则行事。纳粹已经任命了自己人赖歇尔特(Hans Reichelt)担任重新开门的格拉茨大学的校长,而他的第一个任务是决定剩下来的教职员工中哪些可以留下来,哪些应该被"清除"。薛定谔突然而且(对纳粹来说)无礼地离开柏林,这件事没有被忘记,赖歇尔特告诉薛定谔他应该给大学评议会写一封忏悔信,详细说明他的心理变化。薛定谔照做了,纳粹把这封信安排同时发表在3月30日德国和奥地利的报纸上。这封信对他们是一个相当不错的宣传上的成功,值得在这里全文摘录:

> 在我们全国上下一片欢腾之时,今天仍然有这样一些人,他们完全分享了这份欢乐,但却心怀愧疚,因为直到最后他们才懂得了正确的路线。我们感激地听到了真正的德国的和平之声:手伸给每一个想要的人,你希望愉快地握住那慷慨地张开的手,同时发誓你会非常高兴。如果真遵照元首的意愿,与它保持一致,元首可能会允许你用你所有的力量来支持他现在把人民统一在一起的决定。

　　根本就不需要说出来，对于一位热爱祖国的老奥地利人，没有任何其他值得讨论的立场。说得粗暴一点，每一个投票箱中的"不"都等同于民族上的自杀。

　　在这块土地上，应该再也不要——我们要求每个人都同意这一点——像过去一样有着胜利者和被征服者，只有联合在一起的人，产生出完全没有被分开的力量，来实现全体德国人的共同目标。

　　好心的朋友们过高地估计了我个人的重要性，他们认为我对他们所作的关于过去的忏悔应该被公之于众：我同样属于那些抓住了伸出的和平之手的人，因为在我的写字台上，我曾经错误地判断了我们国家的真正愿望和真正命运。我心甘情愿地、高兴地做出这个忏悔。我相信它是从许多人的心里说出来的，并且我希望以此来报答我的祖国。

　　信里提到的投票箱是指将在4月10日举行的一次公民投票。那天的投票（由纳粹监督）是99.73%的人支持"合并"，仅仅11 929人有勇气投票说"不"。薛定谔现在回避看见汉西（她来自一个犹太家庭），并要求她烧掉他过去寄给她的情书。

　　当关于薛定谔的信的报告到达英国时，他的朋友认为这封信一定是在枪口下甚至更糟糕的逼迫下写出来的。当莫德林学院的一名研究员从蒂罗尔滑雪度假归来时，他告诉戈登，他遇到了也在那里享受春假的薛定谔，并与埃尔温进行了一次长谈。他报告说薛定谔对他与纳粹政权之间达成和平感到相当高兴，并且看不出有逃离这个国家的任何需要，尽管他表达了对反犹太政策的强烈不满。戈登对此感到非常震惊。薛定谔仍然很乐意与任何从牛津来到奥地利的人会面，并且说任何可以强化他在科学上的国际地位的事情都会是有益的。也许最令人惊讶的是，薛定谔似乎已经暗示，他希望在维也纳被提升到教授的重要职位,这个职位是由于一位犹太教授被解雇而空缺出来的。他似乎没有意识到,所有这类职位现在都由活跃的纳粹分子获得。不过至少他的天真行为没有扩展到财务方面,他小心地避免把他在瑞典的钱转到奥地利。

这种正常的表象在1938年4月的大多数时间都维持着,在23日薛定谔参加了一个在柏林举行的庆祝会,祝贺普朗克的80大寿。但在回到格拉茨时他发现,就在他和柏林的同事一起庆祝普朗克生日的那一天,他被解除了在维也纳的荣誉职位。他仍然有格拉茨的教授职位,但这所大学正在快速地变成一所纳粹大学,开设的是诸如化学在战争中的应用以及党卫军医疗队的培训等"相关"课程。但作为薛定谔被解除维也纳职位的直接后果,方向盘现在转向对他的未来有利的方向了。爱尔兰总理德瓦莱拉(Éamon de Valera)对数学很有感情,并且有一个心爱的计划,在都柏林建立一个高等研究院。当他听说了薛定谔的处境,并意识到后者可能不久就会被迫离开奥地利时,德瓦莱拉决定尝试通过中间人和薛定谔进行接触,向他提供一个在爱尔兰首都的职位邀请。

5月初,德国外交部长冯·里宾特洛甫(Joachim von Ribbentrop)已经向柏林的英国大使确认,不允许薛定谔去牛津,因为这可能会给他提供一个机会来"重新开始他的反德国活动"。由于薛定谔的忏悔信,对牛津来说,它不再确信自己需要薛定谔。但是,德瓦莱拉设法通过一连串中间环节,包括玻恩和薛定谔夫妇住在瑞士的一位老朋友贝尔(Richard Bär),给安妮在维也纳的母亲传递了一个信息,可以给薛定谔夫妇提供一个在都柏林的避难所。以临时造访贝尔夫妇作为借口,安妮去了位于德国和瑞士边境的康斯坦茨,并传回了他们的答复。薛定谔夫妇会去都柏林,但在他们离开奥地利之前任何人都不能走漏消息。

但是,埃尔温还是没有行动。他看不清各种事件所显露出来的态势,仍和希尔德一起在多洛米蒂山度过了暑假,只是在8月底他回到格拉茨后,他才被迫采取行动。首先,他被解除了在格拉茨的职位。尽管如此,他只是在去维也纳与某位"高级官员"讨论其他出路时,被非正式地告知说,"嗯,他们不会让你去其他国家",他才终于明白了状况。由于某些疏忽,薛定谔夫妇仍然保有他们的护照。在三天之内,他们打好了包,准备离开。所有有价值的东西,包括金钱和薛定谔的诺贝尔奖章,都被迫留下。就这样,在9月14日他们搭上了去罗马的火车,带了三个手提箱的衣服,埃尔温的钱包里只有10马克。

不愉快的回归

安妮对薛定谔夫妇逃离纳粹的叙述保存在都柏林档案馆里。在我写完《薛定谔猫探秘》之后,我从麦克雷(William McCrea)那里听到了另外一种说法。麦克雷当时(20世纪80年代中期)是萨塞克斯大学的一名教授,但从1936年到1944年他是贝尔法斯特的皇后大学的数学教授,并且经常造访都柏林。³当薛定谔夫妇到达罗马时,埃尔温不得不请出租车司机付小费给帮他们把行李从火车上搬下来的搬运工,然后再让宾馆的门卫付出租车费,他让门卫相信他真的是一位著名的科学家,是著名的意大利物理学家费米(Enrico Fermi,1901—1954)的朋友。然后,他在前台宣称费米教授会付账单。麦克雷说,这个故事听起来是真的,并且"完全符合"薛定谔的性格。成为教皇科学院的一名成员显然有它的好处,即使埃尔温漂亮的职位项链不得不和他的诺贝尔奖章一起留在格拉茨。得到电话通知的费米来到宾馆,给了他们一些钱,但是警告说,在法西斯意大利他们根本没有脱离危险(这年年底之前费米本人也被迫逃离),而且信件很可能被检查。

不过,还是有一个可以利用的漏洞。从位于梵蒂冈的教皇科学院的房子里,薛定谔可以写信给林德曼,给他在苏黎世的朋友贝尔,以及给德瓦莱拉,告诉他们他在罗马。梵蒂冈被墨索里尼承认为一个主权国家,从梵蒂冈来的信逃过了意大利当局的注意。接触德瓦莱拉很容易,因为当时他是国际联盟的主席,在日内瓦处理国联的事务。几天后,还是在科学院,薛定谔接到了一个来自爱尔兰大使馆的电话,建议他们尽早离开意大利。当天下午埃尔温和德瓦莱拉本人通了话(这是第一次)。政治局势正在升温,德国接管捷克的苏台德区成为一个真正的威胁,德瓦莱拉催促薛定谔在很可能爆发的战争之前去英格兰或爱尔兰。

爱尔兰大使馆给薛定谔夫妇提供了去日内瓦的头等火车票,但是在当时把钱带出意大利是非法的,他们离开时口袋里只有一英镑。这导致了一个不曾预料到的麻烦。在边境上,火车停下了,薛定谔夫妇被彼此分开并接受询问,而他们的行李受到检查。安妮把它描述成"我生命中最让人惊恐的事"。但这一次,问题不是政治上的。薛定谔夫妇的护照有横跨欧洲旅行的各种签证,而海关无法相信有着一等车票和全欧签证的人居然只带着一英镑现金去旅行。他们合乎逻辑地得出结论,这对夫妇一定在行李里偷偷携带了很多宝贝。当什么也没有找到时,他们被允许乘原来那列火车离开,在检查过程中火车一直停在那里。

德瓦莱拉在日内瓦见到了薛定谔夫妇。他们只在那里待了三天就穿过法国去了英格兰。迫在眉睫的政治危机已经平息,在臭名昭著的慕尼黑协议里,英国和法国接受了德国对捷克领土的要求,因为这个协议被认为可以带来"我们这个时代的和平"。但德瓦莱拉花了好几个月在国内政治活动和其他政治活动上,之后才让高等研究院得以在都柏林成立,其间薛定谔夫妇又一次无家可归了。1938年10月初,他们来到牛津,在那里埃尔温的忏悔信给他与那里的关系带来了多么糟糕的影响就变得很清楚了。即使是当时在爱丁堡的玻恩也写信给牛津的一位同事,评论说:"你怎么可能去相信一个发表了这么一封信的人呢?"[4]
我们永远也不知道"这么一封信"除了天真是不是还有别的什么东西,
但它完全符合我们已经有的一个形象,即他的人生首要目标是给他本
人及其家庭提供安全感。

薛定谔夫妇在牛津和朋友们在一起度过了不开心的一两个月。埃
尔温也去看望了汉西,她从奥地利逃出来了,住在伦敦。很明显,他们
不受欢迎,根本没有希望得到一个哪怕是暂时的职位。但从一个没有
想到的地方,伸出了一双援手。在11月中旬,埃尔温访问了都柏林,讨
论新研究院的安排以及他的位置,返回牛津后他宽慰地看到了一封来
自比利时的信,给他提供了一个职位邀请,在刚刚开始的学年里到根特
大学做一名访问教授。他接受了邀请,并且带着安妮在1938年12月中
旬到达那里。

比利时的插曲

在比利时,除了在大学上课,薛定谔也吸引了来自其他大学的访问
学者来讨论物理学,并且旅行到布鲁塞尔、卢万和列日去发表演说。他
认识的最值得一提的新朋友是卢万的勒梅特(Georges Lemaître, 1894—
1966)。勒梅特是位宇宙学先驱,碰巧也是一位受到委任的牧师,常常
被称为"大爆炸之父",因为他是我们所知的宇宙是从一个炽热的、致密
的状态向外膨胀的这样一个思想的早期提倡者。这种膨胀的第一个线
索是著名的宇宙红移,它刚刚在10年前被发现,红移揭示出了星系相
互远离的速度有多么快。在1939年《自然》杂志的一篇文章里,薛定谔
给红移意味着什么这个讨论增添了重要性,他得出结论说红移确实一
定是由宇宙的膨胀引起的。[5]薛定谔已经对宇宙学很有兴趣,他把宇宙
学和量子物理学合为一体,进行了一次早期尝试。他没有得到什么值

得一提的成功,但在1939年10月发表在《物理》(*Physica*)杂志的一篇文章里,他提到了"完全是由(宇宙的)膨胀引起的物质的产生或湮灭"。如果宇宙是以一种稳定的速率膨胀,他发现的效应没有什么用处;但如果膨胀在加速,它就变得很重要了。尤为有趣的是,当前关于极早期宇宙的"最合适"的思想是,它经历了一段快速加速的膨胀时期[称为"暴胀"(inflation)],在这一时期所有的质量–能量都得以产生。最近又发现,经过一段长时间的平稳膨胀之后,宇宙现在又开始加速膨胀了。

如果简单地说,在个人方面也一切如意。马尔希带着希尔德和露特到了比利时,当他返回因斯布鲁克时把她们留在了那里。根特大学颁给薛定谔他的第一个荣誉学位。但所有这些都是在日趋紧张的政治背景下发生的,当德国在1939年9月1日入侵波兰,并激起英国和法国在两天后宣战时,薛定谔和他的大家庭还在比利时。麦克雷说:"薛定谔有一种奇特的冒险天赋。"尽管薛定谔在根特的时间已接近尾声,但对于那些英国人来说,他现在还是一个"外国的敌人",而在幕后给予帮助的人是林德曼(尽管他对那封忏悔信很愤怒,并且厌恶薛定谔的私生活)和德瓦莱拉两人,薛定谔"全家"获得了从英国到都柏林的24小时签证,他们在1939年10月6日抵达都柏林。

◇ 第十一章

"我生命中最快乐的时光"

薛定谔在都柏林度过了其后的7年——这是自从在维也纳度过少年时代后,他在一座城市待得最长的时间。他后来描述说这些年是"我生命中最快乐的时光"。他对物理学再也没有做出重大贡献——这没什么值得大惊小怪,因为他在1939年已经52岁了——但他确实对生物学的发展做出了一个令人惊讶的重大贡献。他扩大了他作为演说家的声望,享受了完整的个人生活,并使得高等研究院至少在当时成为世界物理学的一个重要中心。但如果没有20世纪上半叶爱尔兰政治的杰出人物德瓦莱拉,他和研究院都不会在那里出现。

"德 夫"

德瓦莱拉通常被人叫作"德夫",他1882年出生于纽约,母亲是爱尔兰人,父亲是西班牙人。3岁时,父亲去世了,他被带回爱尔兰,在利默里克郡的一间小屋里被外祖母抚养成了一个虔诚的天主教徒。他在都柏林攻读数学,成了一名爱尔兰语的狂热爱好者,并娶了弗拉纳根(Sinéad Flanagan),她曾教过他盖尔语。但德夫没有成为一名学者,而是活跃在反对英国统治的活动中,并参加了1916年的都柏林复活节起义。这个军事上没有用处而又暴力的"叛乱"没有得到大多数爱尔兰人的支持，并造成了市中心的破坏。但英国军事当局却加以残暴镇压，处死了许多暴动的领导者，从而造就了许多烈士并使得反英情绪不断蔓延。德瓦莱拉就是那些被宣判死刑者之一，但就在宣判被执行之前，从感到担心的伦敦政府那里传来了中止行刑的命令。假如他不是最后放弃抵抗的暴乱领导者，德瓦莱拉在伦敦的命令传来之前就会被枪毙了。就这样，他被囚禁在英国，在美国加入第一次世界大战时的一次大赦中获释。他的一部分刑期是在刘易斯监狱度过的，在那里他通过写一篇原创的数学论文度日，虽然这篇论文从来没有发表。

德瓦莱拉继续他的政治活动，现在是作为共和主义政党新芬党的领导人。他又一次被捕和囚禁，但却逃了出来，参加了20世纪20年代初的爱尔兰内战，这场内战紧接着1921年的"英爱条约"之后，当时那些寻求完全独立的人与那些只寻求在大英帝国内部自治的人之间爆发了冲突（爱尔兰的确有自己的议会，但只有有限的权力）。像其他内战一样，这场内战使得兄弟兵戎相见，它所产生的痛苦延续至今。德瓦莱拉的共和派失败了，他又一次进了监狱。1924年获释后，他成立了一个新的政党——爱尔兰共和党，致力于通过政治而非暴力手段来建立一个独立的爱尔兰共和国。1927年他被选入都柏林议会——爱尔兰下议院。1932年，爱尔兰共和党和它的合作伙伴工党在都柏林组成了联合政府。到1937年，作为总理的德瓦莱拉，终于可以建立作为独立实体的爱尔兰共和国，尽管还与英联邦有一些联系。这些联系直到1948年才最终切断，正如我们将要看到的，这导致薛定谔在被选入英国皇家学会时受到了不同寻常的耽搁。

即使所有这些都在进行当中，德夫仍然心怀两个梦想。一个是在爱尔兰建立一所世界级的理论物理学中心，另外一个是复兴爱尔兰语。1930年，当高等研究院在普林斯顿建立的时候，它不仅给爱因斯坦提供了一个家，也让德瓦莱拉注意到了它。当他终于处在一个可以做点什么事情的位置上时,他研究了在都柏林建立一个类似的研究机构的可能性,这个机构最初计划有两个学院:凯尔特语研究及理论物理学。建立这个新机构作为优秀人才中心的关键,将是吸引一名顶级的物理学家——他的地位应尽可能接近爱因斯坦。这就是为什么当德夫听到薛定谔在奥地利遇到困难时便立刻开始行动的原因。

到1938年,爱尔兰共和党已经在爱尔兰下议院取得明显多数,而德夫的地位让他可以推动为一件被许多人视为虚荣的计划立法。相关法案于1939年7月6日在爱尔兰下议院获得通过,详细说明"这些学院将被仅仅用于学术发展……它将从海外带来研究生"。在对上议院的一次演说中,总理说,也许现在似乎并不是通过这样一个法案的合适时机,但它应该被看成一种姿态,"表明有比战争更好的方式来推动人类的幸福"。但即使是德夫,也被席卷欧洲的变革浪潮动摇了,这个法案直到1940年6月19日才正式成为法律,而薛定谔——理论物理学院的第一位教授——直到当年10月才得以就职。这给了他差不多一年的时间在都柏林安顿下来,四处结交,并成为当地一个众所周知的人物。

安 居

埃尔温、他的两位"妻子"和5岁的露特,安顿在都柏林郊外靠近海边的克朗塔夫,一幢典型中产阶层的带凸窗的连体住宅里。在1943年之前,这幢房子都是租来的,但此后薛定谔有能力买下了它(用1000英镑),并且在全家1956年离开都柏林时把它出售了(售价2150英镑)。安妮和希尔德轮流,一人做一周家务。

你也许以为埃尔温不同寻常的家庭结构在信奉天主教的爱尔兰会比在牛津带来更多的麻烦,但在都柏林,在正式允许的事情和人们实际做的事情之间有一条明显的分界线。这种情况可以用我的一位爱尔兰天主教朋友的话来明确概括,他把它称为"在工作日放荡,却在星期日祈祷别出事"。按照麦克雷的说法,尽管有着"不同寻常"的家庭结构,"薛定谔和他一家在克朗塔夫似乎还是很自在",完全与爱尔兰人放任自流的态度相一致。埃尔温在都柏林交到的最早的朋友之一是帕迪·布朗(Paddy Browne)主教阁下,他是一位在圣帕特里克学院给未来的牧师们上数学课的牧师。布朗主教阁下的兄弟是一位红衣主教,但这没有阻止帕迪成为埃尔温在爱尔兰最好的朋友。在爱尔兰所称的"紧急状况"期间,都柏林的生活却是安全而舒适的,除了战争期间茶的短缺,以及煤和汽油越来越稀缺,这导致1942年后私家车从街道上消失了。由于薛定谔热衷于骑自行车和远足,这对他毫无影响。

薛定谔1939年11月起开始上课,是在大学学院的非正式授课。这是都柏林人第一次有机会从量子力学的创建者之一那里学习量子力学,听者云集。他同样也继续研究量子理论的方方面面,并开始在《爱尔兰皇家科学院学报》(*Proceedings of the Royal Irish Academy*)上发表一系列专业文章。1940年4月,他被任命为皇家爱尔兰科学院的临时教授,这个职位有1000英镑的年收入,改善了他的财务状况。他在科学院又做了关于量子力学的系列讲座,这次是在一个更为高深的水平上,又是座无虚席。然后,在5月,他独自骑自行车去旅行,并赶上了去戈尔韦的火车,然后去了康尼马拉。在那里,就在假期开始仅仅两天时,他从一张5月10日的报纸上看到,随着德国入侵低地国家,英法对德宣而不战的"假战"阶段已经结束,这个发现让他赶紧(其实没有多大意义地)回到了都柏林。

法国的沦陷在爱尔兰首都没有带来多大影响,除了希特勒的胜利引发的自然而然的忧郁感,但没有什么阻止薛定谔夫妇(只是埃尔温和安妮,某些礼仪还是要遵守)接受邀请,和帕迪·布朗及其姐姐一家在他位于凯里郡丁格尔半岛上的一幢房子里过暑假,在那里只有波涛汹涌的大西洋把他们和美国隔开。帕迪的姐姐玛格丽特有三个孩子。最大的玛丽(1940年时18岁)后来嫁给了一位杰出的爱尔兰政治家兼作家奥布赖恩(Conor Cruise O'Brien)。中间那个孩子谢默斯(Seámus)当时16岁。最小的是个叫作芭芭拉(Barbara)的女孩,只有12岁,她给埃尔温留下了足够深的印象,以至于帕迪不得不对他发出警告。不过,就算这样,他们之间的友谊没有受到影响。

就在他们回到都柏林后不久,薛定谔终于能够在都柏林高等研究院就职了,薪水是一年1200英镑。这差不多是总理薪水的一半,但这一次薛定谔的职位仍然不给遗孀提供抚恤金,虽然只要他活着其生活就有保障。他写信给玻恩说:"在53岁的年纪被一个外国政府重新给予完全的安全感(至少就我本人而言),这种情况让人充满了——可以说是无限的感激。"

研究院位于梅瑞恩广场,离都柏林三一学院有步行10分钟的路程,该学院在7月3日颁给薛定谔一个博士荣誉学位,爱尔兰国立大学在7月11日给了他一个类似的荣誉。[1]他也被选为都柏林三一学院高级教员团体的一名成员,这对外人来说是个很罕见的优待,薛定谔很珍视它,常常参加学院里的午餐会。研究院在10月5日正式成立,有一个以帕迪·布朗任主席的评议会,以及一个包括薛定谔和麦克雷在内的执行委员会。麦克雷告诉我:"我第一次知道这件事,是当我在1940年10月接到德瓦莱拉打来电话的时候。"当英国正处在战争之时接到来自一个中立国的政府首脑的这样一个电话,他相当高兴,接受德瓦莱拉的邀请加入了委员会,委员会的第一次会议在11月21日举行。就像麦克雷所说,爱尔兰的中立是很有弹性的,从北爱尔兰到南部的爱尔兰去旅行并没有任何问题。委员会的第一个行动是任命海特勒(Walter Heitler,1904—1981)为助理教授。他是一位从德国逃出来的物理学家,曾经对量子化学的发展有过关键性贡献。麦克雷把这个任命称为"一个极好的主意",他说这个主意一定来自薛定谔自己。就这样,德瓦莱拉构想的最初成功拉开了序幕。

在都柏林高等研究院的最早时光

薛定谔对爱尔兰人的"无限感激"激励他努力工作,让研究院获得成功。由于他知道他的安全感来自爱尔兰纳税人的开支,他特别重视回复每一封他们写给他的信,即使那些信在讲述一些让人疯狂的科学"理论"。都柏林高等研究院吸引了来自英国的杰出科学家们(包括那些逃离纳粹后安顿在英国的访问者们)来参加各种会议,它的影响扩展到了都柏林的两所大学,研究院的成员们在那里发表了许多公开演说。研究院的第一次科学会议(这一次只限于爱尔兰的学者们)在1941年夏天举行,当时海特勒刚刚就职。不过,就像过去在柏林一样,对于薛定谔夫妇来说,尽情玩和努力工作一样重要。他们在自己的房子里开茶会,招待午餐,尤其是给研究院的年轻成员和学生们,埃尔温总是喜欢鼓励他们。到1940年底,在都柏林有一个引人注目的奥地利人社团,在这些避难者当中有一位年轻人舒尔霍夫(Alfred Schulhof),他母亲是希尔德的同学。薛定谔把舒尔霍夫置于自己的羽翼之下,为他学习电气工程提供学费。埃尔温也同样"入乡随俗",时常去参加业余板球比赛。

剧院仍然是薛定谔的最爱之一,他由他的两位妻子陪着一起观看表演。在剧院圈里走动时,他们遇到了诗人卡瓦纳(Patrick Kavanagh)、女演员梅(Sheila May)和她的丈夫格林(David Greene),后者是一位凯尔特语学者,当时在都柏林国家图书馆工作,但后来加入了研究院的凯尔特语研究部。1941年5月31日,战争似乎迫在眉睫了,那天德国的炸弹意外地落到了都柏林,大约30人遇难;但三星期后,希特勒入侵苏联,决定了他未来的命运。薛定谔在他的日记里写道:"这真是一个巨大的欢乐,看到这两个人[希特勒和斯大林(Josef Stalin)]互相对战。"但他清楚地认识到冲突只会产生一个结果。

下一年,薛定谔自己宽容的世界观在一件小事引起的轩然大波中得以显示,这件事是围绕着爱尔兰幽默作家奥诺兰(Brian O'Nolan)写的一个报纸专栏产生的,他用了笔名"迈尔斯"[Myles,他用这个笔名写了一部伟大的幽默小说《第三个警察》(*The Third Policeman*)]。通过他的知识分子朋友圈,薛定谔已经知道迈尔斯,但这没阻止这位专栏作家击出重拳。对于在三一学院举行的一场薛定谔参与其中的辩论,迈尔斯在《爱尔兰时报》(*Irish Times*)上写道:

> 我也明白薛定谔教授最近已经证明,你不可能建立"第一动力"。因此,研究院的第一个成果就是证明了不[存在]上帝。这些异端和无信仰的传播和古典教育毫无关系,除非我们小心,否则我们的这个研究院会让我们成为全世界的笑柄。

这篇文章导致研究院的评议会给出了愤怒的回应,要求道歉。但薛定谔让自己与争议保持距离,他给评议会写信说:"我坚决要求拒绝发表关于那篇文章伤了我的心的声明,或者任何对我的道歉……或者任何给人以错误的印象觉得我要求道歉之类的东西。"尽管薛定谔显然并不在意,甚至感到有些好笑,但评议会却执意行动,并迫使那份报纸承诺迈尔斯再也不会提到研究院。但是,迈尔斯和埃尔温仍然还是朋友。

就在这场闹剧后不久,1942年夏天,一件在都柏林高等研究院历史上更加引人注目的事情发生了——它的第一次国际研讨会。把这次会议描述为"国际性的"略微有些夸大,因为50个左右的出席者大多数来自爱尔兰和北爱尔兰。爱尔兰出席者中最著名的是沃尔顿(Ernest Walton, 1903—1995),他生于沃特福德郡,在剑桥和考克饶夫(John

Cockcroft, 1897—1967) 一起做过先驱性的"原子粉碎"实验, 当时是都柏林三一学院的一名成员。他是获得诺贝尔奖的唯一一名爱尔兰科学家 (1951年和考克饶夫一起分享)。但主要的发言者是狄拉克和爱丁顿, 他们每个人都发表了简短的演说。麦克雷也出席了, 他把这次会议描述为在战争时期"知识分子罕有的一次精神放松"。爱丁顿几乎和狄拉克一样羞涩, 麦克雷回忆说, 当他看到在薛定谔和他的同事们营造的友好气氛中, 他们两人都不同寻常地放松而且合群, 他非常吃惊。麦克雷一直怀疑, 薛定谔本人 (他在乐意的时候英语说得很完美) 在他的讲话中故意放了一些不标准的惯用法来让他的意思被人明白并打破礼节, 很有点像克里斯蒂 (Agatha Christie)* 笔下的侦探波洛 (Hercule Poirot, 麦克雷就有点像他)。麦克雷认为在薛定谔演讲的出版稿中总是用些"正统的"英语是很让人讨厌的。

研讨会结束后不久, 薛定谔的家庭扩大了, 这是埃尔温和安妮在基拉尼度假的结果。在那里, 他们遇到了一个十几岁的女孩利恩 (Lena Lean), 并邀请她到都柏林他们的家里来帮忙照看露特。只有这一次, 它看上去是一个简单的安排, 可以根据表面来判断。

在研究院成立的头一两年里, 薛定谔本人的科学工作主要集中在研究麦克斯韦电磁理论的意义上, 而这让他从1943年开始越来越感兴趣 (几乎是沉迷) 于寻找一种单一的理论, 来把引力和电磁力统一在一起。虽然这一探究最终毫无成果, 他却成了广义相对论的专家。但是, 一些开始几乎在研究主线之外进行放松的工作, 却被证明要更为重要和有影响得多。研究院的规章要求每年进行公开讲座, 轮流在都柏林三一学院和大学学院。1943年2月, 薛定谔将自己在都柏林三一学院进行的为期三讲的系列讲座主题, 定为在分子水平上 (基因里) 的变化

---

* 英国著名的女侦探小说家, 被誉为"侦探小说女王"。——译者

如何引起有生命的生物身体结构上的突变。他故意给这些讲座取了一个挑逗性的名称"生命是什么？"（What is Life?），讲座吸引了大批听众，包括德瓦莱拉、爱尔兰天主教派的高级成员、政治家、外交家和都柏林的知识精英以及许多普通百姓。这些讲座定在星期五，从2月5日开始，但它们太受欢迎了，以至于薛定谔不得不在接下来的几个星期一为那些没能进入礼堂（礼堂在星期五可以容纳400人）听课的人重复开讲。

这些讲座以及由其延伸出来的书，被证明是如此重要和有影响，因此我不得不在下一章来讲述整个故事。但是他给普罗大众提供的洞察是，染色体携带着用编码写成的信息，这种编码像莫尔斯电码，确实也像你用来阅读或者书写的字母表。在薛定谔做了这些讲座后没多久，他自己的生活就变得更加复杂了：不久后，露特就会有两个同父异母的妹妹了。

都柏林的"家庭"生活

在1943年，格林和梅的婚姻遇到了一些困难，梅立刻转向她的朋友薛定谔寻求慰藉。梅是一位精力充沛的女性，作为工党的一名成员活跃在爱尔兰的政治中，并参加了一场旷日持久的和当局的战斗，话题是关于都柏林贫民窟的状况，在那里肺结核、佝偻病和其他营养不良症盛行。她尖刻地指出，从爱尔兰独立以来，贫民窟仅有的变化是窄窄的街道上的名字从英语变成了爱尔兰语。虽然薛定谔赞同这些看法，但在活动家梅和思想家埃尔温之间存在的是另一种吸引。他们的性关系始于1944年春天，当时埃尔温在日记中这样写道："生命是什么？我在1943年问道。1944年，梅告诉了我。荣耀归于上帝！"即使对于薛定谔而言，这也不仅仅是个身体关系，而是爱。一连串的诗歌从他的笔下流淌了出来，7月份他在都柏林市中心租了一套公寓用来幽会。但这场婚外情在很大程度上还是保密的。

虽然梅和格林到那时结婚已经超过5年了,但他们没有孩子,因为格林不想要。但是不久,梅怀孕了,这一开始让埃尔温很高兴。他写道:"我是都柏林,也许是爱尔兰,也许是全欧洲最幸福的男人。"但是,就像穆尔用一种让人难忘的措辞所说的,"性爱的神秘结合没有持续很久时间——对于埃尔温来说它从来不会比怀孕的消息来得更长"。到10月份,他就写信给梅,要她向格林坦白一切,并且说他们之间结束了。格林成了这一地鸡毛里浮现出来的唯一一个真正值得信赖的人:他不但接受了那个孩子——一个女孩,出生于1945年6月9日,取名为妮科莱特(Blathnaid Nicolette),而且当他后来与梅离婚时,他成了女孩的监护人,并像对待自己的女儿一样抚养她长大。

1945年春,当梅怀孕时,埃尔温遇到了一位年轻女性,她和希尔德一起做红十字会志愿者,通过中立的瑞典给奥地利寄包裹。对我们来说她叫诺兰(Kate Nolan)——这不是她的真名,因为她的家庭一直希望保护其隐私。诺兰在许多方面与梅截然相反。她来自一个严格的天主教家庭,虽然遇到薛定谔时已经26岁了,却没有自诩为知识分子,而且没有任何性经验。埃尔温花了不少时间来粉碎她的抵抗。1945年夏天他得了手。逃不掉的事情发生了,诺兰向薛定谔夫妇的家庭保姆利恩坦白说,她不明白自己怎么就怀孕了。在薛定谔的所有"猎物"里,这是最难用"真爱"来加以辩护的。

这个孩子又是个女孩,出生在1946年6月3日,取名为特蕾泽(Linda Mary Therese)。她的姓被叫作拉塞尔(Russell),用来纪念薛定谔的英国祖先。诺兰的正统爱尔兰家庭很高兴她与孩子分开了:特蕾泽被薛定谔夫妇非正式地收养了,并在利恩的帮助下在他们家中长大。曾经讨论过要让收养变得正式,并且随着希尔德和露特回到马尔希在因斯布鲁克的家,这个家庭看上去基本上像回归正常了。但1948年,诺兰发现利恩带着孩子坐婴儿车外出散步，她就把孩子带走了。她很快就让自己和埃尔温之间隔了尽可能远的距离，她去了非洲南部，他从此再也没有见过她，虽然他一直给她抚养费，并且在孩子长大后给了1000英镑（他的一年收入的大部分）供她投资。（这个故事还有另外一章，我将在本书的跋里讲述它。）

与所有这一切同时，薛定谔也一直在进行他那不成功的对统一场论的探索。纳粹德国在1945年5月7日战败，而两颗原子弹的落下让对日本的战争在8月15日宣告结束。薛定谔和许多物理学家一样，对他们的技艺应用所带来的广岛和长崎的毁灭感到痛苦——事实上，这种反应将是他的书《生命是什么？》的影响远播的一个重要因素。就在战争结束前后，海特勒暂时接任了都柏林研究院院长，而薛定谔在1949年也担任了这个职位，这时海特勒继他之后去当了苏黎世大学的教授。就这样薛定谔就有了出国旅行的自由，因为欧洲和美国的科学已经回归到了和平时期的关系。

战后岁月

旅行便利给薛定谔的科学生活带来的第一个好处，来自泡利在1946年3月从普林斯顿高等研究院来都柏林访问之时，他带来了粒子理论和原子核物理学的最新进展的消息（至少是那些还没有被纳入密级的进展）。更多的访问者接踵而至，然后在7月，埃尔温和安妮去了英格兰，访问了剑桥，和狄拉克重新建立了联系，还去了伦敦（对埃尔温来说）重新建立了和汉西的联系。和汉西一起过了五天后，埃尔温和安妮联络，他们一起去了瑞士旅行——首先去苏黎世，埃尔温在那里做了一次物理学演讲，然后去了阿斯科纳，参加了一次主题为"自然的精神"

的哲学会议,埃尔温在那里给包括荣格(Carl Jung)*在内的听众谈论"科学的精神"。他讲的"严格说来,精神从来不能成为科学探究的对象"之类的话,似乎有些离题太远了。而荣格(他一辈子都在试图科学地研究精神)的反应没有被记录下来。

1946年,剑桥大学出版社出版了薛定谔关于统计热力学的一本小册子,它基于他在都柏林研究院上的一门课。但在接下来几年里,他的主要研究兴趣仍然是寻找统一场论。这的确有了一些好结果——1950年剑桥大学出版社又出版了他的一本专著《时空结构》(Space-Time Structure),它成了一代又一代学习广义相对论的学生们的标准课本。

回到爱尔兰,在1947年爱尔兰大选(德瓦莱拉的政党输掉了这次大选)期间,研究院作为当时困难时期国家难以负担的一个昂贵的奢侈品,受到了多方的批评,但研究院的经费还是有保障的,就像薛定谔的前途一样。1948年2月17日,他和安妮成为爱尔兰公民。当月,他又做了一次系列公众演说,这次是关于"自然和希腊人",三个月后在伦敦他又讲了一遍,这次是在大学学院。在伦敦时,汉西介绍薛定谔认识了陶艺家露西·雷(Lucie Ray),她在其后几年里几乎完全取代汉西在薛定谔感情生活中的地位。在短学期里,薛定谔回到爱尔兰。此后一堆的个人问题干扰了薛定谔在都柏林的家的平静。

安妮一直像对待自己的女儿一样对待露特,并且在她返回因斯布鲁克后的好几个月里一直心情压抑。埃尔温的行动以及他对自己新生女特蕾泽的迷恋,也没有帮上什么忙,6月里,安妮试图割腕,这或许是一个求救的呼唤,或许是一次真正的自杀。她在圣帕特里克医院住了几个星期,在那里她接受了电击疗法,然后是对心理失调的常规治疗,这似乎起了一些作用。但在薛定谔夫妇在都柏林的剩下时间里,她一

---

* 当代著名的心理学家。——译者

直忍受着忧郁症的周期性发作,并且去医院治疗了好几次。为了控制她的哮喘,她需要服用类固醇,这让她体重增加,并且身材没那么吸引人了。这让情况变得更糟了。

埃尔温的问题则要容易解决得多。他双眼的白内障不断发展,6月29日(当时安妮还在医院)他右眼做了一次手术。他左眼的白内障在第二年被摘除了。两次手术都非常成功。就在第一次手术和安妮离开医院后没多久,特蕾泽被她母亲带走了。但是这些不管对安妮造成了什么影响,似乎都没有影响埃尔温的平静。8月份,他和汉西一起去了北威尔士度假,在波特梅林待了一阵,在那里与罗素(Bertrand Russell)不期而遇。9月,他参加了布鲁塞尔的第八次索尔维会议,会议的主题是"基本粒子"。回到都柏林,大多数星期天他都和一些同事一起在威克洛山脉远足。

1949年5月,薛定谔获得了一份迟到的荣誉——他被选为英国皇家学会的外籍会员。为什么它来得如此之晚?一句话:"政治"。在1938年到1948年之间没有一个德国或奥地利公民被选为英国皇家学会会员。此外,在1948年之前,只有不在英国领土上居住的外国公民才有被选举的资格。严格地说,爱尔兰在1948年之前一直是英国领土,那一年新的爱尔兰政府正式切断了它与过去的最后一点联系。尽管这位新的皇家学会会员在1949年没发表任何科学论文(他从1923年以来的第一次"休眠"),他却出版了一本薄薄的诗集,要不是他作为物理学家的声望,这本诗集原本肯定是不会面世的。事实上,薛定谔的诗歌读起来几乎就像那种你可以指望一位物理学家写的诗歌一样——在格式上正确无误,无论是格律、押韵还是其他,但缺少了一位真正诗人的作品的情感冲击力。最有趣的是,那一年他在伦敦英国广播公司做了关于"科学的前沿"的系列广播,录音现在还在,它证实了麦克雷对薛定谔在他愿意的时候能说完美的英语的评价。另外两次演说在1950

年录音,只在英国广播公司的欧洲频道里广播。

　　1951年春季,在马尔希的推荐下,薛定谔在因斯布鲁克大学待了一个学期。奥地利当时仍然被获胜的同盟国所占领,政治局势复杂(我将在第十三章对此加以解释),但因斯布鲁克是法国占领区,那里一切相对平静。这次旅行不仅重新唤起了旧时的回忆,也让埃尔温有机会见到女儿露特,她现在已经16岁了(尽管又过了一年左右,她才知道他是她父亲)。他在维也纳做了一个关于广义相对论的短期系列讲座,并且试探了在因斯布鲁克担任永久职位的可能性。尽管最后大学没能为他找到空位,但在随后几年薛定谔经常回到奥地利,参加在阿尔卑巴赫举行的一些夏季会议,并把这些机会扩展为度假。

　　在都柏林的剩余时间里,在薛定谔很大程度上放弃了把寻找统一场论作为终极目标之后,他没做什么在当时获得认可的科学工作,而是做了许多演讲,写了一些文章,主题是关于量子力学解释方面的本质问题。这些东西在很大程度上被忽视了,被看成是他在科学上步入暮年之后的一些小工作,是向后看而非向前看,是在做些扫尾的工作。但它们实际上包含了深刻的见解,既有关于他的思维的,也有关于世界的本质的,这些见解今天看来非常有价值。这些东西值得人们适当关注。在简短地总结了薛定谔回到维也纳之前的生活中的几个关键事件之后,我将很快回到这一点上。

　　1952年8月,埃尔温迎来了他的65岁生日。下个月在蒂罗尔度假之后,他感觉充满了精力,既期望都柏林的新学年,又向往着12月将在伦敦举行的一次关于量子力学解释的会议。所有过去的主角们都会在那里,看着玻尔和他的"哥本哈根学派"成员们与其他人之间的论争再度上演。薛定谔写了一篇文章投给会议,但没有自己去宣读它。10月底,他被阑尾炎击倒了。他的阑尾破裂了,需要紧急手术。很可能他的生命完全是由刚被广泛应用的抗生素拯救的。但他从来没有完全恢复得像他一个月之前所感觉到的那样健康,而且他每个冬天都要发作的支气管炎也变得更严重了——倒不是说这让他不能像过去那样吸那么多烟了。到1954年,在惯常的去蒂罗尔消夏时,他已经很难在长途步行中跟上同伴,以至于有人劝他去看医生。医生诊断说是严重的肺气肿和高血压。后来又弄明白,他还得了动脉硬化。从那时起,酒被禁了,烟被限制抽了,他的就寝时间是晚上9点,而山中远足就此成了过往。

1952年12月,薛定谔被邀请去哈佛待一个学期,他最初接受了邀请,和研究院安排好在1954年10月到12月之间离开。但当哈佛校方把日期改成从9月25日到1955年1月底,并且说他的职责包括批改考卷,他改变了主意。只有一个地方是薛定谔真正想离开都柏林去的——奥地利。1956年,就像我将在第十三章描述的,机会出现了。但是首先,现在是时候去看看薛定谔到都柏林后留下的科学遗产了,它是从量子力学解释开始的。

多重世界

薛定谔在都柏林后期的研讨会讲义,以及其他没有发表的材料,最终由巴黎的法国国家科学研究院的比特博尔(Michel Bitbol)收集在一起并加以编辑,在1995年以图书的形式出版。比特博尔在另外一本书里探讨了这些工作背后的哲学思想,这本书《薛定谔的量子力学哲学》(*Schrödinger's Philosophy of Quantum Mechanics*)在一年后出版。他令人信服地证明,这些工作的主体是薛定谔对量子力学思考的巅峰,展示了和哥本哈根解释相当不同的一个角度,但与现代的理解相当接近。

薛定谔思考的基础事实上已经总结在他发表过的一篇文章里,这篇文章以《有量子跃迁吗?》(*Are There Quantum Jumps?*)为题发表在

1952年。他说在实验物理学上，没有任何东西必须要用离散粒子的语言来加以解释（想想一个云室中电子留下的点状径迹这个例子）。薛定谔说，我们也许不能确定"粒子"是什么，但是"我们现在已经知道它不是什么，它不是一个有着不可分割性的永恒不变的小东西"。我们从实验里得到的所有东西，是对事件的记录，我们在事件发生很久之后才来检查这些事件——如果要说什么的话，这句评论对于今天包含了大型强子对撞机等仪器在内的实验，要比对薛定谔那时的简单实验更为正确得多。如果我们在位置A看到一个电子，此后（哪怕只过了一瞬间）在附近（甚至极其近）的位置B看到了一个电子，我们事实上也没有任何办法知道那是不是同一个电子。而既没有明确的轨迹也没有明确的不可分性的粒子根本就不是粒子。"不把粒子看成一个永久的实体，而是看成一个瞬间发生的事情要更好一些，"薛定谔说，[2]"有时候这些事件形成了一个系列，从而造成了永恒存在的假象。"

这也一下子就解决了让爱因斯坦困扰良久的超距作用问题。我们不再是考虑两个独立的粒子，有着两个独立的但又相互纠缠的波函数，它们以某种幽灵般的方式相互作用。我们应该考虑的是一个描述了整个系统的波函数。用"定域实在性"的术语来说，如果我们放弃了定域性（locality），我们就可以保留实在性（reality）。

我已经提到过了这段论证中下一个关键的步骤。在方程里没有任何东西要求波函数坍缩。在"盒中之猫"思想实验里，哥本哈根解释告诉我们，存在波函数（即状态）的叠加，直到盒子被打开。然后，系统坍缩了，只有一个状态变成"真实的"。为什么会这样？薛定谔问道。没有理由仅仅看看它就让叠加受到干扰——记住，在1935年他就说过态叠加是"量子力学的典型［特征］"（见第九章注释3）。差不多15年后，他说："让波函数以两个完全不同的方式被控制——有时是被波动方程控制，但有时又是被不受控于波动方程的观测者直接干预所控制，这毫无疑问是荒谬的。"

这么说,在量子力学中波函数叠加不管怎样都显得有些怪异。在经典波的范围里,两个叠加波加在一起产生了一个复合波。它们没有维持自己原来的特征。因此,波动力学根本背离了经典的波动理论,它跟矩阵力学一样激进,根本不像最初人们指望的现在还常常有人以为的那样。在20世纪50年代初,薛定谔就告诉我们,在猫实验里两个状态都是真实的,在盒子打开后它们也仍然是真实的。令人难以理解的结论是,所有量子态都是真实的。这是后来被称为量子力学的"多重世界"解释(many worlds interpretation)的基础。不过在比特博尔之前似乎没有人注意到是薛定谔第一个想到了它。关键的段落来自1952年薛定谔在都柏林发表的一次演讲:

> [量子理论家]宣布的几乎每一个结果都是关于这个或那个……发生的概率——通常都有着很多种可供选择的方式。那种认为它们也许并不是非此即彼,而是所有一切都真实地同时发生的思想,对于量子理论家来说似乎是疯狂的,根本就不可能。他认为如果自然律让这种方式存在,要我来说比方说一刻钟时间,我们将会发现我们的周围迅速变成一片沼泽,或者有点像那种毫无生气的胶状物或浆液,所有的轮廓都变得模模糊糊,我们自己可能会变成了水母。要他相信这些是很奇怪的。就我所知,他允许没有观察到的自然按照这种方式运行——即按照波动方程。上面提到的可供选择的方式,只有在我们进行观察时才发生作用——这种观察自然不必是科学观测。不过按照量子理论家的说法,自然似乎只是由于我们感知或者观察它才没有变成一种凝胶……这是个奇怪的结论。

　　不过,在没有波函数坍缩时,盒子里的猫没有变成"凝胶",而是变成两个盒子里的两只猫,在世界的两个分裂的分支里(或者说两个分开的世界里):一只猫死了,而另一只猫活着。对应于宇宙中每一个可能的量子态,存在许许多多的现实的分支——多重世界。这解决了一个人不得不去观察宇宙自身并让它坍缩到一个确定状态的难题。

　　对于这一思想,最激烈的反对意见来自这样一些人,他们不能接受宇宙每次一遇到一个量子"选择"时就不断分裂出各种新的宇宙的想法。正如我将在第十四章中描述的那样,这种反对意见现在已经被克服了,尽管薛定谔没有活着看到这件事情发生。但他确实活着看到了他的后期工作的另外一块——他关于生命本质的思想,得到了广泛的认可。

◈ 第十二章

生命是什么?

　　薛定谔一辈子都对遗传过程感兴趣,他从他的植物学家父亲那里学到了生物学,并且在读研究生时广泛涉猎进化论思想,当时刚刚被重新发现的孟德尔(Gregor Mendel, 1822—1884)的工作正在被广泛讨论。他对哲学和东方宗教的兴趣也构成了这个思想挂毯上的一部分,这些宗教提出了思维和心灵的本质问题,并探究集体无意识是否存在之类的问题。对薛定谔来说,遗传链条的延续性就是一种不朽,他总是遗憾没有一个儿子。因此,当1943年再做一次系列公开演说的机会来临时,薛定谔决定与听众分享他关于生命和遗传的本质的思考,这些思考始于和德尔布吕克(Max Delbrück, 1906—1981)共同撰写的一篇论文。薛定谔在柏林时就认识了德尔布吕克,当时他正在威廉皇帝化学研究所工作。虽然他们两人可能在20世纪30年代初就讨论过德尔布吕克的工作,但这篇关键的论文直到1935年薛定谔离开柏林后才发表,当时是发在一本相对不怎么出名的杂志上。在薛定谔决定把这个工作作为他1943年2月在都柏林三一学院的公众演讲的基础前,他可能只花了很短的时间重温。

　　今天"每个人都知道"DNA,而"遗传密码"(genetic code)这个术语也变成了日常词汇里的一部分。回到从前,想象在20世纪40年代德尔布吕克的思想在被薛定谔解释后产生的影响,是件很困难的事。而要想写出这些事情却不承认我们现在知道的多么多，也是荒唐可笑的。因此，要正确地描述薛定谔的著作《生命是什么？》的影响，最好的方式似乎是，首先对我们现在对DNA、遗传密码和遗传特征已经知道多少有个清晰的了解。

生命自身

　　DNA是在每个活的生物细胞里都可以发现的一种长分子。DNA的最重要特征是沿着分子排布着一系列的化学子单元，称为碱基（base），用字母A、C、T和G表示。这四个碱基组成的链可以用我们通常所称的遗传密码来传递信息，不过我情愿认为那是一种语言，就像在这本书里字母表的26个字母被用在长串里以传递信息一样。但是，DNA分子通常不是孤立存在的，它们成对出现，一个长分子链与它的配对链以著名的双螺旋结构紧密环绕在一起。每个螺旋的两条分子链不是完全一样的，而是彼此呈"镜像"：一条分子链上是A，它的配对链的相应位置就是T；一条分子链上是C，它的配对链的相应位置就是G；反之亦然。因而，在正确的环境下（这在一个活细胞分裂时就会出现）螺旋的两条链可以解开，每条单链都可以用碱基间进行合适配对的方式，用细胞内它周围的化学物质给自己构造出一条新的配对链。结果就是产生两条完全相同的双螺旋，两个

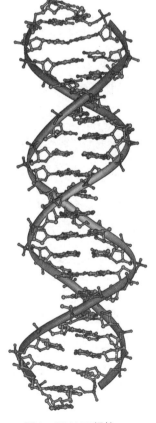

图8　DNA双螺旋

拷贝分别进入到分裂产生的两个细胞中。

当性细胞（精子或卵子）在体内制造出来时，一个略微有点复杂的进程发生了，DNA片段从一个螺旋上被切了下来，接在另一个螺旋上，因此后代从他们的父母那里遗传了略微有些不同的遗传物质序列。

所有这些之所以起作用，是因为DNA所携带的密码或者语言，包含了从一个单细胞开始组成一个生物的指令，以及生物如何运作的指令。这些密码或者语言被翻译了出来，在活细胞中一个非常类似于DNA的分子——RNA——的帮助下，指令发挥作用。在这个过程中，DNA双螺旋的片段被解开，而遗传密码的相应片段被复制到单链的RNA分子中。这个RNA"信息"接着被细胞机器所使用，构造出称为氨基酸的分子，这些氨基酸连接起来就形成了蛋白质。一些蛋白质为你的身体提供框架，类似于肌肉和头发这样的东西，而另外一些蛋白质——称为酶（enzyme）——就像催化剂一样，加速（或者在某些情况下抑制）你身体细胞中的化学反应的发生。

蛋白质在身体内部如此重要，在20世纪40年代初，当薛定谔正在写那本书时，它们被普遍认为是生命的分子。而DNA则被认为仅仅是一种脚手架，让蛋白质可以在其上发生化学反应，但对过程本身没有直接的贡献。不过人们已经知道，遗传信息是容纳在称为染色体（chromosome）的单元之中——每个人都有着23对染色体，每一对染色体中的两条分别来自双亲（当性细胞生成时，实际上是染色体发生分裂并以新的排列方式重新结合）。基因是染色体的片段，正是基因的改变（有时称为突变）形成了种群里单个成员之间的变化，而进化由此得以出现。但是，为了在个体中产生足够明显的变化，在生命的分子（不管它究竟是什么）中的变化必须要有多大呢？在1935年那篇激起了薛定谔、德尔布吕克和他的同事们的兴趣的论文里运用了一些实验数据，在这些实验里果蝇的突变是由X射线引起的，说明突变可以由一个分子上的一个位置的一个变化所引起——用现代的术语来说，变化可以仅仅只是在一个DNA双螺旋上一个从A到G的改变。这篇给出了如此让人印象深刻的信息的科学论文，后来被称为"绿皮本"。这一名称来自它（在薛定谔引起了人们对它的兴趣之后）到处流传的复制本的封面颜色。

　　但就像薛定谔的《生命是什么？》引起了人们对绿皮本的兴趣一样，德尔布吕克及其同事也引起了人们对薛定谔早期工作的兴趣，因为它们涉及的这部分生物学其实是化学的一部分，而在20世纪30年代化学已经成了物理学的一部分——确切地说是量子物理学的一部分。而化学家们使用的量子物理学版本，是薛定谔的波动力学。

量子化学

　　化学涉及的是原子如何连在一起构成分子。这包括在不同原子的带正电原子核之间共享电子（它们带负电荷）。在最简单的例子里，两个氢原子（每个氢原子都包含一个质子和一个电子）连在一起构成了单个氢分子，在氢分子里，两个电子在某种意义上"围绕"着两个质子（原子核）旋转。之所以以这种方式形成分子，是因为分子态代表的能态比两个原子自己的能态更低。但是，两个电子怎么能够围绕两个质子旋转呢？这就好像两个小孩子"围绕"着他们的父母旋转一样。

　　显然，运用波函数思想而非粒子思想去形象化这种共享电子要容易得多，在共享电子时两个电子在某种意义上围绕着两个原子核。这确实引出了一个问题：与电子相连的电荷怎么会被"抹掉"，并直接通向玻恩认为波代表了在一个特定地点找到电子的概率，但电子确实像一个粒子一样存在的思想——薛定谔讨厌这个解释。不过，对于化学来说，这样一些问题可以留给哲学家和量子力学的解释者们。在薛定谔提出波动力学之后，化学家们关心的就是找出方法运用方程式来计算出当氢原子结合成分子时出现的能量变化，并把这种计算扩展到更为复杂的系统，这样他们就能预测什么样的原子排列能够形成稳定的分子，以及这些原子之间的键有多么强。

电子键的理论已经分别由美国人康登（Edward Condon，1902—1974）一个人以及海特勒和伦敦的团队在1927年的工作完成，他们运用了薛定谔的波动方程。1927年夏天海特勒和伦敦都在苏黎世，并在与薛定谔的讨论中受益良多，这种讨论既有在大学的正式场合里的，也发生在林间长途跋涉时。后来将成为顶尖量子化学家的鲍林（Linus Pauling，1901—1994）那个夏天也在苏黎世，但和薛定谔没有什么接触。[1]当海特勒和伦敦计算出两个氢原子和一个氢分子之间的能量差异时，他们得出一个值，非常接近化学家从实验中已经知道的让这样一个分子分裂所需的能量值。这是个引人注目的发现，因为它证明了分子中的原子分布不是随意的，而的确具有最低能态的分布，因此也就是最稳定的分布。

正是鲍林在随后几年里为生物学的化学基础发展出了一个完备、协调而且首先是完全定量的描述，尤其是运用波动力学去解释在生命化学中那个最最重要的原子——碳原子——的化学行为。碳原子对生命来说如此重要，以至于"碳化学"（carbon chemistry）和"有机化学"（organic chemistry）这两个术语是完全同义的。他的著作《化学键的本质》（*The Nature of the Chemical Bond*）出版于1939年，成了20世纪最有影响力的化学教科书。1954年，鲍林由于这一工作获得诺贝尔奖，授奖词特别指出了"他对化学键本质及其在阐明复杂物质的结构方面的应用的研究"。但在那本书出版之前很久，其影响力就开始扩散了。事实上，他对化学键本质的研究到1935年就基本上完成了——这也是绿皮书的作者们为什么能够把单个X射线光子所携带的能量与粉碎不同种类的化学键所需的能量联系在一起的原因。

绿皮书

事实上，绿皮书中讨论X射线实验的部分是由德尔布吕克的同事季莫费耶夫–列索夫斯基(Nikolai Timofeev-Ressovsky, 1900—1981)写的。"第三个人"是一位资历更浅的同事齐默(Karl Zimmer, 1911—1988)，他运用这些实验数据计算要引发突变需要多少能量，并且通过把这个和用量子化学计算出来的碳化合物的键能相比较，得出结论说，一个X射线光子的"一击"就能产生一次突变。后来发现计算中有些假设是错误的，但幸运的是这没有影响主要的结论。这个结论是，一次包含最多几百个原子并且也许等价于单个分子键断裂（接着是一个新的不同的键的形成）的化学变化，就可以产生一个遗传突变。这是基因实际上是分子而非像细胞的缩小版那样的更为复杂的结构的第一批证据之一。它使得首先是德尔布吕克（在绿皮书他那部分里），然后是薛定谔，得出了遗传密码的思想。

德尔布吕克1906年出生在柏林，并一直在德国教育体系里接受教育，攻读数学、物理学和天体物理学。他在1930年获得博士学位，此后在英国布里斯托尔大学威尔斯(H. H. Wills)物理实验室里，以及在哥本哈根和玻尔一起，在苏黎世和泡利一起，各自待了一段时间，最终在柏林的威廉皇帝化学研究所安顿了下来。他是第一批随着量子力学的发展而通过化学进入生物学的物理学家中的一位。直到第二次世界大战后，这一浪潮才开始加速。1935年，德尔布吕克自己的工作是做物理学家迈特纳的助手。他对生物学的兴趣当时还次于他的主要研究工作，虽然30年后他将会凭自己在病毒遗传学方面的工作分享诺贝尔奖。但是，新物理学对生物学的影响已经充分概括在绿皮书中德尔布吕克的那部分的标题里——"一个基于原子物理学的突变模型"(A Model of Mutation based on Atomic Physics）。[2]

这个工作的直接灵感来自德尔布吕克参加的一次演讲,题目是"光和生命"(Light and Life),是玻尔1932年在哥本哈根做的,第二年发表在《自然》杂志上。玻尔说:

> 生命的存在必须被认为是一个不能被解释的基本事实,但必须被视作生物学的一个出发点,有点类似于行为量子,后者从经典力学的角度是一个不合理的元素,但和基本粒子的存在合在一起构成了原子物理学的基础。断言不可能给生命特有的功能做物理或化学解释就……类似于认为力学分析不足以用来认识原子的稳定性。

但是,玻尔坚持认为没有必要乞灵于神秘的"生命力"来解释生物和非生物之间的差别。他指出:"如果我们能把对活的生物的机制分析推进到与原子现象类似的程度,我们就不能指望找到什么与无机物的性质不同的东西。"正是把对活的生物的机制分析推进到这一极限的思想,方才引导德尔布吕克进入了遗传学。他和柏林的迈特纳一起被吸引到这项工作中的原因之一,是当时已经建立了多所彼此研究范围相近的威廉皇帝研究所,以鼓励跨学科的思想传播。对于一位对生物学有兴趣的物理学家来说,20世纪30年代初的柏林是一个理想之地。

在绿皮书里德尔布吕克提出,基因突变是分子从一个量子态转变到另一个量子态的结果。他指出,为了把特征从一代传到下一代,基因一定是非常稳定的分子。罕见的突变(自然选择就是在这种突变上进行的)可以作为分子从其周围吸收能量的结果而出现,也许仅仅是通过让周围分子发生碰撞的热能的作用。更频繁出现的突变可以由以X射线或(就像德尔布吕克预言而后来得到证实的)紫外线形式增加能量而引发。正是遗传材料(不管它是什么)在量子过程中的重组引起了突变。换句话说，突变是一个量子过程，涉及分子从一个稳定构型被推动着越过能量壁垒到达另一个稳定构型。但是，基因是什么？回答这个还言之过早，用德尔布吕克的话说：

> 我们还没有讨论单个的基因是不是由相同原子结构的重复而形成的聚合物质，或者这种周期性是否存在。单个的基因是不是独立的原子簇，或很大程度上是一个大结构的有自主性的单元，也就是说，一条染色体是不是像一串项链一样包含了一列独立的基因，抑或是一种物理化学上的连续物质。

聚合物（polymer）就是一个包含了非常多原子的长分子，这些原子就像一条链一样排列。德尔布吕克引入的基因就像一个聚合物分子的思想，在认识生命机理的进程中是一个关键步骤。不过，你不应该被他所说的"相同的原子结构的重复"搞糊涂了，如果它们严格相同，那它们就不能传递任何信息了，就像字符串 AAAAA…没有传递任何信息一样。他指的显然是一些相同单元的重复，但却是有着不同的顺序，就像用字母表上相同的字母写出的不同单词一样。

由于在绿皮书中描述的工作，德尔布吕克获得了洛克菲勒奖学金，这让他在 1937 年到了加利福尼亚，一开始是在帕萨迪纳和遗传学家摩尔根（Thomas Hunt Morgan，1866—1945）一起工作。他的余生一直都在美国度过，1945 年成了一名美国公民。在加利福尼亚时，他还和鲍林一起工作，他们一起写了一篇文章，1940 年发表在《科学》（Science）杂志上。在这篇文章里他们指出，两个并排排列的有着互补结构的分子（这个术语显然是从量子力学里借用的，但和我用的术语"镜像分子"是一个意思）将会组成一个非常稳定的构型。他们说，对这种互补性的研究应该在对细胞如何运作的研究中占据优先地位。

在他们写这篇文章时，鲍林和德尔布吕克似乎还不知道 1937 年英国遗传学家霍尔丹(J. B. S. Haldane,1892—1964)提出的设想,当时后者在伦敦的大学学院。霍尔丹说:"我们可以设想[基因的]一个[复制]过程,类似于留声机唱片用底片作为中介的复制过程,也许它与原始基因的关系就像抗体和抗原的关系一样。"[3]这的确就正如我早先解释过的当DNA在细胞中被复制,或者它的信息用RNA进行转录时所进行的那种过程。它与鲍林和德尔布吕克提出的设想若合符契。但当薛定谔写《生命是什么?》时,他似乎对这两个设想都一无所知。

薛定谔的变奏

薛定谔著作的核心,是重新改写了绿皮书里的思想,提出了量子力学方面的证据,接下来一章的标题是"对德尔布吕克模型的讨论和验证"。他说,"常常有人问起"一个受精卵这么微小的东西怎么"能够包含一个涉及生物未来的所有发展的详尽的密码本"。他的回答是"在这样一个结构里,原子的数目不需要很大就可以产生出近乎无限多的可能排列",他还举了一种超级莫尔斯电码的例子,它没有用通常的点和划,而是用了3个符号,以不超过10个符号为一组,"可以构造出88 572种不同的'字母',而用5个符号且25个符号为一组,这个数字就是372 529 029 846 191 405种"。

要是薛定谔本人是个生物学家,并且熟悉最新的工作,他还可以用一个生物学的例子。在20世纪30年代末,人们已经发现,生物体内的所有蛋白质是由仅仅20种不同的氨基酸基元的不同排列构成的。在一个包含20个字符的"字母表"里,可以有大约24×10^{17}(24后面跟上17个零)种方式来安排这些"字母",这意味着可以有24×10^{17}种不同的蛋白质。这些可能的蛋白质只有很小的一部分真正存在于生物体中。

薛定谔说,基因就像一个"非周期性的晶体"。他指出,在常见的盐之类普通的（周期性）晶体里，相同的基本单元以完全规则的方式无限重复，这只能传递很少的信息，相比之下，"比方说，一块拉斐尔挂毯，它没有显示出枯燥的重复性，而是一个复杂的、协调的、有意义的设计"，即使它是由一些简单的、相同的单元（在这里是不同颜色的线）组成的。这个非周期性晶体的概念其实就是德尔布吕克所称的"由相同的原子结构的重复形成的聚合物"，但显然薛定谔想用一个不同的比喻。他自然很强有力地把这个信息详细表达了出来：

> 在把染色体纤维的结构称为密码本时，我们指的是，一旦所有因果联系都立刻变得明显之后，那么所有敏锐的头脑（这是拉普拉斯提出的名词）都可以从它们的结构中知道，那个卵在一定条件下会发育成一只黑公鸡或一只带斑点的母鸡，还是一只苍蝇或一株玉米，抑或一朵杜鹃花、一只甲虫、一只老鼠或一个女人。我们还可以补充一句：卵细胞的外表往往是惊人相似的……

但是"密码本"这个词显然是太狭隘了。与此同时，染色体结构则有助于带来它们所预示着的进展。它们是法典和行政权力的合一——或者用另外一个直白的比喻来说，它们是建筑师的蓝图和建筑工的技艺的结合。

除了提出遗传密码的概念（但是不得不指出，并没有给出密码如何复制的任何解释），薛定谔著作的重要性还在于它引入了生命以"负熵"（negative entropy）为食的思想。这个观点来自薛定谔长期以来对热力学的兴趣。热力学告诉我们，一个封闭系统的熵总是增加的——这使得有序系统变得无序。生命显然是以另外一种方式运行。它似乎从无序中产生有序，或者用薛定谔的话说它"让衰减变成平衡"。薛定谔似乎认为，生物从它们的周围以食物的形式摄取"负熵"，而食物是处于有序态的。"新陈代谢中最本质的事情,是生物成功地让自己逃脱它在活着的时候不得不制造出来的所有熵。"

我说他"似乎"这样认为,是因为他这本书中的这部分非常含混,并且招致很多批评。明显的问题是,食物中的负熵是从哪里来的?但尽管有些含混不清的内容,薛定谔正在指出正确的方向。生命确实以负熵为食,它们来自太阳。总体而言,太阳系的熵是增加的,与热力学定律一致。与地球上生命的出现相关联的熵的微小减少,被太阳散播到冰冷太空中的热所带来的熵的巨大增加完全抵消了,正是太阳温暖了地球。关键在于地球不是热力学意义上的一个封闭系统。事实上,玻尔兹曼早在1886年就说过差不多同样的事情,当时他提到生物学系统需要"可以由炽热的太阳到寒冷的地球的能量转变所提供的熵"。[4]尽管薛定谔的讨论也许是含混不清的(但也许并非如此),"负熵"这个术语变得流行起来了——当他的著作最终出版之时。

出版的过程很复杂,因为当薛定谔把他的演说材料变成书的形式时,他增加了一个跋"论决定性和自由意志"(On Determinism and Free Will),在其中他引用东方宗教和哲学来表达他的思想——个体的、个人的自我仅仅是宇宙本身的一个小层面。他说:"用所需要的最简单的措辞来给出这个结论是很大胆的。用基督教的术语说'因此我就是全能的神'听起来既是亵渎神灵的又是疯狂无比的。"他是对的——它确实听上去是在亵渎神灵,而且在一本出版于20世纪40年代的都柏林的书中说这样的话,根本就不是明智之举。

不过让人惊讶的是,这本书通过了排版阶段(那是一个用手一个字母一个字母地排铅字的时代),并且由出版商卡希尔公司出了校样。这时出事了。那时某个阅读校样的人(几乎肯定是帕迪·布朗,他帮助薛定谔把他的讲义变成一种适合成书的英文)突然勃然大怒,并让卡希尔公司的经营主管奥利里(John O'Leary)注意到了那个跋。奥利里拒绝出版这本书，除非把跋拿掉。但薛定谔拒绝拿掉跋。铅字被一个个销毁了。最终（在1944年），这本书连带跋一起由剑桥大学出版社出版——有点讽刺意味的是，对于这本书来说这是个更合适的地方，更有助于保证这本书被广泛阅读。

双螺旋

《生命是什么？》常常被（准确地）批评说，书里面的好东西不是原创的，而书里原创的东西则不好。这种批评没有抓住要害：要有影响力不一定非得要原创，而这本书当然是有影响力的——没有比下面这段更有说服力的了："从德尔布吕克关于遗传物质的概貌开始，事实表明生物体在不能逃避目前为止已经建立的'物理学定律'的同时，还很可能涉及迄今为止还不知道的'其他物理学定律'，而这些物理学定律一旦被发现，就会和前面那些一样成为这门科学不可缺少的一部分。"对物理学的新应用的展望对于一整代物理学家来说都有着无可抗拒的吸引力，他们被战争弄得筋疲力尽，并且在许多情况下深深地关注旧物理学在广岛和长崎发生的悲剧中扮演的角色。为生命而工作比为死亡而工作要有吸引力得多。

没有什么比一次由美国科学院在1946年秋天华盛顿特区主办的会议更能清楚地显示出这种高涨的热情，以及薛定谔的影响力了。这次会议几乎是在战后能够召开的最早的这类会议，主题是"物理学和生物学中的分界问题"（Borderline Problems in Physics and Biology）。在会议的开幕致辞中，德尔布吕克提到，《生命是什么？》是促使他们大家聚在一起的缘由。由于薛定谔的书，物理学家密切关注他们的工作是否可能用在生物学中就变得很自然了。但从现代的角度来看，乍看上去让人惊讶的是，这本书对生物学家有着同样深刻的影响。要知道，在20

世纪40年代中叶，即鲍林的杰出著作出版几年后，由于战争的干扰，很少有生物学家对于化学键的本质或者热力学知道多少（如果知道一点的话）。在这里并不适合深入讨论这个信息是如何传播的，但显然值得仔细看看它对两位被认为发现了DNA结构的科学家——克里克和沃森——的直接影响。

克里克在1916年出生于北安普敦附近的一个村庄（他于2004年去世），从年龄来说是那个团队的资深成员。他1938年毕业于伦敦大学学院，获得了一个物理学学位，但他想做研究来获得物理学博士学位的计划被战争干扰了，他就去为海军部设计感音水雷和磁性水雷（事实上一直干到了1947年）。他对将物理学应用于生物学的兴趣，一开始是由薛定谔的书点燃的，他在回忆录《狂热的追求》（*What Mad Pursuit*）中写道："只是到了后来我才开始看到它的局限性——就像许多物理学家一样，他一点都不懂化学——但是他确实让人们以为好像大事将临。"这种兴趣的火焰被1946年《化学和工程新闻》（*Chemical and Engineering News*）杂志上一篇由鲍林写的论文进一步放大了。1947年，克里克开始在剑桥的史澄威斯实验室研究磁性粒子在细胞里运动的方式。1949年他转到卡文迪什实验室，在33岁的年纪开始攻读博士学位，用X射线研究蛋白质。

正是在卡文迪什实验室，克里克遇到了沃森。沃森1928年生于芝加哥，19岁时毕业于芝加哥大学，读的是动物学。克里克从物理学转到生物物理学，沃森则从生物学转到生物物理学。他同样读过薛定谔的书，在1946年他还是一名研究生时，这本书帮助决定了他的未来职业道路。1984年他在印第安纳大学发表的一篇演讲中说："从我阅读薛定谔的《生命是什么？》之时开始，我就沉迷于找出基因的奥秘。"带着典型的厚脸皮，他又说："在当时很明显，物理学家比生物学家更聪明。"虽然他一开始读博士时是在布卢明顿的印第安纳大学做果蝇实验，但他很快就转向用X射线研究一种名为噬菌体的病毒。带着新鲜出炉的博士学位，而且年仅22岁，沃森在1950年去了哥本哈根，在那里进行了更进一步的噬菌体研究，然后在1951年去了剑桥，在那里他与在卡文迪什的克里克不期而遇——纯属偶然，他们需要共用一间实验室。

在那时，生物分子也许有着螺旋状结构的想法还悬而未决。1951年，鲍林的团队发表了令人震惊的包括7篇科学论文的系列论文，用一种称为α螺旋的结构来描述了（在像头发、羽毛、肌肉、丝绸和触角之类的东西里）许多不同的蛋白质的结构。到那时人们也已经清楚，染色体中的重要分子是以DNA形式存在的。沃森尤其被鲍林的工作所激励，想从DNA中寻找一种螺旋结构，他吸引克里克加入这个事业，把他从关于蛋白质的工作里拉了过来。找到这样一种结构的方法是运用X射线晶体学，克里克和沃森对这项技术都没有什么专门知识。但是，在伦敦国王学院，富兰克林（Rosalind Franklin, 1920—1958）也正在DNA上进行相同的研究。现在已经众所周知的是，克里克和沃森通过不完全合乎道德的手段，得到了富兰克林的一些关键数据，并把这些材料用作他们著名的DNA双螺旋模型的基础。[5]这个发现发表在《自然》杂志上，日期为1953年4月25日（克里克获得他的博士学位仅仅一年后）。当这个发现在1962年获得诺贝尔奖时，富兰克林已经去世了（死于癌症，可能与她从事X射线方面的工作有关），不能分享这项荣誉。

克里克和沃森很清楚他们的发现对于理解DNA分子（因此还有基因）复制方式的重要性。在他们的论文接近尾声的地方，他们写道："我们也注意到，我们推断的这种特别的配对方式，立刻表明了遗传物质的一种可能的复制机制。"但是DNA结构的发现，甚至是关于DNA如何复制的暗示，并不是故事的结尾。问题仍然存在：信息是如何在构成染色体中的基因的DNA分子中编码的，以及基因里的信息是如何转移并被细胞的机制所运用的。克里克将在破译DNA密码方面继续扮演重要角色。

　　虽然薛定谔为他的书在20世纪50年代的影响力感到高兴，但他并没有真正活到看见《生命是什么？》里的思想被完全证实：他于1961年1月逝世，就在克里克破译了遗传密码这个爆炸性新闻出现前几个月。而这时他回到维也纳——在被耽搁很久后——才只有5年。

◇ 第十三章

回到维也纳

耽搁了薛定谔永久性返回奥地利的复杂情况,来自处在反抗希特勒德国的战争之中西方盟国和苏联之间的相互反感。东西两方仅仅是由于反对纳粹才联合在了一起,并且很快就陷入了冷战之中,谁也不愿意将领土拱手让人。像德国一样,奥地利在战后被分割成了几块独立的占领区,美国人、英国人、法国人和苏联人各自负责这个国家的一部分,维也纳也像柏林一样被单独分割,就像电影《第三个人》(*The Third Man*)生动地描绘的那样。直到1990年德国才重新统一,从这个角度上看,奥地利是幸运的。但在1945年之后的几年里,它并不是一个幸运的国家。

在很多方面,战后即刻可见的余波就像是第一次世界大战的战后余波的重演。严酷的冬天,尤其是在1946—1947年,带来了食物短缺和街头骚乱。在1947年5月有一次不成功的共产党政变,在1948年2月共产党在邻近的捷克斯洛伐克取得胜利。苏联领导人斯大林预期奥地利会是下一块倒下的多米诺骨牌,因此拖延了签订奥地利和平条约。但是,1948年的情况与1918年有一个至关重要的不同点。在1947年5月的政变之后,奥地利没有受到更为严厉的惩罚,援助反而[以"马歇尔计划"(Marshall Plan)的形式]滚滚而来,因为美国希望支持这个对抗共产主义的桥头堡。这带来的一种片面的后果是,怀着和解的态度,在苏占区之外许多过去的纳粹分子被允许留在或者回到他们在行政部门和学术界的职位上，这对于过去的犹太人群体是不可能的事了，他们中的90%都已经被屠杀或者放逐了。

就是在这样的背景下，薛定谔在20世纪50年代初成了一位奥地利的经常造访者。他甚至想办法在维也纳进行了演讲，虽然至少有一次，他在走出苏占区时被边防士兵骚扰了（进入苏占区是很容易的！）。随着安妮忧郁症的发作，以及埃尔温的健康每况愈下，有苗头显示他们也许会在都柏林终老一生。但是，1953年5月斯大林去世了，他的继任者赫鲁晓夫（Nikita Khrushchev）很快决定，改善奥地利的气氛不会让他失去任何东西，反而可能在政治上得分。新条约是以一个被称为"莫斯科宣言"（Moscow Declaration）的协议为基础，这个宣言由英国、美国和苏联的外交部长在1943年10月的莫斯科会议上签署。

宣言中涉及奥地利的部分宣布，奥地利被德国吞并在法律上是无效的，并且呼吁在战胜纳粹德国后成立一个自由的奥地利：

> 联合王国、苏联和美利坚合众国政府同意，奥地利——第一个成为希特勒侵略受害者的自由国家，应该从德国的统治下解放出来。
>
> 这些政府将德国在1938年3月15日强加于奥地利的吞并视为法律上无效的。它们认为自己完全不受在该日期后奥地利发生的任何变化所约束。它们宣布，它们希望看到重新建立一个自由而独立的奥地利，从而为奥地利人以及那些将会面临类似问题的毗邻国家提供机会，去实现政治和经济的安全——这是持久和平的唯一基础。

费尽心机的和平条约谈判在赫鲁晓夫决定推进之后又持续了好几个月，并在1955年5月15日正式签署。它在7月27日正式生效，到11

月初,所有占领军都离开了奥地利土地。在此期间,薛定谔被任命为在维也纳大学特别为他设立的教授职位——他在一次惯常的夏季远足中得到了这个消息。

别了,都柏林

1955年6月,薛定谔在比萨举办的意大利物理学会的一次会议上发表了一次演讲。安妮陪着他,他们花了一周游历托斯卡纳,然后启程去阿尔卑斯山避暑。他们在因斯布鲁克买了一辆新的菲亚特2000,开着它去了蒂罗尔,在那里他们在7月收到了埃尔温担任维也纳职位的正式确认,当时他们正待在新施蒂夫特。任命从1956年1月1日起生效,但他直到那年晚些时候才被要求住到维也纳。至关重要的是,这个任命还附带着完全的抚恤金权利,即使薛定谔已经离退休年龄只有几年了。

薛定谔所有的财务担心都被消除了,他能够享受假期的剩余时间了——后来事实表明这是他在身体还不错时最后一次真正的假期,他在加尔达湖待了两个星期,然后去了阿尔卑巴赫,领略他和安妮喜欢的山景。然后就回到都柏林,准备他们一生中最后一次大迁移。这不是一次愉快的回归,在秋天和冬天里,情况也没有得到改善。安妮几乎立刻就在常去的诊所待了10天,接受进一步的治疗,尽管露特来帮忙准备搬家,埃尔温却被静脉炎击倒了,这让他没能在1月份去剑桥发表一个计划好的系列演讲。虽然他康复了,但安妮在新年里还需要治疗。当她再度回到家中时,露特已经返回了因斯布鲁克,这时埃尔温又得了严重的支气管炎。在2月11日星期日,他用很多威士忌吞下了一堆安眠药片。这不太可能是个意外。当安妮在周一早餐时没能把他叫醒时,她叫来了他们的医生,在他的照料下,薛定谔康复了,没有去医院,虽然他直到周六才被允许下床。

接下来一轮又一轮的宴会和与其同事及都柏林的名流们（包括德夫和爱尔兰总统）的正式告别，对薛定谔的康复没有什么帮助。最终，这位筋疲力尽的男人和他的妻子在1956年3月23日登上了横跨爱尔兰海的渡轮作为他们旅程的第一段，途经伦敦（他们在那里待了两个晚上）去因斯布鲁克，他们在28日到达那里。露特在家里忙得不可开交，马尔希得了重病，而希尔德则心烦意乱，帮不上什么忙。因此薛定谔夫妇没有在那里逗留，而是开车去了维也纳，在那里一轮接一轮的欢迎宴会就像都柏林的告别宴会一样，让人筋疲力尽，但也许更让人高兴。

家是主角

奥地利最伟大的科学家回到他的祖国，这件事有双重的重要意义：不仅仅是凭其自身而成为头条新闻，也是奥地利社会在第二次世界大战结束整整10年后才姗姗来迟的正常化的一个标志。薛定谔于1956年4月13日在维也纳大学做了题为"原子概念的危机"（The Crisis of the Atomic Concept）的就职演说，听者云集。其主要论调是他惯常的对实在性本质的看法，以及波动模型比哥本哈根解释中的波粒二象性更优越。当时他的名字已经可以在电话簿上查到，他获得了由科学家、名流显贵和渴望他回来的老朋友组成的听众的热烈欢呼。另外一个更为私人化的庆祝理由是露特在1956年5月嫁给了阿努尔夫·布劳尼泽尔（Arnulf Braunizer），很快就传来了她怀孕的消息，这是埃尔温的第一个外孙，预产期在1957年2月。

不过事实证明，埃尔温和安妮很难找到一个真正的家。尽管欢宴还在持续，但薛定谔夫妇没法安顿下来：一开始他们不得不住在亚特兰大旅馆，这对于物理学研究所来说是很便利的，但至少以安妮的眼光来看,他们夫妇半膳宿的开支是每天2.5英镑,过于奢侈了。最终,他们在离研究所有一千米左右距离的巴斯德加斯的一幢大楼的三楼有着5个房间的公寓里安顿了下来。这只花了他们2000英镑多一点,除了同样便利之外,这幢房子还有一部电梯,当时这对埃尔温来说是个关键的需求。在他们住进去之前,公寓需要粉刷,因此搬家被耽搁到阿尔卑巴赫常规的暑假之后。

薛定谔的教学职责是很轻松的。他一周上两次课,讲"广义相对论"和"膨胀宇宙",但是班级很小而且不正规,至于每周的研讨会,它"更像一个高等的幼儿园,而不像都柏林的研讨会"。[1]但是,维也纳有都柏林无法媲美的乐趣,不只是剧院(薛定谔常去那里),还有邻近的大山。不过,是"山间空气"真的对埃尔温的身体有好处,还是高海拔反过来对一个有着心肺问题的人有害,这还是值得讨论的。虽然埃尔温那年和安妮一起在阿尔卑巴赫享受了一个长长的暑假,学期一结束就启程去了山区,在9月份他还是病了,以至于不得不取消他计划中在剑桥的演讲,它本来已经从1月份向后延期了。作为代替,哲学教授威兹德姆(John Wisdom)做了这些演讲(称为塔纳演讲),他读了薛定谔的演讲稿。这些演讲在1958年由剑桥大学出版社以《意识和物质》(Mind and Matter)为题出版,这本书后来与《生命是什么?》合成了一本书,初版于1967年,现在还在销售。

《意识和物质》作为薛定谔在其生命暮年的思考的实例是重要的,但从另外一个角度看也是不起眼的。他提出了"一个客观物体在没有被观察时是否存在"这个老问题,这导致他进入了关于世界如果没有被"高等动物"观察时它是否存在的讨论,并问道:"不然的话,它是不是就会像是在空剧场里演出,对于任何人来说都不存在,因此可以相当正确地说它不存在?"他的回答是,这样一个结论是在胡说八道,这种意识以某种方式和学习的过程联系在了一起——包括对一个植物(或者一个微生物)为了适应其生态位而发生的进化过程所涉及的周围环境的"认知"。这让他陷入了泥潭当中:"我们发现一个物种的个体行为对进化的趋势有很明显的影响,从而伪装成了一个伪拉马克主义者。"

薛定谔关注的是这个过程可以反过来影响我们自己这个物种的进化:

> 现在我相信,大多数生产过程的不断机械化和"傻瓜化"会带来我们智力器官的普遍退化的严重危险。手工艺的衰退和装配线上沉闷乏味让人厌倦的工作不断增加,使聪明的劳动者和反应迟钝的劳动者在生活中获得的机会越来越均等,这会使聪明的头脑、灵巧的手和敏锐的眼睛变得越来越多余。的确,那些不聪明的人会获益,他们很自然地发现更容易忍受辛苦的劳作,他们很可能会发现更容易活下来、安居乐业和生儿育女。结果也许就会相当于对才华和天赋进行了一次反向选择……
>
> 我们不能让这些我们发明出来的灵巧的机械制造出不断增加的过多的奢侈品,我们应该改进它们,以使人类不用去做所有那些非智力的、机械的、"机器般的"操作。机器必须做那些用人来做太浪费的苦工,而不是让人去做那些对机器来说过于昂贵的工作。

嗯,也许薛定谔的结论是对的,尽管可能不是出自正确的原因!

详细阐述了他对实在性本质的讨论后,薛定谔为下面这个事实而悲叹,在物理学意义上,自从古希腊时代之后,"一个基本让人满意的世界图景只能以很高的代价获得,即让我们自己脱离到图景之外,退回到'非相关'观察者的角色"。薛定谔说,荣格的观点是对的,他指出所有的科学都是"心灵的作用,所有知识都植根于心灵之中。心灵是宇宙奇迹中最伟大者,它是世界作为一个客体的必不可少的条件"。薛定谔自己的结论是,"主体和客体是一回事。不能说它们之间的壁垒被打破是自然科学中最新发展的结果,因为这种壁垒根本就不存在"。

像过去一样,薛定谔所指的意识不是个人的意识,而是我们都是其中一分子的集体意识。而他最后一篇演讲提出了一些明显极具个人色彩的话题——宗教和冥世生活。我不会详细说明他的论证,它是以一种时间的统计解释为基础的,但其结论对于一位70岁的人来说无疑是很让人感兴趣的,这个结论是"我们可以断言,或者我相信可以这样做,现阶段的物理学强烈地暗示了意识的时间不灭性"。

暮 年

在他成人后的大多数时间里,薛定谔的驱动力之一,一直是需要去保证他和安妮(尤其是安妮)未来的财务安全。他最终实现了这个目标。在69岁时,他没什么别的可做了,他写道:"我现在拥有足够的唯一一样东西,就是金钱。"[2]

做出这种沮丧的评论的原因是他不断恶化的健康状况。维也纳的寒冷和潮湿恶化了他的心肺问题,由于大脑供血受到了限制,他在讲课后变得非常疲倦,有几次变得神志恍惚、不知所云——这是指他还能上课的时候。虽然安妮总是开车一小段距离从他们的公寓到研究所,然后返回,在冬天他也只能上一小半课时。在他的身体还好时,他在自己的公寓里,接受来自艺术界的朋友及科学家们的拜会。但即便是在这里,在1956年11月苏联坦克碾碎了匈牙利的起义之后,气氛也被一种普遍的恐惧破坏了——刚刚从被占状态中获得自由的奥地利可能就是下一个对象。

12月也有阴郁的消息,但是在更加个人的层面上。在一次访问维也纳时,现在已经怀孕7个月的露特,带话说马尔希已经因为喉癌而病入膏肓。露特和她的新郎正在因斯布鲁克为希尔德打理各种事情。薛定谔夫妇给了他们一些钱,以减轻他们在这个困难时期的忧愁。

拥有"足够"的金钱也意味着,尽管有了所有这些事情,安妮还是可以享受圣诞节。她写信给她的朋友乌尔曼(Elisabeth Ullmann):

> 我12月29日去弗里茨面包房是多么有趣的经历啊!当一个人已经在英伦诸岛住了20年后,他会觉得这种奢华是不可能的,一个小店却有20个女服务员,还有一位他们待之如上帝的主厨。[它是]很昂贵的,每一种烘烤出来的食物都能够找到:新月形面包、面包卷、咸面包卷、小面包、发酵面包、三明治面包和各种各样的黑面包、奶油蛋糕、牛奶棒、脆饼和博斯尼亚克饼,别忘了还有6种不同的果馅饼。

很明显,安妮喜欢这些烘烤食物。毫无疑问,当薛定谔夫妇在12月31日举行一个招待朋友的盛大宴会时,其中一些会被送上餐桌。但是欢宴对于埃尔温是短暂的,他在新年来临时又受到了支气管炎的侵袭。虽然病情严重,他还是在金霉素的帮助下活了下来。金霉素是第二次世界大战后开发出来的类青霉素药物——四环素类——里的第一种。因此,当露特在2月份来和薛定谔夫妇住在一起待产时,薛定谔已经处在他的最佳状况了。露特已经被阿努尔夫送出了马尔希的家,以便让她离开濒死的马尔希和忧心如焚的希尔德,而他自己则留在那里。

埃尔温的外孙安德烈亚斯·布劳尼泽尔(Andreas Braunizer)在1957年2月28日出生在维也纳大学医院。几个星期后,在4月17日,马尔希去世了。在一封给希尔德的信中,埃尔温写道,他相信一个临死的人应该被允许在麻醉剂的帮助下平静地过世,而不是仅仅为了多活几天而忍受生命毫无尊严的延长。他很明显在考虑自己的命运,但却告诉她说:"我很高兴还能活几年,因为这个世界非常非常美丽。"

这个"几年"几乎成了几个星期。5月份,安妮正在因斯布鲁克附近的一间诊所里治疗哮喘,这时她被叫回了埃尔温的床边:由于严重的肺炎,他已经濒临死亡,只是在使用了多种新的抗生素,包括青霉素、链霉素、土霉素和碳霉素后,才被救了回来。如果在10年前,他就可能已经死了。事实上,到那个月底他已经有了好转。5月31日的庆祝还有一个理由,那一天德国的最高平民勋章——"功勋勋章"(Pour le Mérite)[3]——在波恩的一次仪式上被正式授予薛定谔,当然他已经知道这一荣誉有些日子了。他的朋友迈特纳也同时获得勋章,是以这种方式表彰的第二位女性。

由于健康状况不佳,薛定谔在他作为维也纳大学教授的最后一年,1957—1958学年,被正式免除了一切教学工作。但是他的身体还足以让他不时去物理研究所,并参加了1958年3月一次由奥地利物理学会和化学物理学会共同举办的会议。就是在那里,在3月26日,70岁的他发表了他的最后一次科学演讲。主题回到了半辈子之前,聚焦在能量和熵之间的关联上,并且认为能量守恒定律只是在统计意义上才是正确的。

不管熵是不是统计意义上的,它很快就对薛定谔产生了预料之中的坏影响。1958年春,他得了严重的静脉炎,需要住院,然后是漫长的在家卧床休息。但他康复得恰是时候,赶上了去阿尔卑巴赫消夏的日子。薛定谔这时已经正式退休,在1958年9月30日他71岁生日后一个月,薛定谔被任命为维也纳大学荣誉退休教授。他还有刚好两年多一点的时间,可以享受他曾如此辛苦地努力追求的安心的晚年。

熵的胜利

这段日子里的第一年有着薛定谔希望它有的一切。在维也纳享受了老前辈的角色后，他在夏天像往常一样和安妮动身去了蒂罗尔，在那里待了4个月，不时和包括迈特纳在内的老朋友们欢聚。10月，薛定谔夫妇待在意大利的博尔扎诺，这是南蒂罗尔最大的城市（现在是木乃伊"冰人奥茨"的家）。在那里，随着秋天逐渐变成冬天，埃尔温的支气管炎再度发作，这抵消了美丽的山景带给他们的欢乐。这次健康不佳的一个副作用是他常常无法入眠，在夜晚花了很长的时间写信，这些信里有一封特别提到了他当时对量子力学的一种洞见。

这封信是给辛格（John Synge, 1897—1995）的，他是一位杰出的爱尔兰数学家兼物理学家，在1948年作为一名高级教授加入了都柏林高等研究院，在他剩下的职业生涯里是那里的重要人物之一。薛定谔的信严厉批评了当时的物理学家们，因为他们（在他看来）不假思索地接受了哥本哈根解释："除了很少的例外（比如爱因斯坦和劳厄），所有剩下的理论物理学家都是十足的蠢货，而我是唯一一个清醒的人。"他抱怨说，他试图让人们认真对待波粒二象性谜题的努力根本就没有人关心，因为他的同行们"已经形成了一种观念：我是——很自然地——迷恋上了'我'一生中最大的成功，[并]因此，他们这么说，我坚持'所有一切都是波'的观点"。在他们看来，

> 年老昏聩让我闭上了眼，看不到"互补性"这种不可思议的发现。同样，一个不错的中等水平的理论物理学家不可能相信，任何有理智的人会拒绝接受哥本哈根先知[玻尔]……如果我不是完全确信这个人是诚实的，并且真的相信他的[思想]的价值，我就得说它在理智上是不健全的。

再也不能更清楚了，薛定谔无疑会很高兴看到哥本哈根解释今天已经失宠，虽然他也许对所有作为其替代物的思想都不会同意。

给辛格的信是薛定谔在量子力学上最后的话。随着山上越来越

冷，埃尔温和安妮下山去意大利待了三个星期，在曼托瓦、克雷莫纳、皮亚琴察、帕尔马、维罗纳和威尼斯逗留，最后回到维也纳过冬。薛定谔坚韧地忍受着呼吸道问题，以至于习以为常，但是到1960年春，事情变得很清楚，这时候的问题已经不仅仅是支气管炎了，检查发现他在20世纪20年代初曾经得过的肺结核又发作了。还好现在有有效的药来对付这个问题，但是治疗方案中有一部分还是新鲜空气和日晒的老思想。于是薛定谔又被打发到阿尔卑巴赫去了。在那里，他抓紧机会完成了后来成了他最后一本书的那部著作的第二部分，该书以《我的世界观》(*My View of the World*)为名用德文和英文出版。

　　这本书的第一部分实际上是一篇关于形而上学、吠檀多和意识的论文，写于1925年，就在薛定谔接替普朗克担任柏林大学教授前不久。而"新的"内容也并不新，更多的是对薛定谔关于意识和物质之间关系的思想的重述，提出了问题"什么是真？"，并支持这样一种思想："我们生物都是相互属于的，我们其实都是一个单个存在的成员或者方面，这个存在我们可以用西方的术语称为上帝，而在《奥义书》里称为婆罗门"。薛定谔说他"毫不犹豫地大胆断言：作为对我们都会最终发现我们实际上是处在同样的环境里这个事实的解释，接受存在一个真实的物质世界的思想，是一种故弄玄虚，一种形而上学"。尽管任何希望接受这个观点的人都有自由去这样做，"他自然没有权力去嘲笑其他立场是故弄玄虚、形而上学，而臆断自己的想法没有这些'缺点'"。

　　在阿尔卑巴赫"治病"期间，薛定谔也有很多时间给他庞大的朋友和熟人圈写信。就他和也许被视为量子力学建立者的长期战斗而言，这些信里最值得注意的是给他的老对手玻恩的一封信。他写道：

　　　　我确实需要给你彻底洗脑……你轻率地常常宣称哥本哈根解释实际上已经被普遍接受，毫无保留地这样宣称，甚至是在一群外行人面前——他们完全在你的掌握之中。这已经是

道德底线了……你真的如此确信人类很快就会屈从于你的愚

蠢吗？

作为一位在仅仅几年后就接受了哥本哈根解释的教导，并且直到

很久之后才意识到这种愚蠢的人，我发现薛定谔在1960年的这些话直

击我心！

到11月初，埃尔温已经在阿尔卑巴赫待得够久了，他决定回到维

也纳。安妮已经患上了严重的哮喘，并在10月20日匆忙去了医院。薛

定谔在11月9日由一位朋友驾驶他的车送回到了他们的公寓。实际

上，他没有康复到足以照料自己，他在安妮的妹妹和照料公寓房子的那

图9　阿尔卑巴赫的薛定谔墓，韦伯(Hans Weber)摄于2008年

对夫妇的帮助下,一直熬到了12月2日方才进了医院。仅仅几天后,安妮病势好转,回了家——她后来又活了四年。而埃尔温要求自己也回家去,他说:"我生在家里,我也要死在家里。"他的愿望没有立刻得到满足,随着他的状况在随后几个星期里不断恶化,他一直留在医院里,而安妮则在他的床边握着他的手。但他最终还是在1961年1月3日早晨回到了自己的床上。他于第二天下午6点55分去世,死因被简单地归结为年迈,享年73岁。

薛定谔早就要求被安葬在阿尔卑巴赫的小教堂墓地里。牧师一开始提出反对,理由并非毫无道理:埃尔温不是一个天主教徒。但当他获知薛定谔曾经是教皇科学院的一名院士时,决定网开一面,葬礼在1月10日星期天举行。薛定谔走了,但他的科学遗产留了下来。

◇ 第十四章

薛定谔的科学遗产

从1960年以来量子物理学最重要的进展——甚至可以说是20世纪里科学的最重要进展是，EPR"佯谬"被最终澄清，量子纠缠（这个术语是薛定谔创造的）被实验证实是真实的。除了对我们所居住的这个宇宙的理解有意义之外，它还有实用价值，包括很大的经济和商业价值，这刚刚才被认识到。整个故事始于一位和薛定谔一样不喜欢哥本哈根解释的美国共产主义者，通过一位爱尔兰数学家的工作取得进展，这位数学家知道"尽信书不如无书"；最后在一位法国人的实验室里达到了高潮，他以其事业前途为代价，冒险去尝试证明其他人认为不可能的东西。

隐藏的实在性和一位数学家的错误

玻姆（David Bohm，1917—1992）是一位美国物理学家，他写过一本阐述哥本哈根解释的经典著作，但是在仔细分析这一观点之后，他断定它是一派胡言，并发展了对量子世界的另一种理解。他的书《量子理论》（*Quantum Theory*）出版于1951年，当时玻姆正被笼罩在臭名昭著的非美活动委员会*的调查所带来的乌云之中。他曾经短暂地成为一名

---

* 全称是"非美活动调查委员会"；是1938—1969年美国国会设立的一个委员会，专门调查共产党等所谓"非美"活动。——译者

共产党员,在1942年(当时美国和苏联是第二次世界大战的盟国),虽然他已经被澄清没有任何"非美"行为,但当时的偏执气氛已经如此严重,以至于他被解除了在普林斯顿大学的教职,并在这本书出版后没多久就被迫流亡海外。他在巴西工作了一段时间,然后是在以色列和英国的布里斯托尔大学,最终于1961年在伦敦大学伯贝克学院安顿了下来。

玻姆对哥本哈根解释的不安感,产生于在他的著作出版后在普林斯顿和爱因斯坦的讨论。甚至在他离开美国之前,尽管个人生活处在混乱之中,玻姆还是写了两篇论文,发表在1952年初,概述了他对量子力学的另外一种理解。它基本上就是德布罗意早在1927年就已经提出的导波思想的一个更为透彻深入的版本,但是这个思想却被不公正地忽略了,因为玻尔及其同事已经压垮了所有对哥本哈根解释的反对意见。事实上,这种压垮非常有效,以至于玻姆在得出自己在这个主题上的结果时,他一点都不知道德布罗意的导波模型。这个思想大致上就是,电子之类的实体是真实的粒子,由一个遵循薛定谔方程的波所引导。非常粗略地说,就像我已经提到过的,可以用一个冲浪者驾驭着海上的波浪来作为类比。

这个想法的麻烦在于,导波不得不"知道"可能影响粒子轨迹的一切东西(原则上,宇宙中的一切),以便让每一个粒子到达它的目的地。有人说这是由所谓的"隐变量"(hidden variable)所影响的。如果知道隐变量是什么,我们就可以用它们来计算电子和其他粒子的量子行为,而不用求助于波函数的坍缩或者统计解释。正如牛津的物理学家多伊奇(David Deutsch, 1953—　)所说,"一个非定域隐变量理论意味着——用日常话来说——在这个理论里,事件的影响会在时间和空间中传播,却不用经过其间的空间:[换句话说]它们是瞬时传播的"。[1]

除了哥本哈根学派强大力量的影响之外,为什么大多数物理学家在20世纪50年代没有认真对待隐变量理论还有一个原因。1932年,一位出生在匈牙利的数学天才冯·诺伊曼(John von Neumann, 1903—1957)出版了一本书,在书中他"证明"了隐变量理论是行不通的。他的同时代人如此敬畏冯·诺伊曼的能力,以至于在整整一代人的时间里几乎无人质疑这个证明,它还被当成真理在玻恩出版于1949年的《关于因果和机遇的自然哲学》(*Natural Philosophy of Cause and Chance*)等标准教科书里被广泛引用,而无须完整地详细论述。玻恩称赞冯·诺伊曼的"才华横溢的著作"证明了,"没有什么隐藏的参数可以被引入,在这些参数的帮助下非决定论性的描述可以转换成决定论性的"。在玻恩这本书刚刚出版后就读了它,并对它印象深刻的人当中,有一位是正在贝尔法斯特读大四的年轻人——约翰·贝尔(John Bell, 1928—1990)。但是由于贝尔不懂德文,而冯·诺伊曼的书当时还没有被翻译成英文,他只能从玻恩的话里认为冯·诺伊曼知道他正在说些什么。

贝尔出生在贝尔法斯特,来自一个"贫穷但诚实"的家庭。[2]他父母除了约翰之外还有一个大女儿和两个小儿子,仅仅供得起一个孩子去中学读书,但是约翰的能力在年纪很小时就表现得太明显了,所以他们下决心要给他提供一切可能的机会。当约翰在16岁时获准进入皇后大学就读(比他够年龄在那里注册还要早一年)时,他们的努力得到了回报。他在等待开始课程的学习时当了一名实验室助理,然后在1948年获得了一个实验物理学学位,1949年又获得了一个数学学位,那一年他读了玻恩的书。当贝尔作为一名大学生第一次遇到量子力学时,他感到很震惊。他后来告诉伯恩斯坦(Jeremy Bernstein)说:"我不敢相信它是错的,但我知道它[哥本哈根解释]太讨厌了。"[3]

毕业后,贝尔在英国原子能研究所一直工作到1960年,然后来到位于日内瓦的欧洲粒子物理研究中心——欧洲核子研究中心(CERN),他剩下的职业生涯都是在那里度过的。他已经读过玻姆关于隐变量的论文,并且对它们印象深刻,因此他对冯·诺伊曼的"证明"产生了怀疑。

他后来写道："在1952年我看到一件不可能的事情发生了。这是在玻姆的论文里。玻姆明确地证明了参数确实可以被引入到非相对论性波动力学里，在参数的帮助下非决定论性的描述可以被转换成决定论性的。"[4]

当他让一位讲德语的同事为他翻译了冯·诺伊曼著作中的相关部分后，他立刻看出冯·诺伊曼在哪里出了错。但直到1963年4月贝尔才有机会去深入研究其意义，当时他从CERN得到了一年的学术休假，访问了斯坦福直线加速器中心（SLAC）和美国的其他学术中心。冯·诺伊曼犯了一个大错误。他的"证明"是无效的，因为他做了一个荒谬的假设，类似于说如果一群孩子的平均身高是1.2米，那么每个孩子的身高都是1.2米。如果对你来说这听上去很蠢，你并不孤单：贝尔也是这样认为的。他在1988年说："如果你认真对待它的话，冯·诺伊曼证明立刻就在你手中四分五裂了！它什么都不是。它不单是有缺陷，它是愚蠢的！……当你把［它］翻译成物理方面的语言时，它们就是胡说八道。你可以引用我的这句话：冯·诺伊曼的证明不仅是错误的，而且是愚蠢的！"[5]

但是"冯·诺伊曼错了"这个事实，并不必然意味着玻姆是对的。贝尔决定回到非定域性疑难的根源，从EPR思想实验出发，看看非定域性是不是所有隐变量理论的基本特征。这是通向自从1926—1927年革命之后我们对量子世界的认识过程中最深刻变化的第一步。

贝尔测试和阿斯佩实验

贝尔从一个EPR实验的变体开始入手，它是由玻姆在20世纪50年代末在以色列工作时和同事阿哈罗诺夫（Yakir Aharonov, 1932—　）一起改进的。在这个版本的实验里，不再用动量和位置的术语来思考，思想实验涉及一种称为自旋的属性(类似属性对于光子来说就是极化)。把论证做些简化,在一些事件里量子过程会产生两个向不同方向飞去的电子,它们的组合自旋为零。所以如果一个自旋向上,另外一个就向下,依此类推。有一个额外的自由度,因为自旋可以在任意方向测量(比如说水平方向或垂直方向,或者任何其间的角度)。如果一个电子的自旋在任意特定角度被测量,那么我们知道另外一个电子的自旋方向必定就与那个方向正好相反。

但是,另外一个电子是怎么知道这一点的呢?最朴素的回答是,电子在开始它们各自的旅途前,就有了明确但正好相反的自旋态。但是一个更为精细的实验推翻了这种可能性。如果一个电子的自旋在一个方向被测量,而另一个电子的自旋在另外一个方向被测量,情况就不是这么简单。测量得到的自旋之间的关系可以从量子力学出发,以一种明确的统计方式进行预测,而这个预测并不符合"常识"。当贝尔为这种关联计算出合适的数值时,他发现在量子力学的预测和任何基于定域实在性和隐变量的理论的预测之间有一个差异。他用一个称为"贝尔不等式"的关系式来表示这一点,这个不等式说的是,如果存在定域实在性,那么由实验确定的一组数必须比由实验确定的另外一组数要小。这有点像是说,在日常生活中红头发的人的数量必定比男人和女人的总数要少。但是如果量子力学是正确的,而定域实在性不存在,那么贝尔不等式就会被破坏,就像世界上红头发的人比总人口数还多一样。

贝尔后来告诉戴维斯(Paul Davies)说:"我在差不多一个周末的时间里,在头脑里想出了这个关系式并写在了纸上。但在前几个星期里,我一直紧张地思考着这些问题。而在前面几年里它一直频繁地出现在我的脑海里。"

贝尔清楚地知道,与爱因斯坦、波多尔斯基和罗森最初描述的那种情况不同的是，他的假说是可以真正用实验来验证的，把EPR问题从哲学范畴带回到了实验室里。在他写下对这些结果的描述的那篇文章里，他写道："不需要什么想象力，就可以指望所涉及的实验会真正被做出来。"但是没有几个人注意到这篇文章或者这句不同凡响的断言，因为它出现在一本不出名的杂志上。

这样一个重要的理论发现理应发表在著名的《物理评论》上，但《物理评论》是收版面费的，以刊出的页数来计算。虽然贝尔的文章只有6页长，但作为一名布兰迪斯大学的访问学者（他在学术休假期间去了那里），他不好意思去要求学校为此付钱，就把文章寄给了《物理》（*Physics*）杂志，它不收版面费。不幸的是，它的读者也不多。因此过了5年时间，贝尔才收到一封来自克劳泽（John Clauser, 1942—　）的信，克劳泽是一位伯克利的物理学家，他读过那篇文章，并打算做一个实验来验证贝尔不等式是否会被破坏。贝尔热情地回复说：

> 考虑到量子力学的普遍成功，对我来说怀疑这样一个实验的结果是很难的。但是，我情愿这些实验——那些关键的概念在这些实验里受到很直接的检验——已经做了，而结果也已经记录在案。此外，总归有一丝机会出现一个没有预料到的结果，而这会震撼世界！[6]

但是直到1972年，克劳泽和他的同事才报告说，他们的实验（实际上用的是光子而非电子）确实得到了符合量子理论预期的结果，而与定域实在性相悖。

虽然结论很让人激动，但这些实验并不是决定性的。它们涉及运用光子束，而不是一对对光子对，而且所用的探测器只能探测到一部分束状的光子。完全可能，所有没有被探测到的光子以一种不同的方式行事，从而导致不同的结论。克劳泽的实验是一个通向前方的线索，而不是这个话题的最后定论。但是这个实验终于做了，这个事实本身就是一个巨大的胜利，它激发了其他研究者尝试在这个方面做出改进。取得最惊人成功的是一个法国人阿斯佩（Alain Aspect，1947—　），他在获得学位后以在喀麦隆当老师的方式做了三年的志愿工作（这是法国国民服役的一种形式），并且在非洲的空余时间里研读量子物理学，包括EPR实验及其意义。当他在1974年返回法国时，他已经决心做一个贝尔不等式的实验测试，作为他在巴黎第十一大学攻读博士学位的工作。当他拜访在日内瓦的贝尔讨论他的计划时，贝尔的第一个问题是："你有终身教职吗？"意即"你有一个有保障的永久职位吗？"当阿斯佩回答说不要说终身教职，他其实不过是一位博士研究生时，贝尔回答说："你必须很有勇气。"[7]他的意思是如果阿斯佩在探索做这个困难的实验时失败了，他也许最终得不到博士学位，也没有希望把物理学当作事业了。但是尽管花了比他预期的更长的时间，阿斯佩最终还是达到了他的目的。

所有这类实验的重要特点是，对光子束A的测量得出一串杂乱的数字，对光子束B的测量也得出一串杂乱的数字，因此仅仅看看这些数字，不可能归纳出任何关于光子束A的信息。但是当这两组数字被放在一起进行比较时，就有可能看出它们之间的关联——看出从光子束B得到的"答案"依赖于在同一瞬间问光子束A的"问题"，不管光子束A离得有多远。不过，进行这种比较的唯一方式，是用传统手段（这意味着比光速慢得多）从A到B传递信息，因此与相对论并不冲突。

在这类实验的第一个版本里，有一个可能的漏洞。实验被设计成处于纠缠态的光子各自行进并穿过两套不同的探测器。但是整个装备被事先固定了，因此可能有人会认为这决定了实验的结果，而无须借助任何"幽灵般的超距作用"把实验的各个部分连在一起。阿斯佩发明了一个系统，它改变了偏振片的设置，这种偏振片是用于测量当光子在实验过程中飞行时处于无序状态的光子束的。这个发明填补了上述漏洞,同时也极大地改善了实验的统计结果。两套实验设备相距13米,因此转换必须在比信息以光速越过13米所需的时间——大约是43纳秒(1纳秒是十亿分之一秒)——更短的时间内发生。取整数后,设备之间的转换实际上每10纳秒(一亿分之一秒)发生一次。那样,探测器B处的设备就不可能"知道"光子B到达时探测器A时的状态。阿斯佩本人是这样说的:

> 这些实验证明的东西,首先是它们破坏了贝尔不等式,其次这些结果与量子力学的预期符合得很好。因此我们推断量子力学仍是一个很好的理论。[但是]即使是在这类实验里也不可能用比光速还快的速度去传递任何有用的信息。[8]

所有这类实验的后续改进都证明了这个断言的正确性。

阿斯佩的结果发表于1981年和1982年,他在1983年获得博士学位。正是这个对量子力学正确性的决定性证实,封闭了定域实在性理论的最后一个大空缺,这促使我写了《薛定谔猫探秘》这本书,出版于1984年,它对量子物理学的发展做了历史叙述。我过去(现在仍然)乐于接受证据证明"不可能用比光速还快的速度传递任何有用的信息"。但是有几位持不同意见的物理学家做了一系列固执而又复杂的尝试,想证明量子纠缠可以提供一种方式以比光还快的速度传递信息。他们最终被证明是错误的,但是部分由他们的探索激起的研究,已经让量子物理学进入了几乎同样异乎寻常的密码学和远距传输(teleportation)领域。

量子密码学和"无克隆"定理

赫伯特(Nick Herbert)是那些试图发明一种方式来运用量子纠缠以超光速传递信息的人中的一员,他是一位美国物理学家,1967年在斯坦福大学获得博士学位,但没能得到一个学术职位。他干过好些工作,同时在业余时间还一直保持着对量子物理学的兴趣,同一群在加利福尼亚州伯克利持类似想法的思想家一起工作。赫伯特对超光速(FTL)信号发送的设想的细节对我们无关紧要,除了一个关键点之外。它依赖于制造完全相同的光子——用行话来说就是"克隆"。赫伯特文章的一个复本落到了茹雷克(Wojciech Zurek, 1951—)手里,他是一位出生在波兰的美国物理学家,发现了论证过程中的错误。和伍斯特斯(William Woosters)一起,他证明了"单个光子不可能被克隆",并把这句话用作一篇1982年10月发表在《自然》杂志上的文章的标题。这篇文章一开头就写道:"请注意,如果光子可以被克隆,那么超光速通信的可能性就可以得到一个合理的论证。"这个"无克隆定理"同时也被荷兰物理学家迪克斯(Dennis Dieks)独立发现了,虽然它排除了超光速信号发送的可能性,但却开辟了一条道路,使得量子纠缠得以实际应用于产生不可破译的密码——这就是量子密码学。

量子密码学问题有几种入门的方法,但它们都依赖于运用一把无序数"钥匙"的密码系统。这里的描述摘自我的书《薛定谔的小猫》,因为我看不出有什么方法来改写它。

人们从间谍故事中已经对我想要描述的这种密码很熟悉了。使用密码的两个人[密码学家总是称为"艾丽斯"(Alice)和"鲍勃"(Bob)],每人都有一个相同的无序数清单,即所谓的"密码本",有可能和一本电话簿一样厚。发送信息的人先把信息转换成数字(可能只是简单地让数字1对应字母A、2对应B,等等),然后从密码本里选择一页无序数。密码本上的数字再被写在那些对应于信息中的字母的数字下方,两个数字相加。随后加密的信息连同关于密码本的哪页被使用了的信息一起被发送出去。在另一头,相同的无序数集合被用来从被加密的信号中减去,这样就恢复了最初的信息。这种密码被称为佛纳姆密码,以美国人佛纳姆(Gilbert Vernam)的名字命名,他在第一次世界大战期间开发了这种密码。有时候它也被称为"一次性密码",因为所有的间谍都携带着无序数集合的可以撕掉的密码本,因此每一页无序数都只能使用一次,然后就要撕掉(如果密码本同一页上的同一套无序数用来给不止一条信息加密,重复出现的规律就会让密码有可能被破译)。

这种密码不可能被破译,除非截获它的人也有一份相同的一次性密码本。问题在于,在间谍机构经常活动的环境里,很有可能有感兴趣的第三方会得到一个密码本。更糟的是,第三方有可能得到密码本的复本,并且在密码的两个使用者都不知情的时候就解开了密码。

量子物理学提供了一种途径来解决这两个问题。没有必要让加密过的信息处于秘密状态,因为如果没有来自一个量子信道的信息——密钥,这些信息毫无用处。我们需要的是一种以不可破译的方式从艾丽斯到鲍勃之间交流密钥(一串无序数)本身的途径。为了让事情尽可能简化,数字串可以是二进制的,一串0和1的排列,就像计算机使用的编码一样。这样密钥可以被转换成任何要么开要么关即或此或彼的信号系统。

在位于纽约约克敦海茨的IBM研究中心工作的贝内特(Charles Bennett)和他的同事,证明了你可以用偏振光来做到这一点。整个技术包括艾丽斯给鲍勃发送一串光子,把它们沿着或垂直于两个事先商定的方向中的一个(相互呈45度角)进行偏振,但是每个光子本身的偏振是随机选择的。鲍勃测量出入射光子的偏振,但是每次测量时他只能把探测器放在事先商定的两个偏振方向中的一个上——同样也是随机选择的。每一次,他都会得到一个"回答",对应于偏振相对他的探测器是垂直的(二进制1)还是水平的(二进制0)。然后他告诉艾丽斯他每次测量使用的方向,她就告诉他其中哪些符合光子被发送出去的方式(这一次交流可以用电子邮件来进行)。鲍勃和艾丽斯再扔掉所有鲍勃在其中选择了"错误"偏振的测量,留下了一串0和1的数字串,这就是他们的二进制密钥。这听起来是个冗长乏味的过程,但在真实世界里任何用这种系统的人都可以让这个过程由一台做苦差事的计算机来完成,从而避免这种乏味。

这种技术最漂亮的一点是,第三方发现艾丽斯和鲍勃正在使用的密码的唯一途径是"窃听"量子信道,并在光子经过时测量它们的偏振。但是,测量光子偏振的行为就改变了偏振! 光子不可能被复制(克隆)而不被改变! 即使窃听者复制了被测量的光子并把它发送给鲍勃,它也会是随机的。鲍勃和艾丽斯可以用标准技术来检查这次干扰,这种技术实际上就是比较密钥上的每隔4个或6个出现的字母或任何一个字母,而不用解开整个密钥。

埃克特(Artur Ekert, 1961—)是一位波兰物理学家,现在在牛津大学(他也和贝内特合作过)。他发现了另外一种方法来实现同样的目标。他证明了所需要的无序数据串可以从EPR实验本身的一个变体中获得。EPR光子沿着两个相反的方向被发送出去,它们确实是相互纠缠的,但目前还没有被测量。一束光子被发送到艾丽斯那里,而一束给了鲍勃。艾丽斯和鲍勃每个人都可以测量自己的光子的偏振,用的探测器指向事先定好的几个偏振方向中的随便哪一个。他们然后用普通的公开信道相互告知他们做了什么测量,但不是这些测量的结果。最后,他们舍弃使用不同方向的那些测量,而从他们的探测器指向相同的测量结果中得到了他们的密钥——当然,考虑到EPR光子的每一对都有着相反的偏振,一旦它们被测量,在艾丽斯得到0时鲍勃总是得到1,反之亦然。同样,任何用在光子到达鲍勃和艾丽斯之前检查光子的方式来"窃听"量子信道的尝试,都会用一种可探测的方式扰乱它们的偏振。即便仅仅是因为下面这个原因,埃克特的方案也值得提及。埃克特的方案使他和贝尔进行了一次难忘的会面,当时贝尔正在访问牛津而埃克特只是一名研究生。在一次贝尔发表演说后,埃克特得以和他短暂会面,并解释了他的想法。贝尔大为震惊。"你是在说这可以有实际用途吗?"他问道。埃克特说可以。贝尔说:"哦,真令人难以置信。"[9]

这一切听起来也许有些牵强,不太可能会发生,但就在《薛定谔的小猫》在1995年出版时,贝内特和他的同事确实已经建立了一个用这种方式运行的系统。应当承认,在这个样机里加密信息只被传递了30厘米,但这是因为他们是在桌面上建造了它。我在1995年写道:"原则上,偏振光子可以经过几千米光纤传输而不被改变。而且不管怎么说,当贝尔德(John Logie Baird)造出第一台电视发射机时,它只把一幅图像传输了几米远。"

自那以后,量子密码学不仅仅是满足了我的预期。2004年,正好就在薛定谔的故乡维也纳,以蔡林格(Anton Zeilinger, 1945—   )为首的一组物理学家进行了第一次用保证数据安全的量子密码来实施的电子银行转账。这不是一个随随便便的实验,让一位物理学家把一小笔钱转到另外一位物理学家的账户里,而是一笔官方款项在一家大银行和市长办公室之间的正式转移。2007年,在一次瑞士选举时,量子密码被用来保证在日内瓦电子投票的安全性。不用多久,这很可能会成为在因特网上保障每天传输信息的安全性而采用的方式。而且,被传输的并不仅仅只有信息。

量子远距传输和经典信息

量子远距传输也运用了"无克隆"定理,但却是以一种略微不同的方式。一个光子——或者其他量子实体——不能被复制(克隆),但它的所有性质都可以被转移到第二个光子上,即使(事实上是因为)第一个光子被改变了。实际上,第二个光子变成了第一个光子。

量子纠缠和超距作用位于量子远距传输技术的核心。量子远距传输也是贝内特提出的,并于1993年发表在《物理评论快报》上。

在经典的日常世界,把东西的复本传到远处是司空见惯的事。与远距传输明显类似的是传真机,它还有一个额外的优点,可以在起点保留最初的拷贝原封不动,而在目的地制造出一个复本。报纸和书籍是成版印刷的,有成千上万套基本上完全相同的复本——就它们的信息内容而言。

但是在量子水平,拷贝遇到了困难。首先只是一个细节问题。不确定原理让我们不可能知道(比方说)一张纸上所有原子的每一个细节,或者甚至是印在纸上时油墨中每一个分子的准确位置,因此传真"拷贝"只能是一种近似。此外,在量子水平上扫描一个物体就改变了它的量子态。但正是这个明显的问题让量子远距传输成为可能!即使你确实得到了建立一个量子系统的复本所需的信息,可最初的系统就被破坏了。比起传真机的工作方式来说,这更像是科幻小说中的远距传物["把我传上飞船,斯科蒂(Scotty)"*]。

经典信息可以被拷贝,但只能以光速(或更慢的速度)被传输;量子信息不能被拷贝,但有时候(就像在EPR实验里)似乎在瞬间就从一个地方传到了另外一个地方。贝内特和他的同事运用了一种把系统中的

---

* 这是一部科幻电视剧《星际迷航》中的标志性台词。——译者

经典特征和量子特征混合在一起的方式来设计他们的远距传输设备。

他们将它描述成两个人——仍然是艾丽斯和鲍勃——想远距传输一个物体。在这个初学者所用的远距传输中，被远距传输的物体只是一个处在某个特定量子态的粒子——也许是一个电子。在实验开头，艾丽斯和鲍勃都得到了一个盒子，里面有一对处于纠缠态的粒子中的一个，相当于他们每人都有了一个EPR实验里的光子，没有去测量它们的偏振。然后，他们分头开始他们穿越宇宙的旅行。过了一些时间——也许是许多年后——艾丽斯想把另外一个粒子给鲍勃。她需要做的只是让"新"粒子和她处于纠缠态的粒子进行相互作用，并测量这种相互作用的结果。这既建立了又改变了她处于纠缠态的粒子的状态，并且在瞬间以相同的方式建立并改变了鲍勃处于纠缠态的粒子的状态。

鲍勃还不知道这件事情，因为他是在宇宙另外一边的某个地方。因此现在艾丽斯必须给他传送一个信息，也许是用无线电，也许是在鲍勃每天读的报纸上登一条启事，告诉他她的测量结果。

这个信息只包含传统信息，因此她可以在随便多少报纸上或者电台广播里发送随便多少个复本。最终，鲍勃会得到这个信息。鲍勃已经知道艾丽斯的两个粒子之间的相互作用过程是怎样的了，他现在可以去看看自己处于纠缠态的粒子，并运用那条信息从它目前的状态里"减去"他自己最初粒子的影响。他留下的就是另外一个粒子的准确复本——这个粒子就是艾丽斯想要传给他的。而她这样做并不需要知道鲍勃在哪里，或者甚至直接与他说话。当艾丽斯对第三个粒子的原型进行测量时，这个粒子被破坏了（变为另一种量子态），因此鲍勃的这个粒子就是独一无二的——这不像报纸，而且他完全有资格把它当成最初的粒子，这个最初的粒子是通过传统的信息和超距作用的组合传送给他的。

贝内特强调说，这个过程没有违反任何物理定律，并且只允许远距传输以慢于光速的速度发生——鲍勃需要艾丽斯的"传统"信息以便使自己的粒子恰当地脱离纠缠态，而且假如他过快地看自己的粒子，他就会改变它的量子态，并扼杀以正确方式让它脱离纠缠态的希望。"艾丽斯的测量迫使另外一个EPR粒子以这样一种方式发生变化，从而使得从她的测量里出来的传统信息能够帮助他人制造出入射粒子的一个完美的拷贝"，但是"它不可能在瞬间发生"。[10]这就像不止一位滑稽艺人说过的，"把它传到远处，吉姆（Jim），但别像我们知道的那样"。而且又一次，在1995年之后，实验家们已经把这个想法在一个相当大的尺度上付诸实践，尽管还没有从宇宙的一端到另一端。

在实验室尺度上（超过约1米）第一个成功的量子远距传输实验是1997年由蔡林格的团队在因斯布鲁克完成的。它很快被扩展到几百米的范围，运用了光纤。而到了2004年好几个团队都在做整个原子的状态的部分远距传输。[11]在2010年5月，一个中国科学家团队在《自然》杂志上报告说已成功地把激光束沿着空气远距传输了16千米距离，并且已经在计划（还没有得到赞助）发射携带处于纠缠态光子的一颗卫星，这些光子可以从轨道上被远距传输回地球。但所有这些想法和纠缠态最重要的实际应用相比都相形见绌。这个应用运用了量子密码学和量子远距传输所需的同样一种技术。这就是量子计算机的开发，这个实用设想就像科学在技术上的任何应用的开发一样是"令人难以置信的"（这里的意思就是贝尔那天在牛津时所表达的）。

量子计算机和多重宇宙

我已经在我的书《寻找多重宇宙》（*In Search of the Multiverse*）里详细描述了量子计算机开发的背景，其令人兴奋的意义不用深入到量子工程学的具体细节里就可以了解。现代电子计算机的本质是用二进制来进行计算，二进制可以用0和1的数字串来表示，或者在实用意义上用一排或者是开或者是关的开关来表示。每一个"开或关"单元就称为一个比特(bit)。8个比特构成一个字节,而计算机的能力常常是用其"头脑"中的字节数来表示的——目前,甚至在一台普通的笔记本电脑或者智能手机里也有许多吉字节(GB)。量子计算机的本质是,这些开关的每一个——每一个比特——都可以用状态的叠加形式存在,不用任何波函数的坍缩,这样它就可以同时既是开也是关(同时存储1和0)。关键在于,这些开关(或者"存储")也可以是纠缠态的,这样一对这种所谓的量子比特(qubit)就可以保证做到都在状态1上或都在状态0上,即使这些量子比特没有一个能明确地说是在状态1上或者状态0上。原则上,每个量子比特可以是单个原子或者一个偏振光子。迄今为止,在实践中用了包含多个原子的分子,而每个比特信息被存储在每个分子的数十亿个拷贝里。

所有这些意味着,量子计算机的能力在字面上可以比对应的传统计算机成指数地增加。一台使用n量子比特的量子计算机的能力是一台有n比特的传统计算机的2^n倍。比方说,一台有2量子比特的量子计算机就相当于一台有4比特的传统计算机,一台有4量子比特的量子计算机相当于一台有16比特的传统计算机,而一台仅有10量子比特的量子计算机则相当于一台有1024比特(即1千比特)的传统计算机。[12]关键的一点是,这种不太大的量子计算机已经被建造出来,并且像预期那样工作,证实了它们的运行方式符合量子物理学规律,包括量子纠缠。

在这个领域最引人注目的成功宣称来自一家加拿大贸易公司——D波系统公司。它在2011年5月宣布,已经将一台128量子比特的量子计算机卖给了一家保安公司洛克希德·马丁公司。该公司以外的人除了知道它涉及将16个8量子比特单元连接起来,没有任何人确切知道计算机是怎么工作的,因为细节出于商业原因被保密了。这导致有些科学家质疑它是否真的是完全按照量子原理来运作。但它当然管点事——洛克希德·马丁公司的人可不是傻瓜,他们在购买之前花了一年的时间来进行评估。即便最终证明"只有"那些8量子比特单元是真正纯粹作为量子处理器来运作的——这一点无可置疑,因为类似的微型处理器已经在几个实验室里做出来了。这个消息也准确击中了我们对实在性的理解,并导致我们回到薛定谔的世界观。

多伊奇是量子计算理论的一名先驱,他问道:在量子计算机内执行的计算究竟是在哪里进行的呢?要记住这里没有波函数的坍缩,就像薛定谔思想实验里盒子被打开之前的情形一样。于是两种可能性都存在。如果一台有着8量子比特的量子计算机相当于一台使用256比特的传统计算机,这是因为有256台独立的计算机对应于在256个不同的宇宙——科幻小说里的"平行宇宙"——执行运算的处理器的每一个可能的量子态。它们一起处理问题,解决问题,并共享答案。多伊奇说:"这就是物理学定律告诉我们的东西。不能说在原子水平有多个宇宙而在猫的层面却只有一个宇宙。"[13]

这并不意味着当你运行计算机时,宇宙以某种方式"分裂"——在这种情况下——成自身的256个拷贝。多重宇宙的思想说总是有256个宇宙,在计算开始前它们都完全一模一样,在这些宇宙的每一个里,相同的实验者决定做同一个实验——这没什么好奇怪的,因为他们是一模一样的。这个"无坍缩"图景同薛定谔在1952年提出的图景(见第十一章)非常接近,尽管这个后来被称为量子力学的多世界解释的东西通常被归功于美国物理学家埃弗里特(Hugh Everett, 1930—1982),他在几年后提出了这个思想。他不知道薛定谔早先的工作,并且(不幸地)确实是在现实不断"分裂"成不同分支这个意义上看待多世界解释的。在我看来,要从多重宇宙概念(它是能令人满意地解释量子计算机如何运作的唯一方式)里抛弃的最重要的东西,是薛定谔认为波函数从不坍缩,以及所有的实在性都是(而且总是)同样真实的思想。从那里出发,只要一小步就可以到达薛定谔的另外一个兴趣所在。

量子物理学与实在性

即使你很习惯坍缩波函数的思想,哥本哈根解释的一大问题始终是在哪里给量子世界和日常世界划界。在经典的思想实验里,不言自明地假设需要人的意识去触发坍缩并决定猫是死的还是活的。但是猫自己难道没有能力说出它是死的还是活的? 一只蚂蚁能不能触发坍缩呢? 一个机器人能不能呢?

贝尔1990年在《物理世界》(*Physics World*)的一篇文章里漂亮地表达出这一点。他写道:"是什么东西确实有资格让一些物理系统能扮演'测量者'的角色呢?"是不是世界的波函数要等待几千年直到一个单细胞生物出现才发生跳跃呢? 还是说某些有资格的系统要等得更久一些,来让某个有博士学位的[人])出现呢? 贝尔将其用作归谬法的东西,一些科学家却认为是不言自明的。温伯格(Steven Weinberg, 1933—2021)在2010年11月的《科学美国人》(*Scientific American*)采访里说:"宇宙也许像一只巨大的薛定谔猫。当猫活着时它知道它活着(有科学家在记录宇宙正在发生什么);而在另外一个状态,猫什么也不知道(没有科学家在观察正在发生什么)。"这是把哥本哈根解释推到了它的逻辑极限——宇宙存在只是因为我们在这里观察它。不过在这一点上我同意贝尔的说法——这样一个概念确实意味着哥本哈根解释的荒谬。

除了多世界解释以外,还有许多用移去有意识观察者的方式来解决这个问题的尝试。最近几年里最时髦的是一种叫作"去相干"的东西。按照这一思想,虽然一个原子这样的单个量子实体可以以状态叠加形式存在,但是如果这个实体和一个包含大量原子的宏观物体处于纠缠态,系统的复杂性就会迫使量子叠加被"去相干",因为描述单个量子实体的信息迷失在宏观体系中所有原子之间相互作用的大量可能组合之中了。简言之,去相干之所以发生,是因为不存在孤立的量子实体这种东西,所有一切都与外部世界纠缠在一起。对我来说,这最多也不过是哥本哈根解释的一种变体,往坏里说就是一种巫术。如果一个原子可以存在于一个量子态,而(比方说)我的桌子不能,那你要在哪里划界呢?两个原子会组成一个量子体系吗?实验证明它们确实如此。那么要多少个原子才会使得系统去相干呢?3个?17个?42个?这就和薛定谔猫的问题一样了,只是在更小的尺度上。

但是去相干的思想确实提出了观察世界的另外一种方式,这种方式更符合薛定谔的哲学。去相干的支持者从外向里看,说量子纠缠让量子世界变成经典的了,但是,从里向外看,同样可以说量子纠缠让经典世界变成量子的了。在最近几年,实验家已经发现了在宏观体系中出现的量子效应——尤其是量子纠缠——越来越多的实例。看上去并没有"外面的世界"。

这个方向工作的先驱者之一是牛津的物理学家韦德拉尔(Vlatko Vedral, 1971—),他在《科学美国人》2011年6月号上总结了所有证据。在21世纪头10年里,不止一位研究者已经进行了一系列实验,在这些实验中,他们在不断增多的材料样品里研究量子纠缠。在一些最早的研究里,晶体用磁场来进行调节。基本上,可以看到样品里的原子在沿着磁场方向排列时会比没有量子纠缠时更为迅速。这些实验的早期版本要求极低温,接近绝对零度(−273摄氏度),以避免原子由于热运动而产生的跳跃所带来的干扰。但到了这个年代末的时候,许多种量子纠缠实验是在远高于0摄氏度的温度下进行的。

迄今为止,宏观量子纠缠最让人印象深刻的证据,来自对候鸟的研究。在某些物种里,鸟的眼睛里有一种分子,在这种分子里两个电子组成了一对纠缠对。当这种分子被光照射时,纠缠的电子就变得对磁场很敏感。实验证实这改变了影响视力过程的化学特性。有人提出（但还没有被最后证明），光感受体化学特性的变化意味着在鸟的大脑里生成了一幅磁场图——它可以看见磁场。

量子纠缠在生物系统中起作用的其他证据，来自光合作用的化学特性。韦德拉尔说，再也不可能接受"大量粒子同时表现出经典行为……实验现在没有留下多少空间让这种过程发生……现在很少有物理学家认为经典物理学会真的会在任何尺度上东山再起"。还有，"像我们这样的宏观物体处于量子的中间态，这句话的含义［是］让人伤脑筋的"。

如果在宏观世界和量子世界之间没有什么分界，如果没有波函数的坍缩，如果任何东西都和其他一切纠缠在一起，那么无论如何，物理学家的世界观就不会与薛定谔对实在性的吠檀多式观点有太大的差异。

◇ 跋

量子世代

2011年夏天,在完成了这本书的主体之后,我得以和特里·鲁道夫会面,并在他的办公室里和他一起讨论量子物理学的基础。他的办公室位于帝国理工学院的12楼,可以很好地俯瞰整个伦敦。一开始,他就告诉我,他是怎样通过一条曲折的人生道路到达那里的,以及当他知道他的外祖父是谁时他所经历的惊讶。

特里1973年出生在津巴布韦,并且在政治动荡时期的南部非洲度过了童年。他的直系家庭(他有一个兄弟和两个姊妹)在1979年迁到了马拉维,但是他的外祖母留在了津巴布韦,尽管他见过她一两次,但就像他所说,当时在南部非洲走来走去是"很成问题的"。在1979年后,他说,"我对她的大多数记忆都是通过信件"。当鲁道夫一家在20世纪80年代中期移居澳大利亚时,她还留在津巴布韦,并死于大约10年之后。

特里在澳大利亚时是个十几岁的少年,比起学术研究,对运动(尤其是壁球)要感兴趣得多,并且在应该学习时花了很多时间(多到一天6小时)进行训练,希望成为一个职业运动员。他说:"我那时很好胜,我想我现在也是如此。"尽管对运动很痴迷,他还是在1993年从昆士兰大学毕业,在学校里他主修数学和物理学。他选择了物理学,因为它看上去像是最难的学科——不过他指出,他父亲(现在已经退休)是位化学家兼教师,并且在他成为科学家方面扮演了重要角色。正是在他的"常规"学位的最后几周里,特里开始对量子物理学基础的根本问题着了迷。事情是这样的,当时一名教授做了一个讲座——特里的学位课程的最后一次讲座,内容是贝尔不等式和阿斯佩实验。这是特里首次接触量子纠缠和非定域性的思想,而(像其他许多人一样)他一开始无法相信它。他花了两个星期试图去找出论证中的错误,他如此沉迷,以至于忘记了复习功课,结果差一点没能通过期末考试。他没能找到一个错误,并且意识到这里有一些真正困难深奥的东西,值得努力去了解。在此之前,他曾经真的觉得物理学太容易了,没什么意思。

这次新的着迷的最直接结果是一篇论文,它在1994年带来了昆士兰的一个荣誉学位。然后,看起来是时候外出一年,在安顿下来之前周游世界了。特里知道他母亲在奥地利有一个异母姐姐露特·布劳尼泽尔,很自然地,他计划在旅行到欧洲时去看她。就在这时,他母亲意识到是时候告诉特里他的外祖父是谁了。"我们正在吃早饭,我母亲就说了:'有件事你应该知道。我的父亲是埃尔温·薛定谔。'"对于这位21岁、刚刚写出第一篇科学论文并有望成为量子物理学家的人来说,这个消息完全是一个惊讶。就像他对我说的:"在我知道我的外祖父是谁之前,我就读过你的书[《薛定谔猫探秘》]。"

特里的游学年包括和他在奥地利的亲戚的会面。此后,他从加拿大约克大学获得了博士学位(1998年授予),并在多伦多大学、维也纳大学(和蔡林格等人合作)和贝尔实验室工作,直到2003年在帝国理工学院安顿下来,他现在是受控量子动力学博士生培养中心的联合主任。这意味着他要负责管理周围一些最聪明的头脑,探讨量子理论的基础,虽然他也对实际应用(比如量子计算)感兴趣。他现在很轻松地当着薛定谔的外孙,既不对此大惊小怪也不觉得不舒服。但他特别注意从来不去阅读任何关于他外祖父的传记(包括这一本),因为无论是有意识地还是无意识地,他都不想被对他的先人的认识所影响。"我不想自己来做事后的评论。"他说。特里是个很独立的人,虽然很高兴让我更多地了解他的背景,但真正想谈的是量子实在性——在我看来这很好。

这项工作特别引起我兴趣的一个方面涉及量子纠缠、热力学和时间之箭。它完全就是薛定谔要是在世也可能会投身其中的那种东西,薛定谔对玻尔兹曼的工作有很深的理解。特里和他的同事詹宁斯(David Jennings)已经证明,很难确定对于处在纠缠中的"多粒子"系统,时间之箭意味着什么。他们提出了几种方式,用由少量量子比特组成的系统来检验这些想法,在这里时间可以在熵减小的意义上被看成是后退的。走得比这些简单的实验更远一点,就来到了一个对于有着宇宙学背景的我来说特别感兴趣的领域。他们推测,在早期的致密宇宙里,极端条件可能会"允许任何无序的物理相互作用利用现有的相关性,从而导致随着我们越来越接近宇宙的最初状态,热力学之箭逐渐消失"。[1]换句话说,在大爆炸里不存在时间!

但是特里参与的最重要的工作——也是与本书最相关的工作——关系到爱因斯坦和玻姆也许是正确的,存在一个潜藏的"实在性",它被量子力学不完美地描述了。特里说:"我是个相当保守的物理学家。在我所工作的团体里,有许多人相信多世界之类的东西,但我不准备考虑这些,除非我确信别无选择。"他也和薛定谔一样蔑视哥本哈根解释,即使他在这样做时并没有受到其外祖父的影响。在被问到自己是对理论本身,还是对量子计算这样的实际应用更感兴趣时,他回答说:"总体上还是理论本身。但重要的是要认识到,量子力学不仅仅是抽象的数学理论,而且确实有现实依据。量子力学是关于实在性的,它不是关于意识,或者观测者,或者无论什么东西的。我认为爱因斯坦说得对——量子力学是不完备的。我确信有更深层的东西。"

基本的问题是,在现实状态和量子态之间是不是存在一一对应,爱因斯坦在和薛定谔的通信中就讨论过类似的东西。换句话说,是不是可能有两个(或更多个)量子态与同一个现实状态相关联——或者反过来说,是不是可能有两个或更多个现实状态由同一个量子态描述?"也许量子力学没有抓住任何真正在发生的东西,"特里说:

> 如果我知道现实状态,我是不是可能推测量子态是什么?如果不然,那么许多不同的现实元素(element of reality)都可以和一个量子态相关联。而且,同一个现实元素可以和两个量子态相关联。于是,你就可以有两个分别对应于两个量子态的现实元素的分布,而两个分布可能重叠,这样的话一些现实元素就可以和两个量子态相关联了。对于这些现实元素来说,你不能确定是哪一个量子态在起作用。在某种意义上,重叠的点是含混不清的——对现实的描述是含混不清的。

很长一段时间,想找到量子力学的一个数学描述允许这种重叠存在,都被证明是不可能的。作为科学如何间歇性进步的一个典型示例,特里花了很长时间,试图证明这种重叠是不可能的,并且在这样做的过程中最终发现了一个有用的实例:

> 那个例子有一个病态的特征。它有一种基本类型的不可分离性。即使你有两个从来没有相互作用的系统,但是分别知道关于系统A的一切和关于系统B的一切并不足以预测它们在未来会发生什么。对它们来说,分布重叠的理论有一种基本的不可分离性。这就是纠缠,但在这里这个词并不是我们常用的含义。

特里仍然在试图理解这个发现的意义——目前它仅仅是一个数学证明。但是它似乎排除了整个隐变量理论家族。

这仅仅是一个例子,说明量子力学的基础是如何仍然——或者我应该说再一次——吸引了一些科学界最聪明的头脑。有更年轻的一代人被量子信息理论的思想所激励。"我大约是他们当中年纪最大的。"特里说,"他们都是年轻人,非常有热情,没有被卷入过去关于解释之类的争论之中,他们所做的东西有着实际的应用。已经有了很多进展,但是你不一定都听到了。这是一个活跃的领域。"

有什么比这更好的结束语吗?薛定谔总是想要个儿子,而且把这种基因的延续看成一种不朽。他一定会很高兴地知道他的外孙,以及他在量子力学前沿所做的工作。

注　释

第一章

1. Friedman, *An Unsolicited Gift*.

2. 除非另外说明，关于薛定谔早年生活的评论来自米妮和薛定谔自己未发表的手稿，保存在阿尔卑巴赫的薛定谔档案馆中，也可见于 Walter Moore 的 *Schrödinger: Life and Thought*。

3. Mehra and Rechenberg, *The Historical Development of Quantum Theory*.

4. Moore, *Schrödinger: Life and Thought*.

第二章

1. "科学家"这个术语当时还没有出现，但这是最合适的用语了。

2. 原则上，你也需要包含电磁学，但论证的本质还是同样的。

3. 像这样的相互竞争的"理论"有时被称为"模型"，我会在本书中交替使用这些术语。

4. 虽然玻尔兹曼本人确实在 19 世纪临近结束时穿越大西洋做了一系列讲座，但他没有见到吉布斯，也一直没有认识到后者的工作的全部意义。

第三章

1. 只是到了 1905 年，从爱因斯坦的 *Autobiographical Notes* 中才可以清晰地看出对这一点进行证明的必要性，他在该书中告诉我们，当时他有意开始寻找"能尽可能保证原子的存在性的证据"。

2. 关于汉西及她与薛定谔的关系的内容来自穆尔对她的采访，引自 *Schrödinger: Life and Thought*。

第四章

1. Mehra and Rechenberg, *The Historical Development of Quantum Theory*, Vol. 1.

第五章

1. 严格来说，他在 1913 年时名字中才有了"冯"（von），当时他父亲被授予了一个低级爵位。

2. 来自他1929年发表的讲义,引自 Mehra and Rechenberg, *The Historical Development of Quantum Theory*。

3. 直到1964年才出版英文版。

4. 他确实向朗之万评论说,德布罗意已经"掀开了伟大面纱的一角"。

第六章

1. 令一些科学家捧腹的讨厌的双关语中有一个是: 玻尔(Bohr)=啤酒(Beer)。

2. 这一节中这里及以下的引用来自海森伯的 *Physics and Beyond*。

第七章

1. 发表于 *Physics Today*,1976,Vol. 29,No. 12。

2. Abraham Pais, *Niels Bohr's Times*. 作者在书中评论说"就我所知那次是爱因斯坦最后一次赞同性地写到量子力学"。

3. 这项工作让他后来(终于)获得诺贝尔奖。

4. 强调字体是我加上去的。

5. Abraham Pais, *Niels Bohr's Times* (强调字体为 Ehrenfest 所加).

6. Abraham Pais, *Niels Bohr's Times*.

第八章

1. Dirac, *Directions in Physics*.

2. 不足为奇,伦敦并没多想就决定接受职位邀请,他也成为教授的门徒之一。

第九章

1. 参见 Born 的书 *My Life*。 A. J. Ayer 的自传 *Part of my Life* 给了我们对于当时牛津文化的更深层次的见解。

2. 这篇文章及许多其他相关文章,可见于 John Wheeler 和 Wojciech Zurek 编辑的 *Quantum Theory and Measurement*。EPR 佯谬的扩展讨论可见于 Franco Selleri 编辑的 *Quantum Mechanics versus Local Realism*。爱因斯坦实际上对这篇文章的写作贡献极少,但允许将他的名字署为共同作者。

3. 在另一篇同年发表在 *Naturwissenschaften* 杂志上的文章中,他发明了术语"纠缠"(entanglement)来描述两个量子实体相连接的方式。用他自己的话说,"与经典思想背道而驰的量子力学的特征[是]通过相互作用两个表象(或波函数)开始纠缠了"。

第十章

1. 本章参考 Walter Moore 的 *Schrödinger: Life and Thought* 一书,他有机会采访

了几位与薛定谔共度危机岁月的同时代人,他们后来都去世了,包括马克和汉西。

2. Moore, *Schrödinger : Life and Thought*.

3. 在我们进行这次访谈之时,麦克雷正在准备由 Clive Kilmister 编辑的他给《薛定谔》(*Schrödinger*)一书的稿件。

4. Moore, *Schrödinger : Life and Thought*.

5. 许多通俗的评述甚至学术叙述都暗指,自哈勃(Edwin Hubble)在20世纪20年代发现红移-距离关系后,它被立即接受为宇宙正在膨胀的标志。事实上,宇宙大爆炸的思想可不止花了10年才被人们理解。

第十一章

1. 当时有两所大学,因为最初都柏林三一学院是为新教徒所设,而爱尔兰国立大学(大学学院是其中之一)是为天主教徒所设。直到20世纪60年代,天主教徒才开始入读都柏林三一学院。

2. Bitbol, *Schrödinger's Philosophy of Quantum Mechanics*. 本节的引用都引自此书,除非另有说明。

第十二章

1. 见鲍林在 Kilmister 所编辑的 *Schrödinger* 一书中的文章。

2. 在原先的德文中听起来甚至更好 : "Atomphysikalisches Modell der Mutation"。

3. 引自 Max Perutz,在 Kilmister 编辑的 *Schrödinger* 一书中。

4. 引自 Max Perutz,在 Kilmister 编辑的 *Schrödinger* 一书中。

5. 见我的书《双螺旋探秘》(*In Search of the Double Helix*)。

第十三章

1. Moore 在 *Schrödinger : Life and Thought* 中引用的信件。

2. Moore, *Schrödinger : Life and Thought*.

3. 这一勋章在军队里曾被称为"蓝马克斯"勋章,在第一次世界大战结束前被废除。

第十四章

1. 见 Davies and Brown, *The Ghost in the Atom* 中的访谈。

2. 见 Bernstein, *Quantum Profiles* 中的访谈。

3. Bernstein, *Quantum Leaps*.

4. Bell, *Speakable and Unspeakable in Quantum Mechanics*.

5. 见 *Omni* 杂志中的访谈,May 1988。在贝尔发现这个愚蠢的错误时他不知情的是,赫尔曼(Grete Hermann)在1935年就已指出冯·诺伊曼论证中的瑕疵,但这被忽视了。

6. Aczel, *Entanglement*.

7. Aczel, *Entanglement*.

8. 见 Davies and Brown, *The Ghost in the Atom* 中的访谈。

9. Gilder, *The Age of Entanglement* [你要想象贝尔的爱尔兰软语音,特别是"令人难以置信的"(unbelievable)一词]。

10. *Science News*, 10 April 1993.

11. 详情见 Zeilinger 的书 *Dance of the Photons*。

12. 仅仅100量子比特的量子计算机,就相当于拥有 1.267×10^{30} 比特的传统计算机了。

13. Brown, *Minds, Machines and the Multiverse*.

跋

1. *Physical Review* E, Vol. 81 (2010), p. 061130.

资料来源及进一步阅读

档案馆

Archives for the History of Quantum Physics (AHQP), Science Museum Library, London

Einstein Archive, Princeton

Johns Hopkins University Archive

Oxford University Archive

Schrödinger Archive, Alpbach

Schrödinger Archive, Vienna

University of Berlin Archive

University of Wisconsin Archive

Vienna University Archive

已出版资料

Aczel, Amir, *Entanglement* (Chichester: Wiley, 2003)

Al-Khalili, Jim, *Quantum: A Guide for the Perplexed* (London: Weidenfeld & Nicolson, 2003)

Ayer, A. J., *Part of My Life* (London: Collins, 1977)

Baggott, Jim, *Beyond Measure* (Oxford: Oxford University Press, 2004)

Baggott, Jim, *The Quantum Story* (Oxford: Oxford University Press, 2011)

Bell, John, *Speakable and Unspeakable in Quantum Mechanics* (Cambridge: Cambridge University Press, 1987)

Bernstein, Jeremy, *Quantum Profiles* (Princeton: Princeton University Press, 1991)

Bernstein, Jeremy, *Quantum Leaps* (Cambridge, Mass.: Belknap Press, 2009)

Bettelheim, Anton, et al., eds, *Neue Österreichische Biographie 1815-1918* (Vienna: Amalthea, 1957): includes contributions from Hans Thirring on Schrödinger and Hasenöhrl

Bitbol, Michel, *Schrödinger's Philosophy of Quantum Mechanics* (Dordrecht: Kluwer, 1996)

Blair, Linda, *The Happy Child* (London: Piatkus, 2009)

Bohr, Niels, *Atomic Theory and the Description of Nature* (Cambridge: Cambridge University Press, 1934)

Born, Max, *Natural Philosophy of Cause and Chance* (Oxford: Oxford University Press, 1949)

Born, Max, *The Born-Einstein Letters* (London: Macmillan, 1971)

Born, Max, *My Life* (London: Taylor & Francis, 1978)

de Broglie, Louis, *New Perspectives in Physics* (New York: Basic Books, 1962)

de Broglie, Louis, and Léon Brillouin, *Wave Mechanics* (London: Blackie, 1928)

Brown, Julian, *Minds, Machines, and the Multiverse* (New York: Simon & Schuster, 2000)

Campbell, Lewis, and William Garnett, *The Life of James Clerk Maxwell*, 2nd edn (London: Macmillan, 1884)

Cassidy, David, *Uncertainty: The Life and Science of Werner Heisenberg* (New York: Freeman, 1992)

Cercignani, Carlo, *Ludwig Boltzmann* (Oxford: Oxford University Press, 1998)

Cherfas, Jeremy, *Man Made Life* (Oxford: Blackwell, 1982)

Clare, George, *Last Waltz in Vienna* (London: Macmillan, 1980)

Cline, Barbara Lovett, *The Questioners* (New York: Crowell, 1965)

Cline, Barbara Lovett, *Men Who Made a New Physics* (Chicago: University of Chicago Press, 1987)

Crick, Francis, *Life Itself* (New York: Simon & Schuster, 1982)

Cropper, William, *Great Physicists* (Oxford: Oxford University Press, 2001)

Davies, Paul, and Julian Brown, *The Ghost in the Atom* (Cambridge: Cambridge University Press, 1986)

DeWitt, Bryce, and Neil Graham (eds), *The Many-Worlds Interpretation of Quantum Mechanics* (Princeton: Princeton University Press, 1973)

Dirac, Paul, *Directions in Physics* (New York: Wiley, 1978)

Einstein, Albert, *Autobiographical Notes*, ed. P. A. Schilpp (La Salle: Open Court, 1979)

Farmelo, Graham, *The Strangest Man* (London: Faber & Faber, 2010)

Feynman, Richard, *The Character of Physical Law* (London: BBC, 1965)

French, A. P., and P. J. Kennedy (eds), *Niels Bohr: A Centenary Volume* (Cambridge, Mass.: Harvard University Press, 1985)

Friedman, Dennis, *An Unsolicited Gift* (London: Arcadia, 2010)

Gamow, George, *Thirty Years that Shook Physics* (New York: Dover, 1966)

George, A. (ed.), *Louis de Broglie, Physicien et Penseur* (Paris: Albin Michel, 1953)

Gilbert, William, *De Magnete*, trans. P. Fleury Mottelay (New York: Dover, 1958; repr. of edn first publ. 1893)

Gilder, Louisa, *The Age of Entanglement* (New York: Knopf, 2008)

Gribbin, John, *In Search of Schrödinger's Cat* (London: Wildwood House, 1984; updated edn Black Swan, 2012)

Gribbin, John, *In Search of the Double Helix* (London: Penguin, 1995)

Gribbin, John, *Schrödinger's Kittens and the Search for Reality* (London: Weidenfeld & Nicolson, 1995; pb Phoenix, 1996)

Harrod, Roy, *The Prof* (London: Macmillan, 1959)

Heisenberg, Werner, *The Physical Principles of the Quantum Theory* (Chicago: University of Chicago Press, 1930)

Heisenberg, Werner, *Physics and Philosophy* (New York: Harper &Row, 1962)

Heisenberg, Werner, *Der Teil und das Ganze* (Munich: Piper, 1969)

Heisenberg, Werner, *Physics and Beyond* (London: Allen & Unwin, 1971)

Heisenberg, Werner, *Collected Works*, ed. W. Blum, H. P. Dür and H. Rechenberg (Berlin: Springer, 1984)

Hermann, Armin, *The Genesis of Quantum Theory* (Cambridge, Mass.: MIT Press, 1971)

Hermann, Armin, Karl von Meyenn and Victor Weisskopf (eds), *Wolfgang Pauli: Scientific Correspondence* (New York: Springer, 1979)

Hoffmann, Banesh, *The Strange Story of the Quantum* (London: Penguin, 1963)

Hutchins, Robert (ed.), *Gilbert, Galileo, Harvey* (Chicago: Encyclopedia Britannica, 1952): reprints in English of keyworks of each of these three pioneers of science

Jammer, Max, *The Conceptual Development of Quantum Mechanics* (New York: McGraw-Hill, 1966)

Jammer, Max, *The Philosophy of Quantum Mechanics* (London: Wiley, 1974)

Judson, Horace Freeland, *The Eighth Day of Creation* (London: Cape, 1979)

Kilmister, Clive (ed.), *Schrödinger* (Cambridge: Cambridge University Press, 1987)

Kragh, Helga, *Quantum Generations* (Princeton: Princeton University Press, 1999)

Lindley, David, *Boltzmann's Atom* (London and New York: Free Press, 2001)

Mahon, Basil, *The Man Who Changed Everything: The Life of James Clerk Maxwell* (Chichester: Wiley, 2003)

Mehra, Jagdish, and Helmut Rechenberg, *The Historical Development of Quantum Theory*, vol. 1 (in two parts): *The Quantum Theory of Planck, Einstein, Bohr, and Sommerfeld* (New York: Springer, 1982)

Mehra, Jagdish, and Helmut Rechenberg, *The Historical Development of Quantum Theory*, vol. 2: *The Discovery of Quantum Mechanics* (New York: Springer, 1982)

Mehra, Jagdish, and Helmut Rechenberg, *The Historical Development of Quantum Theory*, vol. 3: *The Formulation of Matrix Mechanics and Its Modifications 1925–1926* (New York: Springer, 1982)

Mehra, Jagdish, and Helmut Rechenberg, *The Historical Development of Quantum Theory*, vol. 4 (in two parts): *The Fundamental Equations of Quantum Mechanics 1925-1926* and *The Reception of the New Quantum Mechanics 1925-1926* (New York: Springer, 1982)

Mehra, Jagdish, and Helmut Rechenberg, *The Historical Development of Quantum Theory*, vol. 5 (in two parts): *Erwin Schrödinger and the Rise of Wave Mechanics* (New York: Springer, 1987)

Mehra, Jagdish, and Helmut Rechenberg, *The Historical Development of Quantum Theory*, vol. 6 (in two parts): *The Completion of Quantum Mechanics* (New York: Springer, part 1 2000, part 2 2001)

Moore, Walter, *Schrödinger: Life and Thought* (Cambridge: Cambridge University Press, 1989)

Olby, Robert, *The Path to the Double Helix* (London: Macmillan, 1974)

Pagels, Heinz, *The Cosmic Code* (London: Michael Joseph, 1983)

Pais, Abraham, *Subtle Is the Lord* (Oxford: Oxford University Press, 1982)

Pais, Abraham, *Inward Bound* (Oxford: Oxford University Press, 1986)

Pais, Abraham, *Niels Bohr's Times* (Oxford: Clarendon Press, 1991)

Pauli, Wolfgang (ed.), *Niels Bohr and the Development of Physics* (London: Pergamon, 1955)

Pauling, Linus, and Peter Pauling, *Chemistry* (San Francisco: Freeman, 1975)

Planck, Max, *Scientific Autobiography and Other Papers*, trans. Frank Gaynor (London: Williams & Norgate, 1950)

Price, W. C., S. S. Chissik and T. Ravensdale (eds), *Wave Mechanics: The First Fifty Years* (London: Butterworth, 1973)

Rae, Alastair, *Quantum Physics: Illusion or Reality?* (Cambridge: Cambridge University Press, 1986)

Santesson, Carl Gustaf (ed.), *Les Prix Nobel en 1933* (Stockholm: Norstedt, 1934); see also http://nobelprize. org/nobel_prizes/physics/laureates/1933/schrodinger-speech. html

Schrödinger, Erwin, *Four Lectures on Wave Mechanics* (London: Blackie, 1928)

Schrödinger, Erwin, *Collected Papers on Wave Mechanics* (London: Blackie, 1928)

Schrödinger, Erwin, *Science and the Human Temperament* (London: Allen & Unwin, 1935)

Schrödinger, Erwin, *What Is Life?* (Cambridge: Cambridge University Press, 1944)

Schrödinger, Erwin, *Statistical Thermodynamics* (Cambridge: Cambridge University Press, 1946)

Schrödinger, Erwin, *Space-Time Structure* (Cambridge: Cambridge University Press, 1950)

Schrödinger, Erwin, *Science and Humanism: Physics in our Time* (Cambridge: Cambridge University Press, 1951)

Schrödinger, Erwin, *Nature and the Greeks* (Cambridge: Cambridge University Press, 1954)

Schrödinger, Erwin, *Expanding Universes* (Cambridge: Cambridge University Press, 1956)

Schrödinger, Erwin, *Science, Theory and Man* (New York: Dover, 1957)

Schrödinger, Erwin, *Mind and Matter* (Cambridge: Cambridge University Press, 1959)

Schrödinger, Erwin, *Biographical Memoirs of the Royal Society* (London: Royal Society, 1961)

Schrödinger, Erwin, *My View of the World* (Cambridge: Cambridge University Press, 1964)

Schrödinger, Erwin, *Letters on Wave Mechanics* (New York: Philosophical Library, 1967)

Schrödinger, Erwin, *The Interpretation of Quantum Mechanics* (Dublin seminars 1949 – 55 and other unpublished texts), ed. Michel Bitbol (Woodbridge, Conn.: Ox Bow Press, 1995)

Schweber, Silvan, *QED and the Men Who Made It* (Princeton: Princeton University Press, 1994)

Scott, William, *Erwin Schrödinger: An Introduction to His Writings* (Amherst: University of Massachusetts Press, 1967)

Selleri, Franco (ed.), *Quantum Mechanics versus Local Realism: The Einstein–Podolsky–Rosen Paradox* (New York: Plenum, 1988)

Shearer, J. F. (trans.), *Collected Papers on Wave Mechanics* (London and Glasgow: Blackie, 1928)

van der Waerden, B. L. (ed.), *Sources of Quantum Mechanics* (New York: Dover, 1968)

Weber, Robert, *Pioneers of Science*, 2nd edn (Bristol: Adam Hilger/Institute of Physics, 1988)

Westfall, Richard, *Never at Rest: A Biography of Isaac Newton* (Cambridge: Cambridge University Press, 1980); a shorter version of this book was published by Cambridge University Press in 1993 under the title *The Life of Isaac Newton*

Wheeler, John, and Wojciech Zurek (eds), *Quantum Theory and Measurement* (Princeton: Princeton University Press, 1983)

Woolf, Harry (ed.), *Some Strangeness in the Proportion* (Reading, Mass.: Addison–Wesley, 1980)

Zeilinger, Anton, *Dance of the Photons* (New York: Farrar, Strauss & Giroux, 2010)

译后记

　　2012年夏的一天,我接到一个电话:"我们出版社将要引进一本约翰·格里宾写的薛定谔传,你愿意翻译吗?"

　　我毫不犹豫地接受了。这倒不完全是因为电话那边的王世平是我多年的挚友,她的邀请是我难以拒绝的,更在于她的电话里提到的这两个名字——格里宾和薛定谔。1999年7月,当我和王世平同时踏进上海科技教育出版社,开始我们的出版生涯之时,部门主任、也是著名科普作家和翻译家的卞毓麟先生交给我的第一个任务,就是为约翰·格里宾写的《迷人的科学风采——费曼传》做校译。正是在这段时间,我从卞先生的言传身教里,学到了许多至今仍受益匪浅的编辑技巧,而格里宾这个名字也从此深深地印在了我的脑海里。大约一年后,我又一次为格里宾的另一本佳作《大爆炸探秘》做责任编辑,这本书由卢炬甫先生执译,译稿是卢先生用漂亮的书法写出来的,我甚至都不忍心在上面做什么修改。幸好,这样的机会也并不多,因为卢先生的译稿实在太流畅了,让我觉得它简直不像是一部译作。可以说,无论是格里宾的写作还是卢先生的翻译,都对我产生了极大的影响,也都让我心向往之。而今,竟然能有机会成为格里宾作品的译者,这对我来说实在是莫大的诱惑。

　　哦,还有薛定谔。这个名字早在读大学时就频频出现在我的物理教科书里,后来在我的编辑生涯里也常常与之不期而遇。对这位量子力学的先驱,我怀有极大的崇敬之情。很难说,当我译完这本书后,我的这种崇敬是不是有些减弱,但毫无疑问,现在我所知道的薛定谔,才是一个有血有肉、有七情六欲的人,而不是我原先以为的那种书斋里的学究。我想,看了这本书的读者,应该都和我有着同样的感受吧。

这本书的英文原书名是《薛定谔和量子革命》,考虑到量子理论、薛定谔猫实验是薛定谔最为人所知的科学成就,而他多姿多彩的罗曼史又是他的个人生活中不可缺少的部分,因此我把书名改为现名。至于是否合适,还请读者指教。

最后,我要感谢上海科技教育出版社,感谢她让我和格里宾有了如此多的交集;感谢王世平对我的宽容,当我今年上半年由于工作职责的变动而拖延了本书的翻译时,她很大度地表示了理解,允许我拖延到了几乎最后一刻;还要感谢本书的责任编辑裴剑小姐,她以物理学博士的知识背景和女性特有的细致认真帮助我弥补了初稿中许多的讹误和遗漏。当然,译稿的所有不当之处,自当由我负责,也诚恳欢迎各位读者批评指正。

匡志强

2013年11月

图书在版编目(CIP)数据

量子、猫与罗曼史:薛定谔传/(英)约翰·格里宾著;匡志强译.—上海:上海科技教育出版社,2024.4

书名原文:Erwin Schrödinger and the quantum revolution

ISBN 978-7-5428-8128-1

Ⅰ.①量… Ⅱ.①约… ②匡… Ⅲ.①薛定谔(Schrödinger, Erwin 1887–1961)—传记 Ⅳ.①K835.216.11

中国国家版本馆CIP数据核字(2024)第042298号

责任编辑　裴　剑　王世平　王怡昀
封面设计　符　劼

LIANGZI MAO YU LUOMANSHI

量子、猫与罗曼史——薛定谔传

[英]约翰·格里宾　著

匡志强　译

出版发行　上海科技教育出版社有限公司
　　　　　(上海市闵行区号景路159弄A座8楼　邮政编码201101)
网　　址　www.sste.com　www.ewen.co
经　　销　各地新华书店
印　　刷　上海商务联西印刷有限公司
开　　本　720×1000　1/16
印　　张　16.25
版　　次　2024年4月第1版
印　　次　2024年4月第1次印刷
书　　号　ISBN 978-7-5428-8128-1/N·1218
图　　字　09-2023-0223号
定　　价　65.00元